화중선을 찾아서

화중선을
찾아서

기 생 과 룸 펜 의 사 회 사

김진송 지음

푸른역사

읽기 전에

먼저 조금 낯선 방식으로 이야기를 전개하기로 했다는 걸 말해야 할 것 같다. 이 글은 1920~30년대를 배경으로 하고 있다. 소설의 형식을 취했지만 소설이라고 말하기는 어려울 것이다. 십수 년 전 〈벨벳흥망사〉라는 길지 않은 글을 쓴 적이 있다. 소설이라고도, 소설이 아니라고도 할 수 있는 글이었는데, 현재의 '내'가 1940년 동일한 제목의 글을 쓴 '하소夏蘇'를 만나 벨벳의 흥망에 관한 이야기를 나누는 과정을 쓴 글이었다. 현재의 '나'와 과거의 '그'가 만나는 상황은 낯설고 어색할 수밖에 없지만 과거와 직접 대면하는 현재의 시각 그리고 과거와 현재의 차이를 드러낼 수 있는 방식이었다. 이 글을 쓰면서, 몇 번이나 포기하고 주저했지만, 그와 비슷한 방식을 시도해 보기로 했다. 역사서로서 빠지기 쉬운 딱딱한 서술(읽는 사람이 아니라 쓰는 나에게)을 처음부터 피할 수 있고 객관적인 서술이 지니고 있는 무책임함(주관적인 태도와 느낌을 제거하면서 오게 되는)에서도 벗어날 수 있는 방법의 하나라고 생각했기 때문이다.

이 글에는 화자인 '나'를 비롯한 여러 인물들이 등장하지만 그들은 모두 실제의 인물은 아니다. 이 글에 등장하는 '화홍' 역시 허구의 기생이다. 1923년쯤 기생 화홍과의 하룻밤을 지낸 '내'가 실제 발표되었던 기생 화중선의 글을 읽고 그녀가 화홍일지 모른다는 막연한 생각으로 화중선을 찾는 여정이 희미한 줄거리의 전부이다. 기생과 지식인에 대한 이야기를 전개하면서 약간의 소설적 형식을 빌린 부분을 제외한, 이 글의 중심이 되는 대부분의 내용은 현대가 시작되는 식민시기의 현실에 있는 사회의 모습들이다. 모던을 구가하며 급격히 변하는 사회, 지리멸렬한 지식인 군상, 시기에 따라 변모하는 기생들이 등장하는 대목은 당시에 실제 발표되었던 여러 글을 그대로 인용하거나 혹은 발췌하여 변용한 글로 채워져 있다. 사실 이 글의 더 많은 부분을 옛 자료들로 채울 생각이었지만 이야기를 엮어 가며 시기와 내용이 꼭 들어맞는 자료를 찾는 건 쉽지 않았다. 허구의 요소가 들어간 건 그 때문이다. 말하자면 소설적 요소는 최소한이 되어야 했다. 되도록 당시의 언어로 그 시대를 말하는 것이 이 글의 본래 목적이었기 때문이다. 그러니 기생 화홍과 '나'의 관계에 대해 심각한 관심이나 결말에 대한 그럴듯한 소설적 기대는 하지 않는 게 좋다.

이야기의 전개 방식 말고 또 하나 이 글을 쓰는 동안 가장 큰 문젯거리는 바로 '나'였다. 소설 속의 화자인 '나'는 당시의 인물이기도 하고 동시에 현재 글을 쓰는 '나'이기도 하다. 과거 속의 인물들과 대화하거나 과거 속에서 생각할 때는 식민시기의 인물이지만 이 글의 목적에 충실하기 위해 적절한 자료를 찾아 인용하거나 코멘트를 할 때는 그들을 바라보는 현재의 '나'이다. 현재의 내가 과거에 불쑥 끼어들면서 이야기를 토막 내거나 시제가 뒤섞이고 시점이 흐려지는 현상이 수시로 일어나는, 말 그대로 과거와 현재를 제멋대로 오가는 전지전능한 시점인데 그렇다고 내가 신이 될 수는 없었다. 과거와 현재를 오락가락하며 더 헷갈렸던 건 나였으니까.

이 글은 1920~30년대를 배경으로 하고 있지만 모든 인용 자료를 시간 순으로 다루는 것은 무리가 있다. 소설적 흐름에 따라 전반부는 주로 1920년대 자료를, 후반은 1930년대 자료를 주로 인용하였지만 필요에 의해 시기가 뒤바뀌는 경우가 없지 않다. 여기 실린 원자료들은 불과 8, 90년 전의 글들이지만 오늘날의 언어로 바꾸지 않으면 읽어내기가 쉽지 않은 글들이 적지 않다. 이런 글들을 나의 생각인 듯 그대로 옮기거나 대화 속에 슬쩍 녹여 넣으면서 당시의 표현을 그대로 살리기도 했지만 되도록 오늘날의 어투로 바꾸어 놓기로 했다. 필요한 부분은 주를 달아 원문과 대조할 수 있게 했다. 주를 줄이기 위해(주가 다닥다닥 붙은 소설이라니!) 간단한 주는 본문 속에서 처리하고 참고자료와 인용된 원문의 주들은 책의 말미에 붙여놓았다.

글쓴이 김진송

목
차

읽기 전에 4

○ 축첩의 시대
화홍과 화중선 13 | 축첩의 시대 42

○ 룸펜과 데카당
인텔리와 기생 75 | 동인과 빙허 90 | 이화중선, 화중선 109 | 김성과 모세 139

○ 기생이 가득한 세상
경성의 화류계 167 | 화홍을 만나다 198 | 기생이 가득한 세상 218

○ 모던의 사회

모던의 도시 239 | 모세와 경천 249 | 에로 그로의 사회 276 | 카페의 밤 289

○ 기생을 철폐하라

기생의 변모 301 | 대중스타 313 | 기생을 철폐하라 335

○ 재회, 그 후

평양에서 359 | 에필로그를 대신하여 400

주 408

찾아보기 424

축첩의 시대

화 홍 과　화 중 선 . 축 첩 의　시 대

화홍과 화중선

장안을 떠들썩하게 한 일이 있었다.

이 말은 좀 과장이고 나 같은 룸펜이나 할 일 없는 식자들에게 화중선이라는 기생이 쓴 글이 화제가 되었다는 것쯤 되겠다. 다방이나 카페에 죽치고 있는 치들이야 이런저런 이야기 중의 으뜸인 여급의 에로 서비스¹에 대하여 갑론을박하던 차에 걸려든 기생 이야기였을 테고, 어쩌다 화중선의 글을 흘깃 훔쳐본 먹물들은 뒤통수를 한 방 친, 그녀의 통쾌한 아니 신랄한 글에서 자못 찔끔거리는 양심을 주체할 수 없었던 거였다.

나 역시 그들과 다를 바 없었지만 화중선을 생각할 때마다 화홍花虹의 얼굴이 떠올라 얼굴이 화끈거렸다.

한성은행의 취체역을 맡아 한껏 기분이 고양된 친구 박에게 소매를 이끌려 찾았던 명월관에서 화홍은 짙은 남빛 치마에 바람을 잔뜩 불어넣은 채 앉아 있었다.

"이름이 무엇이더냐?"

"화홍······"

"꽃 화花에 붉을 홍紅이라. 화무십일홍花無十日紅에서 열흘을 빼면 네 이름이로구나."

그때까지만 해도 그녀는 상투적인 이름풀이를 지겹게 들어왔던 내색을 하지 않았다.

"붉은 것이 꽃뿐인가요. 무지개도 붉을 수 있겠지요만."

그녀는 수줍은 듯 말의 꼬리를 내렸지만 얼핏 본 그녀의 얼굴은 수줍어하는 기색이 아니었다. 곁눈도 주지 않고 술잔만을 응시한 옆모습에 냉랭한 기품이 흘렀다.

"꽃花 무지개虹는 붉은 꽃보다 더 빨리 사라지겠구만."

나는 그녀의 은근한 거부에 체념의 말을 던졌다. 그제야 그녀는 미안한 손길로 나의 술잔을 채워 주었다.

화홍은 다소곳한 기생은 아니었다. 때로 당돌하고 때로 수줍은 말투를 뒤섞었고 때로 활달하고 때로 슬픈 표정을 짓기도 했다. 어느 것이 진짜 모습인지 도무지 종잡을 수 없는 여인이었다. 화홍이 서너 차례 술을 따랐고 취기가 어찔하고 올라와 바람을 쐬러 잠시 밖으로 나왔을 때였다. 화홍이 따라 나오며 곱게 접은 비단 수건을 내밀었다.

"땀을 닦으시지요."

그러더니 도로 들어가 버렸다. 알 수 없는 계집이다. 그녀는 손님의 비위를 맞추려는 기색을 보이지도 않았지만 그렇다고 무례하다거나 언사가 지나친 것도 아니었다. 땀을 식히고 들어가 앉았을 때, 은행의 취체역 나리는 장광설이 한참이었고 화홍은 고개를 반쯤 숙인 채 여전히 술잔만을 바라보고 있었다.

화홍은 내가 자리를 잡자 식혜가 든 그릇을 앞으로 가져다 놓으며 말했다.

"술은 그만 하시지요."

화홍의 말에 곰살 맞은 구석이라고는 한 톨 쌀알만큼도 없었음에도 나는 어쩐지 식혜에 뜬 밥알처럼 이리저리 마음이 흔들렸다. 그날 친구는 술기운을 빌려 한껏 거들먹거렸고 나는 화홍의 고운 손이 행여 나의 몸 어딘가를 스칠까 조바심을 내었다.

기생 화중선에 대해 내가 관심을 가졌던 것은 아니었다. 그녀가 혹시 화홍이 아니던가 하는 생각을 하지 않았던 것은 아니었지만, 그것은 기생이라고는 내가 아는 유일한 이가 화홍이었던 까닭이다. 화중선과 화홍은 너무 달랐다.

그녀를, 화홍을 다시 만나게 된 것은 《시사평론》의 편집부장으로 있던 김과 함께였다. 나는 그가 관여하고 있는 다른 잡지에 연재하던 소설의 마지막 회를 넘겨주었고, 김은 그동안 밀린 원고료를 갚는다는 핑계를 앞세워 북정골에 새로 생겼다는 요릿집으로 이끌었던 것인데, 거기서 화홍을 다시 만난 것이다.

　그녀는 명월관에서 보았을 때와는 딴판이었다. 창백해 보였던 얼굴엔 붉은 홍조가 올라 있었고 쪽을 진 머리채에서 흘러나온 귀밑머리는 흐트러져 있었다. 그녀는 막 손님의 술시중을 끝내고 돌아가려던 것 같았다. 화홍이 나를 보자마자 안으로 삼키는 듯한 작은 기침 소리를 내어 먼저 아는 체를 했다. 갑작스러운 재회에 눈인사라도 건네려 했을 때, 그녀는 이미 돌아서 총총걸음으로 중문을 나서고 있었다. 들어오다 본 인력거는 그녀가 부른 것이었을 게다.

　우리는 주인의 안내를 받아 내실의 끝 방에 자리를 잡았다. 김이 잠시 밖으로 나가더니 한참을 지난 뒤에야 들어와 자리를 잡고 앉았다. 요리상이 들어오고 나서 김은 나에게 예의 그 화중선 이야기를 꺼냈다.

　"그거 읽어보았나?"

　"뭘 말인가?"

　"지난호에 실렸던 화중선의 글 말이야."

　"읽어보긴 했지."

　사실은 아니었다. 제목하고 앞머리만 조금 읽어보았을 뿐이다. 하지만 그런 글이 어떻게 《시사평론》이라는 잡지에, 적어도 정치 시사문제에 트림이라도 할 줄 아는 먹물들—대개는 식민권력에 노골적인 지지를 표명하는 치들이었지만—이 보는 잡지에 실릴 수 있었는지 의아했었다. 아무리 글재가 있다고 하더라도 기생의 글을, 《시사평론》이 《장한長恨》[2]이 되려고 작정하지 않은 다음에야 어찌 실을 수가 있었을까?

화중선이 기생이 아니더라도 그런 내용의 글이 실린 것 자체가 의외였다. 《시사평론》이 어떤 잡지인가. 총독부 기관지인 《매일신보》와 다를 바 없던 《시사신문》이 그 뿌리 아닌가. 총독부의 시정방침에 쌍수를 들어 호응하던 《시사신문》의 민원식이 몇 해 전[3] 동경 철도호텔에서 양근환梁槿煥에게 피살되자, 이후 이를 월간으로 바꾸어 발행한 게 《시사평론》이었다. 김이 《시사평론》의 편집부장 자리를 차지하고 앉았을 때 몇몇 친구들이 그에게 노골적으로 반감을 보였던 것도 그 때문이었다. 나 역시 그 문제로 김과 다툰 적도 있었고 그로 인해 김과의 사이가 한동안 서먹했었다. 김을 다시 만나게 된 것도 실은 얼마 되지 않았다. 그런 까닭에 《시사평론》에 실린 화중선의 생뚱맞은 글을 건성으로 넘긴 것인지도 몰랐다.

"대단하지 않나?"

"뭐가 말인가?"

"이 사람 참. 사내들에게 복수하기 위해 기생이 되었노라고 말하는 여인의 말이 아무렇지도 않다는 말인가?"

"그런가? 그런데 그 글을 쓴 화중선이 도대체 누군가? 설마 조선권번에 있다는 이화중선[4]은 아닐 테고?"

"이화중선? 자네가 그녀는 어찌 아는가?"

"내야 뭐 알 리가 있나. 사람들이 화중선이 이화중선이라는 둥, 아니라는 둥 말들이 많은 거 자네도 알지 않은가?"

"나도 알아. 이화중선이라……. 턱도 없는 말일세. 이화중선을 만나보았지. 그런데 그녀는 아니야. 자네도 글을 읽어보았다며? 화중선은 자기 입으로 대동권번에 있다고 하지 않았는가? 그 노래 잘 한다는 조선권번의 이화중선과는 소속이 다르지."

"그랬나? 이화중선은 그럼 또 누군가?"

"내가 어찌 알겠는가? 그저 소리 잘하는 기생이라고만 알고 있을 뿐이지. 판소리 하나는 기가 막히게 뽑아 내더군."

"만나 보았다며?"

"음, 내가 대면이야 했겠는가. 단성사에서 수궁가를 부르는 걸 보았지. 자네도 한번 들어보았어야 하는데……. 명창은 명창이야. 나는 그렇게 시원스럽게 부르는 소리꾼을 본 적이 없네. 아무리 어려운 대목도 거침없이 쏟아 내는데 속이 다 후련하더군."

"그 이화중선이 분명 화중선이 아니란 말이지?"

"그렇다니까. 화중선은 몰라도 이화중선은 아마 경천景天

18

이 잘 알고 있을 걸. 그 친구 요새 이화중선에 빠져 그녀 뒤만 졸졸 따라다닌다는 얘기 자넨 못 들었나?"

"그래? 유정이 장록주에게 애가 달아 있다는 말은 들었어도[5] 경천이 그렇다는 건 금시초문인 걸. 경천이 언제부터 그렇게 소리에 일가를 이루었지? 그럴 친구가 아닌데."

"뭐 소리 때문이겠나? 여인네 치마폭이 그리웠던 게지."

"이화중선이 얼굴도 예쁘던가?"

"아니. 전혀 아니지. 나도 멀찌감치 보았을 뿐이지만 얼굴은 그저 그래."

그나저나 점잖은 걸로 치자면 맨 먼저 떠올릴 경천이 이화중선에게 빠져 있다는 이야기는 전혀 뜻밖이었다. 한동안 모임에도 통 나타나지 않았던 그였다.

"화중선은, 하필 화중선인가? 기생 중에 같은 이름을 쓰는 사람이 많지 않을 텐데……."

"뭘 모르는군. 초월이, 매월이, 초선이, 매향이. 권번마다 같은 이름은 쌔고 쌨지."

"그런가? 근데 자네가 화중선이를 모른다고 했는데 얼핏 글에서 보니 화중선이 자네를 만나보았다고 했던 거 같은데?"

"어디 만났다고 했던가? 그녀도 어디서든지 뵈옵기는 하였을 거라고만 말했지."

"그럼 식도원 이야기는 뭐지. 거기서 조선시국사관을 쓴 김 선생, 그게 누군가? 입만 나불대며 잘난 체 하는 김환金丸[6]을 말하는 건가? 그 친구가 기생들에게 매음녀니 매춘부니 하고 말하면서 죽일 년 살릴 년 했다며? 그 자리에 자네도 있었나?"

"어, 아니 나는 없었어. 어쨌든 가관이었겠지. 그 자리에 화 중선이가 있었나 본데 아마 가만히 앉아 있지는 않았을 거야."

"정말 그녀가 누군지 모른다는 거야?"

"모른다니까. 정 궁금하거든 자네가 대동권번에 가서 한번 물어 보면 될 것 아닌가."

김은 모르쇠로 일관했다. 하지만 그의 얼굴에는 뭔가 숨기 는 표정이 역력했고 나에게 말을 건네면서 묘한 웃음을 연신 흘 렸다.

김의 태도는 언제나 그랬다. 그로 말하자면 속내를 알 수 없는 친구였다. 얼핏 세태의 흐름을 쫓아 영민하게 처신하는 기 회주의자 같기도 하고 또 세상사의 이면을 손바닥 보듯 꿰뚫고 있는 듯도 했으며 또 어떤 때는 누구보다 자신의 의지를 실천하 는 데 주저함이 없는 선각자처럼 보이기도 했다. 그는 자신에 대 한 세간의 시선에는 아랑곳없이 언제나 당당하고 주저함이 없었 다.《시사평론》에 들어갈 때도 그는 호랑이를 잡으려면 호랑이 굴로 들어가야 하는 법이라고 말하면서 골방에 처박혀 신세만

한탄하는 우리들을 몰아세웠다.

그러고 보면 그의 행각은 언제나 미스터리였다. 총독부의 기관지나 다를 바 없는 잡지에 한 자리를 차지하고 앉아 있으면서도 눈 하나 깜짝 않고 친구들 앞에 나서 할 말 다하는 그 담대함이 어디서 나오는 것인지 알 수 없었다. 나 역시 그에 대해 지니고 있던 표면적인 거부감은 다른 이들과 다를 바 없었지만 알 수 없는 그의 내면에 대한 신뢰 때문으로라도 그와의 자리를 마다할 수는 없었다. 어쨌든 그가 화중선을 모른다는 것은 정말 말이 되지 않는 일이다. 잡지사의 편집장이 알지 못하는 사람의 글을 실을 수 있다는 것이 말이 되는가.

"정말 모른다네. 나도 알고 싶어. 어느 날 책상 위에 편지가 놓여 있기에 뜯어 보니 그 원고가 들어 있었던 것뿐일세. 글이 아니라 편지였지. 그냥 버리기가 아까워서 실었던 것뿐이네. 기생이라고 글 쓰지 말라는 법이 있나? 글이란 게 뭐 특별한 사람이 쓰는 건가? 할 이야기가 있는 누구나 글을 쓸 수 있는 거 아닌가?"

김의 대꾸는 좀 지나쳤다. 그는 분명 화중선에게 향하는 나의 의심을 자꾸만 엉뚱한 방향으로 돌려세우고 있었다. 그러면서도 화중선의 글에 대해서는 이야기하고 싶어 했다. 화중선에 대해서가 아니라 화중선의 글에 대해서만 말하고 싶어 하는 게 무슨 깜냥인지 알 수 없었다.

"아무튼 기생에 대해서 다시 생각하게 하는, 아니 우리 조선에 사는 사내들의 무지몽매함을 일깨워 주는 글 아닌가?"

"그건 일깨워 주는 게 아니라 그냥 몽둥이로 후려치는 거야. 면상에 똥을 발라 버리는 거지."

"대강 읽어보았다면서 어떻게 그렇게 잘 아는가?"

"대충 보면 아는 거 아닌가?"

"그래도, 뭐 그렇게까지 말할 건 뭐 있나."

김은 나의 격앙된 반응에 자못 실망한 눈치였다.

그때 방문이 비싯 열리더니 그녀가 들어왔다. 화홍이었고 뜻밖이었다. 그녀가 되돌아오리라는 것은 생각지도 못했다. 화홍은 들어오면서부터 맞은편에 앉아 있던 나에게 눈길 한 번 떼지 않은 채 내 옆으로 다가와 앉았다. 당혹스러운 것은 오히려 나였다. 화홍은 치마에 바람을 넣고 앉으면서도 웃음조차 띠지 않았다. 아무 일도 없었던 것처럼, 잠깐 자리를 비우고 다시 들어와 앉은 것처럼, 그녀의 거동은 자연스럽고 그만큼 천연덕스러웠다.

나는 김을 바라보았으나 그 역시 어깨만 으쓱해 보일 뿐이었다. 그가 부르지 않았다면 화홍이 스스로 온 것이란 말인가? 내 옆에 자리를 잡은 화홍의 모습이 김에게도 이상해 보였던지 아니면 그로서는 졸지에 아무런 선택권도 없이 무시를 당했다는 기분을 느꼈는지 눙치는 말 한마디를 던졌다.

"자네가 이쪽에 조예가 있는 줄은 몰랐는 걸."

나와 화홍이 구면인 걸 알아챈 김의 너스레를 나는 당연한 것으로 받아들였다. 화홍은 그녀 스스로 나에게 왔듯이 그날은 내 차지였다.

김과 나는 이슥하도록 화중선에 대한 이야기에서 새로운 연애 풍속도에 이르기까지, 만세사건 이후에 먹물들의 맥 빠진 행보와 문화주의 철학에 이르기까지 쉴 새 없이 떠들어 댔다. 술이 어지간히 취하자 김이 이상한 이야기를 시작했다.

"그런데 말이야. 자네 우리에게도 식민지가 하나 있었으면 좋겠단 생각 안 해 보았나?"

"식민지라니? 우리가 그럴 주제나 되나? 머지않아 독립군 하나 나오겠는 걸. 어디를 먹을까? 만주? 아니면 대만이라도 쳐들어갈까?"

"아니 이미 식민지가 만들어진 걸 자네는 정말 모르는가?"

나와 김은 어느새 혀가 꼬부라져 있었고 서로 말의 거죽만 가지고 되는 대로 지껄이고 있었다.

"어디인가? 나도 모르는 사이에 비밀결사대가 조직되어 달나라 땅이라도 집어먹기라도 했다는 말인가?"

"자네는 세상을 정말 모르는구먼. 둘러보게. 우리 옆에도 식민지가 하나 이렇게 떡 하니 들어앉아 있지 않은가?"

김은 몸을 앞뒤로 흔들며 방안을 한 바퀴 둘러보고는 화홍에게 시선을 주었다. 그때까지도 화홍은 간혹 비어 있는 술잔에 술을 따르는 것 말고는 아무 말도 하지 않았다. 가끔 김이 화홍과 눈길을 마주치고 눈을 찡긋해 보이면 화홍은 마지못해 옅은 눈웃음을 보일 뿐이었다. 김과 화홍 역시 눈치로 보아 구면이었던 것은 틀림없었다. 하지만 간혹 나와 김이 서로 말 허리를 자르며 "자네는 어떻게 생각하는가" 하고 그녀에게 동의를 구하는 시늉을 했을 때도 그녀는 웃음만 지을 뿐 대꾸조차 하지 않았다. 그러던 화홍이 김의 말을 듣자 눈을 동그랗게 뜬 채 나를 바라보았다. 그녀로서도 김의 말뜻을 이해하지 못하겠다는 표정이었다.

"남들처럼 우리에게도 식민지가 있으면 좋지 않겠나? 자네에게나 나에게도 아니 우리 모두에겐 우리의 식민지가 절실해. 우리가 마음대로 주무를 수 있는 식민지 말이야."

"도대체 무슨 말인가?"

"그래서 우리는 진작부터 식민지를 하날 만들어 놓았지. 우리가 개척한 새로운, 아니 오래전에 개척해 놓은 식민지가 있었네. 아니 지금도 있지."

"알아듣게 말해 보게. 무슨 소린지."

"기생 말일세, 기생이 바로 우리의 식민지라네."

나는 김이 느닷없이 던진 말을 도무지 이해하지 못했다. 기생이 식민지라니. 화홍을 곁에 두고 기생을 식민지에 비유하는 것은 민망한 일이었다. 화홍은 아무런 대꾸도 없이 곰곰이 술잔만 바라보고 앉아 있었다.

"그건 말이 좀 심하지 않은가?"

말은 그렇게 했지만 따지고 보면 김의 말이 틀린 건 아니었다. 공교롭게도 아니 필연 그랬겠지만 식민의 땅이 된 이후로 전국 어느 곳이나 화류계가 들끓었고 모두들 만나기만 하면 세월 만났다는 격으로 기생을 입에 올렸다. 잡지책을 들추면 기생 이야기가 실리지 않은 경우가 없었고 글깨나 쓰는 인사치고 기생 이야기로 시작하지 않는 이가 드물었다. 조선의 사내들이 기생의 치마폭에 싸여 정신 못 차리고 있는 것은 사실이었다. 경성 거리를 거닐면서 기생을 마주치지 않는 게 더 힘들 지경이었다. 날마다 느느니 요릿집이며 한 집 건너 작부 집에 사창이 여기저기 우후죽순으로 늘어나고 있는 터였다.

"아니. 그렇지 않네. 구라파가 그렇고 일본이 그렇듯이 모두들 식민지를 얻으려 혈안이 된 지 오래지. 약육강식, 우승열패의 세상에서 힘 없는 나라는 식민지가 되고 마는 건 당연하지.

하지만 세상에는 눈에 보이는 것만 있는 건 아니네. 우리들을 보게. 조선의 사내들을 보라고. 고관들은 기생으로 작첩하기에 혈안이 되어 있고, 있는 집 자식들은 기생첩을 얻기 위해 가산을 탕진하네. 자네와 나 같은 먹물들은 요릿집에서 기생을 끼고 잠들지. 작가니 예술가를 자처하는 인사들은 끽다점의 마담에게 침을 흘리고 거리의 노동자들은 그날 번 돈을 들고 유곽으로 달려가네. 모두 다 욕망에 눈이 어두워진 것일까? 모두 짐승같이 변해 버린 것일까? 그럴지도 모르지. 식민지 백성으로 살아가는 조선의 사내들은 모두 짐승과 다를 바 없어. 노예보다 못한 삶이지. 단 한 번이라도 주인 행세를 하고 싶은 마음이 왜 없겠나? 하룻밤이라도 마음대로 주무를 수 있는 대상이 필요한 건 그 때문이겠지. 비겁하게도 우리는 누구에겐가 당한 치욕을 누구에겐가 돌려주어야 할 대상이 필요했어. 그 누군가가 바로 기생들이지. 그들은 우리 안에 있는 또 다른 식민지 백성들이라네. 우승열패의 세상에서 막다른 구석에 몰린 존재들. 우리는 야비한 침탈자들일 뿐이지."

나는 김의 말을 끝까지 듣지 못했다. 짐짓 그의 말은 사리에 닿지 않았다. 백 번을 접어 주어도 그런 말을 뱉을 자리는 아니었다. 그렇게 말하면서 나를 기생이 있는 요릿집에 데리고 온 까닭은 뭐란 말인가? 옆자리의 화홍이 나의 식민지 백성이란 말인가? 김의 횡설수설이 이어졌지만 더 이상 듣고 싶지도 않았고 김의 속내를 알고 싶지도 않았다. 하지만 술이 너무 취했고 그럴수록 더 깊어지는 우리의 절망감은 무슨 말이든 용서가 되었다.

* * *

책상 위에 프리즘 하나가 놓여 있다. 투명한 유리로 만든 삼각기둥. 반쯤 열린 들창 사이로 아침 햇살 한 줄기가 비집고 들어온다. 햇빛이 프리즘에 닿자 무색의 빛은 여러 가지 색으로 나뉘어 서로 다른 파장을 가진 색으로 등장한다. 빛의 스펙트럼. 현대의 빛이 프리즘을 통과한다. 빨강, 주황, 노랑, 초록, 파랑, 남빛, 보라. 빛의 다발들은 다양한 색을 띠며 여기 현재의 발끝에 와 닿는다.

현대는 빛의 세계를 우리 앞에 펼쳐 놓았다. 한 번도 보지 못했던 무수한 사물과 생각의 결정체들. 계몽의 빛은 어디에나 파고들어 모든 사람의 삶을 환하게 혹은 적나라하게 드러냈다. 그 빛이 누구에게나 골고루 비치는 은총이었던 것은 아니다. 빛이 밝을수록 어딘가의 그림자는 더 짙었다.

오래전《현대성의 형성》을 쓰기 위한 자료를 모을 때였다. 낡은 잡지를 뒤적이며 현대의 스펙트럼을 그려 내는 빛의 원형을 좇고 있을 때 자꾸 눈앞에 어른거리는 빛이 있었다. 아니 그림자에 가깝다고 해야 할까? 흘깃 지나치면 어느새 눈앞에 다시 나타나고 또 덮어 버리면 다시 등장하는 존재. 그건 기생이었다. 자료가 많았다고는 할 수 없었다. 왜 기생에 관련된 자료들이 자꾸 눈앞에 나타나는지 모를 일이었다. 호기심이었을 것이다. 역사의 저 편, 빛의 스펙트럼에 가려진 그림자에 대한 지극히 은밀하고 사적인 호기심. 기생과 관련된 글이 눈에 띄면 한 쪽으로 모아두곤 했다.

어느 날 기생에 관련한 자료를 찾다가 모아둔 파일이 사라진 것을 발견했다. 분명 어딘가에 있어야 했지만 한쪽에 쌓아둔 자료더미를 아무리 뒤져도 잃어버린 자료는 나오지 않았고, 어떻게 사라지게 되었는지 누구에게 빌려 주고 돌려받지 못했던 것인지 도무지 기억 나지 않았다. 애써 모았던 자료 파일을 몽땅 잃어버리고 만 것이다. 그 뒤로 기생은 조금씩 나의 관심 밖으로 멀어지고 말았다. 아니 관심이 있었다고 해도 뭘 더 어찌해 볼 근거가 나에겐 없었다. 다정한 말 한 마디를 전해 주지도, 성의껏 챙겨 줄 기회도 갖지 못한 채 헤어져 버린 연인처럼 기생은 한참의 시간이 흐른 뒤에도 여전히 가끔은 생각나는, 그러나 어떻게 해도 가까이 다가갈 수 없는 존재였다. 그녀에 대한 기억을 미처 추스르지 못한 게 오랫동안 마음의 빚으로 남았다. 흩어진

옛글을 뒤적이며 혹여 그들을 만날 수 있을지 기대했지만 처음에 그랬듯이 희미한 그림자만 어른거릴 뿐이었다.

* * *

화중선이 김에게 보낸 편지, 아니 《시사평론》에 실린 글을 다시 꼼꼼히 읽어본 것은 며칠이 지난 뒤였다. 나는 하릴없이 방바닥에 누워 룸펜과 데카당의 게으름을 사회학적으로 고찰하는, 어쩔 수 없는 한가로움을 즐기고 있었다. 그보다는 어쩌다 하룻밤을 함께한 화홍을 잊지 못했다.

화홍이 그날 밤 내게로 온 것은 그녀가 기생의 처지였다는 걸 생각하면 가능한 일이 아니었다. 그날 김이 오줌을 누러 나간다고 하며 그대로 내빼고 난 뒤, 화홍과 둘이 남게 되었다. 그날은 이상했다. 내가 한참을 기다려도 오지 않는 김을 찾아보겠다고 일어나려 하자 화홍은 내 손을 잡아끌어 그대로 주저앉히고는 나에게 안겨 왔다. 그날, 화홍과 나는 같은 이불 속에서 밤을 보냈다. 나에게는 가당치도 않은 기생과의 하룻밤이었지만 그날은 그렇게 되었다.

요릿집으로 불려오는 기생들의 화대가 권번의 주인에게 지불되었을 때, 틀림없이 그녀는 늙은 퇴기 앞에 저간의 사정을 궁색한 논리로 변명해야 했을 것이다. 어쩌면 나로 인해 그녀는 몇 차례 더 내키지 않는 자리엘 가게 되었을지도 모른다. 그렇다고 화홍이 한없이 불쌍하다는 생각을 한 것은 아니다. 그녀는 웃음을 파는 기생일 뿐이며 몇 장의 지폐를 흔들면 기꺼이 몸을 던질 준비가 되어 있는 매음녀였을 뿐이다. 하지만 그런 생각이 들수록 그녀의 가지런한 가르마가 선명하게 눈에 들어왔으며 동백기름의 늘적한 냄새가 코에 스몄다. 유두분면油頭粉面(기름 바른 머리와 분칠한 얼굴). 그녀의 푸른 살쩍이 가슴을 무겁게 눌렀다. 처음 그녀를 보았을 때부터 그녀의 싸늘한 눈매에 실린 관능에 빨려들었다. 그녀를 떠올릴 때마다 김이 그날 밤에 했던 말이 새록새록 떠올랐고 그럴수록 그녀를—김이 그랬던가?—나의 식민지 백성으로 받아들이고 싶었다.

　머리에 베고 있던《시사평론》에서 화중선의 글을 다시 읽기 시작했던 것은 어쩌면 화홍에 대한, 화홍의 몸에서 풍겼던 분 냄새에 대한 그리움과 하룻밤 몸을 섞은 기생에 대한 애틋함을 떨쳐버리지 못하는 나의 덜떨어진 심성에 얄팍한 자괴감을 느끼고 있었기 때문이었다. 더 솔직하게 말하자면 화홍과 밤을 보낸 이후에 시도 때도 없이 얼굴이 붉어지며 주체할 수 없는 육체적 현상이 곤혹스러웠다. 그때마다 화중선의 글을 떠올리며 부풀어 오른 욕망을 잠재우곤 했다.

화중선의 글은 아무리 좋게 봐주어도 터무니없는 것이었다. '기생생활도 신성하다면 신성합니다' 제목부터 그랬다. 기생 짓이 신성하다고? 세상이 달라지긴 한 것 같다. 모던이니 현대니 하는 말이 유행하면서 누구든 말이면 다 말인 줄 알고 글이면 다 글인 줄 알고 내깔겼다. 어차피 틀려진 세상에 아무 말이나 씹어 뱉는다고 해도 누구도 옳으니 그르니 하고 말할 수 없는 세상이 되었다. 식민의 땅에 누가 정직하고 고결한 삶을 살고 있다고 말할 수 있으리. 그런 판에 기생이 자신을 변호하는 한마디를 내지르는 게 이상한 일이 아닐 지도 몰랐다.

화중선인지 이화중선인지가 쓴 글은 이렇게 시작되고 있었다.

하은何隱[7] 선생님, 선생님을 지면으로만 뵙고 늘 한 번 찾아가서 뵙는다는 것이 몸이 완롱계급玩弄階級에 묻히고 성적性的 차이가 있기에 벼르기는 벌써부터 별러 기어이 한 번 찾아 뵈오리라 하면서도 이제껏 정식으로 존안을 배승拜承치 못하였습니다. 그러나 선생님을 어디서든지 뵈옵기는 하였을 것입니다. 나의 직업이 직업이니만큼 어디서 한두 번은 뵈었겠지요. 귀사의 모든 선생님들도 어디서든지 모두 한두 번씩은 뵈온 일이 있는 줄로 믿습니다. 그렇지만 어느 분이 어느 분인지는 잘 기억치 못하여 변변한 인사도 못 여쭈었습니다.

나야 완롱적 취급을 받느라고 한가롭게 인적 교제를 할 틈이 있었겠습니까? 또 여러분 선생님들도 제가 우리 동무들보다 특이한 육적肉的 미라든가 예적藝的 특장이라든가 하는 것이 있어야 혹 기억하실 터인데, 미, 예가 모두 없는 나로서, 완롱신사 계급에 있는 저로서, 어찌 사람 앞에서 제대로 행세를 하겠습니까.

언제던가요. 식도원인가 합니다. 중외에 평판이 높으신 조선 시국사관을 쓰시는 김 선생님 말씀올시다. 우리를 매음녀이니 매춘부이니 지명을 하여 가지고 죽일 년 살릴 년 하면서 욕이란 온갖 갖은 욕을 무진이 하시던 그 어른밖에는 어슴푸레하게라도 이제껏 기억에 남아 있는 어른이 없습니다.

하은 선생님, 갑작스럽게 화류항花柳巷의 속인, 소위 타락녀의 한 사람인 내가 감히 느낀 바를 말씀하고자 당당한 정치 잡지의 귀한 지면을 더럽히려 하는 그 욕망이야 대담스럽지요. 그 생각이야 엉큼하지요. 선생님의 크나큰 아량과 넓고 넓은 금도襟度로도 놀라지 아니치 못하리다. 그렇지만 우리도 사람인 이상, 나도 사람인 이상, 남과 같이 제 이상을 말하지 말라는 법이 어디 있습니까? 그래, 선생님들이 쓰시는

지면을 좀 빌려서 쓰면 어떻습니까?

선생님, 기고를 환영하시고 공정한 비판을 주관하시는 귀사이시라, 아니꼬운 년의 수작이라 하여 웃어 버리고 난로 불쏘시개로나 쓰시지 마시고 지면의 한 귀퉁이에 실어 주실 것 같으면 더 큰 영광은 더 없겠다고 생각합니다.[8]

사설이 길다. 미리부터 자신을 한껏 낮추며 말하는 품이 예사롭지 않다. 스스로를 완롱계급이니 타락녀니 화류계의 속인이라고 말하면서 할 말은 하겠다는 심사는 또 뭔가? 화홍이라면 이렇게 시작하지는 않았을 것이다. 그녀라면 똑 부러지게 단도직입적으로 치고 나왔을 것이다. 그날 그녀가 나의 손을 잡아 끌며 나의 품에 안겨 왔던 것처럼 말이다. 화홍의 생각으로 자꾸 흐릿해지는 글줄을 되찾으려 몇 번이나 머리를 흔들어야 했다.

하은 선생님, 본론으로 들어가기 전에 제 근본부터 여쭈려 합니다.

저로 말씀하면, 원래 명문거족의 무남독녀 외딸이었습니다. 우리 아버지로 말씀하면 여러 항렬 중에 변변치 못하셔서 인제麟蹄 원인가 몇 고을에서 고을살이를 하시고, 제가 보통학교에 입학하던 해인 여덟 살 적에 황천객이 되셨습니다. 그래서 우리 어머니께서 제 둘째 종형 오라버니를 양자로 데려다가 장자를 삼았습니다. 지금 ○○○사무관으로 계시는 이어요. 그러니까 우리 아버지 소생이라고는 저 일신밖에 없으니까 어머니나 오빠나 일가나 할 것 없이 모두 저를 떠받들어 키워서, 저는 제 마음대로 제 꾀대로 자라게 되어 남들이 과부자식이라 말하는 응석쟁이가 되었습니다.

저 ○○여자고등보통학교를 오년 전에 마치고 졸업하던 해 다음다음 해 봄, 열아홉 살 먹던 그 봄부터 대동권번에 입적해서 지금은 저 혼자서 관철동에서 영업을 하고 있습니다. 그것은 제가 결코 타락하여 매소부賣笑婦―아니 매소부買笑婦가 된 것이 아니오라 각오한 바가 있어서 그리한 것이올시다. 말하고 보면 제게는 이적異蹟이라 할 만하지요.

제 지체를 말하다가 채 말하지 못한 것이 있어서 부연하겠습니다. 저는 이와 같이 질서가 없이 닥치는 대로 함부로 씁니다. 그것은 선생님께서 용서해 주십시오.

참말이지 세상 사람들이 제각기 제 지체, 제 문벌을 자랑하지 않는 이가 없습니다. 저로 말하면 이 위에 말한 것과 같이 남부럽지 않은 양반이올시다. 제 맏종형은 ○○은행 이사로 몇 만을 가진 큰 실업가이고, 둘째 종형 우리 어머니 상속인인 이는 ○○○사무관으로 계시고, 외숙은 ○○도 참여관으로 도지사로 승차가 되신다고 하고, 그 다음 일가 양반들 중에 재종, 삼종들 중에는 판검사, 군수, 은행 취체역들이 그득하여 '왜목낫'으로 수수 목 따듯이 그들의 목을 따더라도 한참은 딸 만합니다.

이렇듯이 남부럽지 않은 양반의 집 따님이랍니다. 그러하니 선생님 제가 인습의 포로가 되고, 관례의 표본 노릇을 하여 그들의 말대로 시집이라도 갔더라면 어떤 집 귀부인의 탈을 쓴, 산 인형活人形이 되고 말 것이 아니오니까.

참으로 당돌하고 요망한 억설이 아닐 수 없었다. 화중선의 말에 따르자면 그는 양반가문의 번듯한 집안 출신이란다. 명문거족의 무남독녀 외딸인데다가 고등보통학교까지 나온 인텔리다. 그의 집안에는 은행 이사에 사무관에 참여관이 즐비하단다. 일가 중에는 판검사, 군수, 은행 취체역이 그득하다고 했는데 그녀의 말대로 '왜낫'으로 목을 따더라도 한참을 딸 만하다고 하지 않았는가?

그녀가 그렇게 집안 내력을 주워섬기는 것은 아마 자신이 결코 어쩔 수 없이 '기생질'을 할 수밖에 없는 그렇고 그런 계집이 아니라 오직 자신의 의지로 기생이 되었음을 강조하기 위한 것이리라. 이를테면 가난한 촌부로 태어나 비록 소리를 배우기

위해서였을지라도 몇 사내를 거치며 기생으로 흘러들었던 이화
중선과 같은 축들과는 다를 뿐 아니라 되는 대로 굴러먹는 논다
니나 화냥녀는 아니라는 말이었다.

　하긴 이런 투의 독백은 기생의 글이라면 언제나 시작되는
천편일률적인 신세타령에 불과했다. 나는 천한 기생으로 살아갈
몸이 아닌데 어쩌다 화류계에 몸을 담게 되었소, 라고 말하면서
눈물을 찔끔거리면 뒤의 사설이 그럴듯해 보이기 마련이었다.
말 그대로 신파에 딱 어울리는 줄거리였다. 어디 기생뿐인가?
얼핏 얼마 전 잡지에서 읽었던 한 '타락녀'의 고백도 그러했다.
어줍지 않게 제목이 〈모던걸 참회록〉이었던가? 화려한 옷에 세
련된 차림으로 경성의 사내들을 호리고 다니며 스스로 모던 걸
의 대표 격이라고 주워섬기는 여인네가 하르빈(하얼빈)을 오가며
벌인 연애행각을 토로하는 글에서도 시작은 마찬가지였다.

　나는 어느 시골 부호의 무남독녀로 태어난 사람이었습니다.
그럼으로 우리 집에서는 부모뿐 아니라 인근 친척이 모다 나
를 대할 때에는 그야말로 소설에 나오는 것과 가치 어느 나
라 공주를 시신侍臣이 대할 때와 가튼 존경과 사랑을 가지고
대하였고 우러러 보았습니다. 그뿐 아니라 어려서부터 타고
난 아름다운 용모와 자색姿色은 그 이웃뿐 아니라 원근에 드

날렸습니다.……내가 여덟 살을 먹을 때에는 벌써 사략을 다 떼었고 사률四律 짓는 흉내도 내게 되었든 때였는데 우리 아버지는 나를 위하야 독선생을 집에다가 두고 나를 가르치는 데 전심을 다하였습니다.……이럭저럭 열두 살 먹든 해에 나는 그 학교 4학년을 졸업하고 다시 경성으로 올라와서 공부를 하게 되었습니다.……내가 XX고등여학교를 입학하야 3년 동안 별 탈이 없이 학교에 다녔으나 그때부터 늘 활동사진이나 또는 이름난 극단에 있는 여배우들을 볼 적마다 몹시 부러웠고 남들이 명배우라고 자꾸 칭찬하는 것을 보고 들을 때마다 '나도 한번' 하는 생각이 억제를 하야도 자꾸 우러나왔습니다.[9]

이런 식이다. 스스로는 서푼짜리 여배우나 분만 하얗게 바르고 종로를 헤매는 매소부들과 격이 다르다고 말하면서도 영화배우니 모던 걸이니 하고 몸치장에 열을 올리고, 사내들이 자신을 일시의 완롱물로 희롱하며 까마귀 떼같이 덤벼드는 모양에 치를 떠는 건 뭐란 말인가? 윤옥희란 이름의 이 모던 걸이나 화중선이 같은 기생이 하는 말이나 노는 양이 하나 다를 게 없었다. 그러고도 양갓집 처자 행세를 하려드는 건 도무지 참을 수 없는 일이었다.

화중선은 약간 주춤거리는 행보로 자기소개를 대강 끝내고는 드디어 몽둥이를 휘두르기 시작한다. 아니 몽둥이가 아니라 아무거나 손에 잡히는 대로 집어 던지기 시작한다. 참으로 맹랑한 계집이다. 때로 마치 눈을 감고 떼를 쓰는 어린아이같이 안쓰럽기까지 하다.

하은 선생님, 그렇지 않습니까. 저는 우리들 여성들의 시집살이는 뇌옥牢獄 생활, 즉 유폐생활과 다를 바 없다고 생각합니다. 남녀칠세에 부동석이라는 내훈은 시대적 요구로 완화되어 남녀공학의 학교 교육을 받기는 합니다만 학교에서 가정으로 돌아오면 어디 외출을 자유로 허락합니까? 그것이 여자로 태어난 우리가 밤낮의 차별도 없고 내외의 차별도 없이 자유행동을 취하는 남자들과 다른 첫 번째 유폐생활입니다. 더구나 아니꼽게 시집이라도 가면 태어나서 본 적도 없고 친하지도 않은 소위 시부모의 사환 노릇을 하게 됩니다. 남편 된 자가 신풍조에 젖어 제 깐에는 아내를 이해하고 사랑한다고 해봤자 가족원족회라는 명목으로 일 년이면 봄철에 꽃 구경, 가을철에 단풍 구경 간다고 바깥 구경을 한두 번씩 할 따름이올시다. 그리고는 언제든지 주부실에 들어 엎드려 있으라고만 합니다. 그것이 여자의 천직이라고, 노도예덕

奴道隸德(노예의 도덕)이라고 고막이 터지도록 떠벌여 놓습니다. 그것이 동적 인간인 여성들의 두 번째 유폐생활이 아니고 무엇입니까.

학교시대의 수신修身시간에 교장 선생님이 이렇게 말했습니다.

'너희는 여자이라. 장래에 남의 아내가 되고 남의 어미가 된다. 남의 아내가 되어서는 그 사람의 부모와 그 사람의 명령을 절대로 복종하여야 하고, 말씀이 마음에 불합한 점이 있더라도 반드시 따라야 한다. 더구나 남의 어미가 되어서는 그 자식의 명령까지 받아야 한다.'

소위 삼종지도를 지켜야 한다고 현모양처의 부덕을 게거품을 흘리며 강연을 합니다. 그럴 때마다 저는 이렇게 생각하였습니다.

'놈팽이 영감이 사람깨나 죽였겠다. 네 손에서 해마다 오십 명씩만 졸업시킨다 하자. 그리고 네가 이십 년 동안만 선생 노릇을 하였다 하자. 그러면 천 명이라는 여성이 나날이 교육기계의 희생이 되는 것 아닌가. 육군대장의 가슴에서 번쩍거리는 금치훈장金鵄勳章(일본 군인에게 주는 훈장)이 몇 만의 무고한 사람들을 죽인 혈정표血精票라더니, 네가 작년에 받은 청람장靑藍章이 내 동무 천 명을 죽인 대상으로 받은 혈정표로구나.

그렇게 여성의 천진天眞을, 여성의 인간성을 제약하여 남성들의 완구玩具, 씨통(씨받이)으로 만드느라고 현모양처라는 미명 아래 제 모습 닮은 양아들처럼 주형에 부을 용액을 만드느라고 죽을 애를 쓰는구나. 산 육체에 깃들인 산 정신을 뽑아서 우리로 하여금 일부러 괴뢰를 만드는 까닭은 무엇이냐. 너는 살생자의 선수로 교장이라는 직함을 갖게 되었구나. 끔찍도 하다. 수천의 여자를 죽인 살인범이 백주에 횡행하다니' 하고는 선생이 떠드는 소리를 귀담아 듣지 아니하였습니다.

선생님, 그러니 그 노예적 도덕의 표적인 조행점操行點(행실점수)이야 제게는 영 점일 것은 당연한 일이 아닙니까. 그렇다고 시집 못 갈 년, 가문 망칠 년 하면서 어머니, 오빠, 외숙 할 것 없이 죽이니 살리니 하며 들볶아대더이다. 아니 살인범으로서는 정하위正何位 서하등敍何等이라는 고관대우를 받는 그들의 표점標點(점수매김)에 따라 미래의 현부賢否, 미래의 양부良否가 결정될 것이 아니겠습니까.

그리하여 주위의 적이 많아갈수록 저의 개성은 전연히 그들과 배치되는 방면을 향하여 갈 뿐이었나이다. 지금의 직업을 선택하게 된 동기가 이로 비롯하였습니다.……

화중선은 여성의 시집생활이 유폐생활일 뿐이며 그것은 남성들의 노예가 되는 길이라고 말한다. 이즈음 한다 하는 신여성이면 한 번쯤은 호기 있게 내뱉어 보았을 말이다. 아무렴, 남자들의 노예가 되지 않으려거든 결혼은 해서 무엇 하랴. 딴은 그르다고만은 할 수 없을 것이다. 그래서 그녀 역시 현모양처라는 미명으로 남자들의 노리개나 씨받이일 뿐인 삶을 거부하기로 했단다.

화중선은 자신의 그런 독특한 개성―모던이 유행한 뒤로 아무나 주워섬기는 개성 말이다―이 기생의 길로 인도하였다고 말한다. 말인즉 그럴 듯하지만 시집가기 싫었다면 안 가면 그만일 것을 그것이 기생이 된 동기가 될 수 있었을까? 은연중 양반집 따님이 시쳇말로 여성의 해방을 위해 기생이 되었다는 이야기인데 말이 되는 이야기가 아니었다. 집안도 넉넉하였다고 하는데, 그야말로 입에 풀칠하기 위해 어쩔 수 없이 화류계에 몸담았던 다른 많은 기생의 처지와는 다르다고 하지 않았던가.

그녀의 말을 백 번을 접어 준다고 해도 그녀가 설파하는 말은 도무지 이치에 닿지 않는 괴설에 불과하였다. 나는 화중선의 글을 읽는 둥 마는 둥 하다가 공연히 부아가 치밀어 잡지를 내던지고 그대로 잠이 들고 말았다. 꿈속에 화홍을 불러내고 싶었지만 화중선의 장광설만 귀에 쟁쟁할 뿐이었다.

축첩의 시대

화중선의 글에 골을 낸 것이 화홍이 때문이었을지도 모르겠다. 나는 화중선이 화홍이 아닌 것을 다행스럽게 여겼다. 그럴 리는 없겠지만 혹여라도 요릿집에서건 어디에서건 화중선을 마주치지 않기를 바랐다. 화중선과 같은 기생, 아니 여염집 여자라도 그런 여인네와 마주친다는 것은 생각만 해도 끔찍한 일이었다.

화중선의 글이야 단지 글일 뿐이었다. 그녀는 어떻게 생겼을까? 말하는 품새로 보아 사내를 휘어잡을 만큼 절색은 아니지 싶었다. 그런 미인이 뭇 사내들에게 종주먹을 들이대며 그런 저주의 말을 뱉을 리도 없었고, 품성 또한 나긋나긋하여 말 한 마디로 애간장을 녹일 타입이라면 그런 우악스런 글을 주워섬길 필요도 없었을 것이었다. 그녀는 필경 미인의 축에는 들지 못하였으나 이목구비가 분명한 얼굴 정도는 되었을 것이고, 말 한 마디 한 마디가 똑 부러져 웬만한 사내들이 허튼 말수작도 냉큼 집어삼켜 생선가시처럼 씹어 뱉을 수 있는 위인임에 틀림없었다.

이상하게도 화중선에 대한 막연한 거부감이 밀려올수록 그녀에 대한 호기심을 억누를 수 없었다. 화중선이 언제부터 김을 하운 선생 어쩌고 하며 그렇게 다정하게 부르는 사이가 되었는지는 몰라도 그 편지를 받은 김이 부럽기까지 하였다. 화중선을 생각하면 할수록, 본 적도 없고 알 수도 없는 그녀의 모습이 화홍을 닮아 갔다. 어쩌면 도무지 받아들이고 싶지 않은 화홍에 대한 그리움을 슬쩍 화중선의 모습에 덧씌우고 있었는지도 몰랐다.

하지만 화홍은 달랐다. 그녀가 눈을 내리깔 때는 다소곳한 여인 그 자체였다. 짙은 속눈썹을 깜빡이며 눈을 치켜뜰 때는 가슴이 뜨끔할 정도로 관능적인 눈매가 더없이 고왔다. 옹다문 입이 고집스러워 보였지만 촉촉이 젖은 듯 윤기 나는 입술은 오뚝한 콧날과 잘 어울렸다. 희고 반듯한 이마 위에 올린 머릿결 사이로 가르마가 곧고, 드러난 귓바퀴에는 솜털이 보송보송했다. 갸름한 턱 선과 긴 듯한 목이 그녀의 저고리 속으로 사라질 때 어쩔 수 없이 그녀의 향기를 찾아 가까이하고 싶은 생각을 참기 어려웠다.

그날 김이 나에게 "기생이 우리의 식민지라네"라고 한 말이 새삼 떠올랐다. 나의 성적인 호기심과 여인에 대한 본능이 그녀를 지배하려는 남성에서 비롯된 것일 뿐이라면 그녀가, 기생이, 화홍이, 나의 식민지였을지도 몰랐다. 그녀가 기생이 아니라면 달랐을까? 기생이 존재하는 까닭이 정말 식민지를 침탈하지 못한 좌절 아니 침탈당한 좌절을 풀어 낼 대상이 필요했기 때문이었을까? 그래서였을까? 동인, 빙허, 도향이 죄다 기생을 소재로 삼아 글을 써 갈기는 게 바로 그 때문이었을까? 하나같이 열심히 기생집을 들락거렸던 경험을 소재로 삼아 뭇 잡지에 도배를 하면서 문학이네 예술입네 하고 떠벌리는 치들이 아닌가? 하긴 춘원조차 저 《무정》에서 기생을 등장시켰으니 그들 모두는 기생을 정말 마음대로 주무를 수 있는 식민지 백성쯤으로 생각했던 것일까?

기생은 결국 있는 집 자식들의 놀잇감이었을 뿐이다. 그네들이 부르주아 자식들이었던 걸 떠올리자 갑자기 역겨워지기 시작했다. 다른 치들은 몰라도 동인만 하더라도 그랬다. 김동인은 우리 또래 문인 중에서도 '제 신변을 호화롭게 차리는' 소설가였고, 한때 20만 원의 거금을 지니고 있던 부호였다. 유성기를 사는 데 수백 원을 쓰고 시계는 150원짜리에 양복도 일류 중국양복점에서 140원을 주고 맞춰 입었단다. 구두는 칠피에 에나멜화, 모자는 박래품[10], 이런 식이었다.

그가 몇 차례 만난 기생에게 알렉산더라이트 보석이 박힌 고급반지를 보내 주었던 것도 무리는 아니었다. 동인은 뻔뻔스럽게도 자신의 '기생 취미'를 이렇게 떠벌렸다.

1921년 봄, 그때에 스물두 살 난 나는 어떤 회의 발기인 회에 참석키 위하여 상경하였다. 그러고 거기서 처음으로 기생을 보았으며 기생의 취미를 맛보았다.⋯⋯내가 올라간 날 밤으로 질탕한 놀이는 명월관에 열었다. 그러고 그때에 첫 번 김옥엽金玉葉을 만났다. 그때에 사내로서는 김억金億, 김환金煥, 김찬영金瓚永, 고경상高敬相 군 등이 있었고 기생으로는 죽은 강명화康明花와 안금향安錦香과 김옥엽이 있었다고 기억한다.⋯⋯그날 밤 김환의 소개로서 나는 옥엽의 집에서 묵었다. 한잠을 못 이루고 날이 밝기까지 속살거림으로서 보낸 그 밤, 그 밤은 나의 생애를 통하여 잊지 못할 저녁의 하나였다.⋯⋯나흘이 지난 뒤에 나는 평양으로 돌아왔다. 압착된 정열, 펴지 못하는 긴장, 발표할 수 없는 사랑. 이러한 달고도 괴로운 감정 때문에 그것은 마치 순교자와 같은 비창한 마음으로서 나는 쓸쓸한 하루를 보내고 다시 쓸쓸한 새날을 맞았다. 그가 나의 귀에 입을 대고 작은 소리로 부르던 노랫가락 몇 구절은 내 귀에 그냥 남아서 늘 쟁쟁이 울렸다.

나의 생애에 처음 맡아 본 동백기름의 냄새는 이상케도 그냥 코에 남아서 그를 생각하는 재료가 되게 하였다. 평양으로 나려온 지 며칠 뒤에 나는 그에게 알렉산더라이트를 박은 반지를 하나 사서 보냈다.[11]

그의 여성 편력은 스스로 밝힌 바 있듯이 화려했다. 어린 나이에 일본에 유학할 때 만난 일본여성들 빼고는 동인이 만난 여인은 모두 기생들이다. 동인은 이 경험들을 소설로 옮겼고 문단의 주목을 받는 문인이 되었던 건 모두 알고 있는 사실이었다. 기생 취미라는 것도 그렇다. 그 말 참 해괴하지 않은가? 기생을 끼고 질탕한 놀이를 벌이는 작태에 취미라는 말을 붙이며 합리화하려 드는 태도 역시 영 마음에 들지 않았다. 하지만 동인이 옥엽의 머리에서 나는 동백기름 냄새를 말하는 대목에서 나는 얼굴이 달아오르지 않을 수 없었다. 화홍에게서 났던 그 냄새를 동인도 똑같이 말하고 있지 않은가? '압착된 정열과 긴장'으로 순교자까지는 아니더라도 쓸쓸한 밤낮을 보냈던 심정을 내가 모른 척할 수는 없게 되었다. 동인과 다를 바 없는 나였지만 동인과 나를 비교할 수는 없었다. 나에게는 하룻밤의 기생에게 알렉산더라이트는커녕 유리 박힌 반지를 건넬 염조차 낼 수 없었기 때문이었다. 결국 동인과 나의 차이는 그런 것뿐일지도 몰랐다.

내가 동인을 비난할 처지가 아닌 것은 분명했다.

　동인만을 콕 집어서 말할 수도 없었다. 한다 하는 작가 중에서 기생에 대해 글을 쓰지 않은 작자가 떠오르지도 않았다. 오죽하면 "조선 사람의 작품에는 기생이 나오지 않으면 안 될 무슨 특수한 사정이 있는 모양"[12]이라는 말까지 돌고 있을까? 나도향에게는 백조사白潮社에서 우연한 기회로 잠시 만나본 단심丹心이란 기생과 애달픈 실마리가 얼크러져서 풀릴 줄 몰랐었다는 염문이 돌고 있었고, 춘원의 《무정》에 나오는 주인공 '형식'은 교사 노릇도 하고 연애도 하고 동성애도 해보다가 동분서주 돌아다니는 것이 갈 데 없는 이광수 자신을 모델 삼은 것이니 거기에 등장하는 '영채'라는 기생은 그가 한창 풋열기에 띠어 두주斗酒도 사양치 않고 돌아다닐 때에 광문회光文會나 《매일신보》 축들과 어울려서 놀러 다니던 어떤 기생이 그 모델인 것이 틀림없었다.[13] 현진건은 《조선일보》 기자로 있을 때, 다동기생과 한 번 가연을 맺고 명월관 지점 초대연에 가서 못 먹는 술에 주정 한 번 하고는 그것을 말뼈 우려먹듯이 〈타락자〉니, 〈술 권하는 사회〉니, 〈지새는 안개〉니 하고 동일한 소재로 2, 3편의 소설을 썼던 것이다. 그는 또 《개벽》에 실리다가 중단이 되긴 했지만, 불귀의 객이 된 백만장자의 외아들 장병천과 기생 강명화를 모델로 글을 쓴 적도 있었다.[14]

한편으로 그들이 부럽기 짝이 없었지만 다른 한편으로는 속이 꼬이는 것도 사실이었다. 바로 말하면 나는 기생과 어울릴 만한 처지가 되지 못했다. 무슨 도덕군자인 양 하느라 그런 것이 아니라 몰려다니며 술추럼하는 것을 좋아하지 않았을 뿐 아니라 그럴 돈도 없었고 더구나 기생과 어울리는 치들의 노는 작태가 영 마뜩찮았던 것도 분명 사실이었다. 누구처럼 대놓고 "여름에 바다나 산으로 피서를 가는 것보다, 전등으로 장식한 도회의 밤거리를 거치며, 카페를 돌아다니는 것이 얼마나 더 유쾌한 일일가요. 조그만 방안에서 애인과 마주 앉아서 수군거리는 것보다, 넓은 요릿집 방안에 기생과 마주 덤비는 것이 더 재미있고 가치 있는 일이었습니다. 여편네를 사랑하겠다는 마음보다 키스하겠다는 마음이 앞섭니다"[15]라고 뻔뻔스럽게 말할 주제도 없었다. 어쩌다 화홍과 마주하게 되었지만 내게 기생 편력을 말할 건더기는 없었다. 차라리 화홍이 기생이 아니었으면 싶었다. 나는 화홍을 그들이 만났던 기생과 똑같은 자리에 앉혀놓고 싶지 않았다.

화홍이 그날 어째서 나에게 돌아왔는지 그리고 김이 사라졌을 때 어째서 나를 붙잡아 앉혔는지 그것은 알 수 없는 일이었다. 혹여 처음 만났을 때부터 그녀가 나를 깊이 마음에 두고 있었던가? 그날, 그녀와 한 이불 속에 있으면서도 나는 그녀에게 아무것도 묻지 못했던 것을 후회했다. 그때 나는, 나에 대한 그녀의 생각과 그녀에 대한 나의 생각을 알아 내려는 데 조금도 마음을 쓸 겨를이 없었다. 그녀의 매끄러운 살갗에 온몸이 마비되어 있었고 그녀의 향기로운 분 냄새에 취해 육체적인 욕망을 그녀에게 쏟아붓는 것 말고는 도저히 다른 아무런 생각도 할 수 없었다. 그때만큼은 그녀가 기생이었다는 사실조차 잊고 있었으며 그동안 기생들을 향해 가지고 있었던 불결한 생각들을 떠올릴 수조차 없었다. 그런 건가? 나 역시 화중선이 말했던, 몸을 팔기보다 마음을 팔아 제끼는, 그렇고 그런 신사벌紳士閥(신사계층)에 불과한 작자이었던가?

　아무튼 나는 화중선을 생각할 때마다 화홍의 얼굴이 겹치면서 그날 일을 떠올렸으며, 화홍이 생각날 때는 여지없이 화중선의 서슬 퍼런 글 대목이 떠올라 도무지 그 둘을 따로 떼어 놓을 수가 없었다. 굳이 변명하자면 비록 변소에 간다며 나를 두고 내뺀 친구 김이 요릿값을 계산하며 화홍의 화대까지 계산했는지는 몰라도, 나는 화홍을 돈을 주고 산 것은 아니었다. 그녀 역시 단순히 나에게 몸을 판 것은 아니었을 것이다. 그렇게 믿고 싶었다. 그런 심사로 나는 화중선의 날 선 장광설에서 어느 정도 비껴나 있을 수 있었다.

* * *

　김을 다시 만나기로 한 곳은 종로 수은동(현재 종로 3가 묘동 근처)에 있는 그의 잡지사였다. 효자동의 하숙집을 나와 천천히 걸어 종로통을 걸어가는데 거리는 언제나처럼 사람들로 북적였다. 가지각색 사람 꼴만 보아도 경성의 살림을 알 만했다. '전차를 기다리고 서 있는 사람들의 복색, 사람들의 걸음걸이. 인력거 타고 가는 기생, 책보자기 끼고 가는 여학생, 여학생 복장을 하고 자동차를 타고 가는 은군자, 형사, 기자, 교원, 부랑자, 단발랑, 아편장이 모두가 그곳에 모인 듯했다.'[16] 기생을 태운 인력거가 사람들 사이를 비집고 지나갔다. 그럴 리 없건만은 혹시 화홍이 아닌가 하고 유심히 살펴보았지만 화홍일 리 없었다. 기생들은 대개 인력거를 타고 다녔다. 요릿집에서 기생을 부르면 대기하고 있던 인력거꾼이 기생이 거처하는 곳으로 찾아가 모시고 오는 게 관례였다. 하긴 그럴 수 있는 기생이라면 얼굴깨나 반반하고 뒷배가 어느 정도 있는 기생들이었다.

　화홍이 인력거를 타고 요릿집으로 불려가는 우울한 상상을 하다가 하마터면 마주오던 지게꾼과 부딪힐 뻔했다. 거치적거리는 사람들을 피해 들어선 피맛골도 북적이기는 마찬가지였다. 처마가 이마에 맞닿을 만한 좁디좁은 골목에 사람들이 서로

비껴갔다. 뚱뚱한 놈은 모로 가고 키 큰 놈은 구부리고 지나갔
다. 기름때 지질지질 묻은 행랑계집, 개기름 번드르르 도는 기생
아비, 얼굴에 양회칠洋灰漆한 갈보년, 기침을 쿨렁쿨렁하는 아편
쟁이, 물지게 장사, 엿 장사, 배추 장사, 미나리 장사. 이 사람 저
사람이 칠월 장마에 게 엉기듯 서로 싸고돌았다.[17]

    김을 찾아 잡지사에 들렀건만 나가고 없었다. 사환 말로는
'낙랑 파라'[18]에 갔다고 했는데 거기서 누굴 만나는지는 알 수
없었다. 아마 하릴없이 순석[19]을 만나 미술에 관해 아는 지식을
들먹이며 예의 예술론을 설파하고 있을지도 모르겠다. 오던 길
을 되돌아 경성부 청사 쪽으로 향했다. '낙랑 파라'는 경성부 청
사의 맞은편 장곡천정長谷川町(지금의 소공동) 초입에 있었다. 여름
이면 남국의 파초가 문 밖에 푸르게 서 있는 3층 건물이었다. 위
층은 아틀리에로 쓰고 있었고 아래가 끽다점이다. 동경미술학교
를 마친 뒤 한동안 화신에서 쇼윈도의 데생을 그려 주던 화가 이
순석이 경영하는 카페였다. 나도 두어 번을 가보았는데 널마루
위에 톱밥을 깔아 놓고는 마치 사하라사막 위에 아라비아 여행
객들이 앉아서 쉬고 있는 듯 분위기를 낸 실내가 독특했다. 가끔
조그마한 전람회도 열리기도 해서 화가들이 주로 찾는 곳이었
다. 일인촌이 가까운 까닭인지 일본인이 많이 들락거렸고 랑데
부(데이트)를 하느라 지친 청춘남녀들이 가끔 찾아 들어와 쉬는

곳이었다.[20]

　　문을 여니 마침 금요일이서였는지 빅터레코드사의 신곡 연주가 있었나보다. 뒷정리를 하느라 실내가 어수선하기 짝이 없었는데 안쪽에서 김이 손을 들어 아는 체를 했다.

　　"어쩐 일인가? 자네가 카페를 다 오고."

　　"어쩐 일은. 오늘 잡지사에서 보자고 하구선 여기서 죽치고 있는 게 누군데?"

　　"그랬나? 내가 깜빡했네."

　　"그래 보자는 용건이 뭐였나?"

　　"이 사람 급하긴. 용무가 없어도 그저 친구를 만나러 올 수도 있잖은가?"

　　김은 언제나 그런 식으로 느긋했다. 그가 능치기로 마음먹었다면 당할 자가 경성부내에는 없을 것이다. 자리에 앉자마자 김이 나를 위해 밀크를 한 잔 시켜 주고 나서는 예의 그 의뭉스런 웃음을 지으며 물었다.

　　"그래, 엊그제 절지折枝[21]한 기분이 어떤가?"

　　허를 찔린 기분이었다. 이곳까지 걸어오는 내내 그날 김이 작정을 하고 나를 기생의 품에 안겼을 거라는 생각을 했었다. 만일 그 일을 그가 먼저 물어온다면 틀림없이 그렇게 물어올 거라고 예상했음에도 그의 노골적인 물음이 당혹스러웠다.

"꽃도 꽃 나름이지. 용무라는 게 고작 그걸 물으려는 것이었나?"

나는 대수롭지 않은 듯 꽃 나름이라고 말했지만 실은 김이 화홍과의 일을 더 물어올까 조마조마해 말끝을 높이며 버럭 소리를 질렀다.

"이 사람 까칠하긴. 누가 자네 보고 작첩을 하려느냐고 묻는 것도 아닌데……."

김이 재빨리 꼬리를 내렸다.

"그렇게 말했으면 주먹이 날아갔을 걸."

나는 아예 못을 박아 버렸다. 김은 "어허, 자네 말이 좀 심하구먼" 하면서 너털웃음을 지었지만 서운한 표정을 지우지 못했다. 조금 미안했다. 김은 순진한 청년 하나를 악의 시궁창에 빠뜨려 놓고 드디어 세상의 맛을 알게 했노라고 떠벌릴 게 틀림없었다. 김은 나를 놀려 먹을 기회를 놓친 서운한 표정을 지으며 재빨리 화제를 바꾸었다.

"말이 나왔으니 하는 말이네만 자네도 알지 않은가? 우리 조선 사람치고 웬만한 사람은 대개 다 첩실을 거느리고 있는 거. 늙은이도 있고 젊은이도 있고 대가리에 피도 마르지 않은 어린 애도 있지. 학교의 교원도 있고 학생도 있고 관리는 말할 것도 없고. 코만 우뚝하고 얼굴만 반반한 자면 으레 첩이 있어야 행세하는 줄 알지."[22]

"그게 뭐 새삼스러운 일인가?"

"개명천지 세상에 가장 먼저 척결해야 할 반봉건적인 악습
이 끊이질 않으니 하는 말일세."

도대체 김의 속은 알 수가 없었다. 나에게 기생을 안겨 주
고 감회를 묻자마자 첩실의 폐해를 들먹이는 심사가 뭔지 모르
겠다. 나는 엊그제 김이 나를 화홍에게 던져 두고 내뺀 속셈을
따져 물어야 했지만 김은 나까지 싸잡아 작첩의 폐해를 설파할
작정이었을 것이다. 축첩을 한다면 김이야말로 우리 동무들 중
에 가장 먼저 나설 작자일 것이다. 그와 어울려 다니는 패거리들
이 무슨 짓을 하고 다니는지 알 만한 친구들은 다 알고 있었다.
그런 생각을 하고 있었지만 말을 꺼내기도 전에 김이 먼저 선수
를 치고 나온 셈이었다.

"도대체 무슨 말을 하고 싶은 겐가?"

"경천이 말일세. 나는 그저 잠깐 바람이 들어 이화중선을
쫓아다니는 줄 알았네만 아예 만사 작파하고 뒤만 졸졸 따라다
니는 품이 첩이라도 들일 작정인가 보이."

이야기가 경천으로 넘어가자 비로소 안심이 되었다.

"경천이 그럴 리가 있나. 한때 바람이겠지. 대구인가 경산
인가 집에 있는 부인이 절세미인이라면서."

"그러면 뭐하나. 자네도 알지 않은가. 있는 집 자식들은 하나같이 아내를 둘씩 두는 거. 하나는 푸근한 옛날 아내, 다른 하나는 세련된 신식 아내."

김이 경천을 그리 좋아하지 않는다는 걸 알고 있었지만 대놓고 자리에 없는 친구의 뒷말을 하는 건 듣기 거북했다. 나 역시 경천의 샌님같이 여린 품성이 마음에 드는 건 아니었지만 경천은 병적일 정도로 행동거지가 깔끔한 인물이었다. 김이 경천을 그런 식으로 몰아세우는 건 터무니없었다.

"그렇더라도 경천이 첩질이야 하겠는가? 그럴 친구가 아니지 않나."

"모르는 소리. 자고로 허리 아래는 아무도 모른다고 하지 않았나. 자네도 그럴 텐데."

김은 짐짓 나의 아킬레스건을 건드리고 싶었던 모양이었다. 하지만 내 표정을 재빨리 읽고는 동의를 구하는 시늉의 말을 건넸다.

"기생들이 없었다면 첩들도 없을 텐데 안 그런가?"

그 역시 뜬금없기는 마찬가지였다. 입으로만 말하자면 김의 말에 틀린 건 없었다. 기생이 존재하는 한 첩실 역시 존재할 수밖에 없었다. 기생이 오를 수 있는 마지막 자리는 고관이나 부호의 첩실이었고 첩은 결국 기생이 돈과 권력에 빌붙어 도달할 수 있는 동일한 계급의 다른 이름이기 때문이다. 축첩을 금지한다면 기생들이 팔자를 고칠 수 있는 길도 사라질 터이니 그들이 없어질까? 아무튼 이제껏 나를 빼고 기생들과 놀아나던 저들의 행태를 모르지 않았지만 이제는 나 역시 그들과 한패가 되어 허리 아래의 일을 짐짓 모른 척하면서 세태를 비난하며 위안을 삼는 한심한 먹물의 처지로 전락하게 되었다.

축첩을 봉건의 유물이라고 손가락질하고 첩의 존재에 대해 사회적으로 용납하지 않는 분위기는 언제나 있었다. 그러나 기생의 존재를 부정하면서도 받아들였던 것처럼 첩실의 문제 역시 그대로 남아 있었다. 따지고 보면 첩실의 문제는 단순히 일부일처와 일부다처의 습속에서 오는 문화적 충돌이 아니었다. 그것은 사회적 계급의 불평등과 빈부의 차이에서 오는 갈등이 표출되는 지점일 뿐이었다. 그럼에도 축첩에 대한 비난은 "아무개가 어떤 기생을 첩으로 들였다더라" 하고 떠벌리는 일상적인 루머의 수준에 머물거나 식민 이후 권력에 빌붙은 작자들의 비리와 부패를 비난하는 수순으로 거론될 뿐이었다. 김이 그런 이야기를 할 태세였다.

"요새 말이지 아니 근대에 들어와서 국법이 해이하고 풍기가 크게 훼손되더니 소위 지방 관리로 가는 자는 백성을 다스리러 가는 것이 아니라 첩을 구하러 간다는 말도 있다네. 평안도,

경상도 같은 색향色鄉의 지방관을 지낸 자들은 거의 평양기생, 영변기생, 대구기생, 진주기생을 첩으로 두지. 어떤 자들은 두세 명, 심하면 8선녀까지 거느린다네."23

"그렇게까지야 할라고."

"모르는 소리. 심하면 사설 유곽을 두다시피 하여 다첩多妾 생활을 한다는데 그 돈이 대체 어디서 나오겠는가. 무고한 백성의 고혈을 뽑지 않으면 국재國財를 도적질하는 것 외에는 다른 방도가 없지 않나?"

"그게 뭐 어제 오늘 일이겠나."

"서도 사람들은 서울 양반놈이 서도 사람의 재물을 다 빼앗았다고 하지만 그 소위 양반놈들의 재산은 모두가 서도 기생첩에게 소비하게 되니 결국 서도 재산은 서도기생이 도로 차지하고 양반은 송아지 모양으로 되새김질을 한 데 불과한 것이지."

"그렇겠군."

나는 김의 말에 심드렁하게 대꾸할 뿐이었다.

"보게. 소위 귀족 부호인 민 가閔家나 이 가, 김 가들 집에 평양기생의 족적이 들어가 박히지 않은 집이 어디 있기나 한가. 이 짓을 제지하려면 나는 무엇보다도 이미 축첩한 자는 고율의 축첩세畜妾稅를 실시하는 동시에 앞으로 축첩을 하는 자는 중혼의 처벌과 같은 무슨 법적 제재가 필요하다고 생각하네."

김은 드디어 제도적인 방안까지 내놓았다. 축첩세라! 말은 해괴하지만 딴은 그런 게 필요할 듯도 싶었다. 축첩이 고관들로부터 시작되니 그들로부터 세금을 거둔다면 자못 그럴듯한 방안이 아닌가?

"말이 되는 소리를 하게. 도대체 그런 법을 누가 만든단 말인가. 그들이 제 손으로 제 손 묶을 법을 만든단 말인가? 그래 축첩세의 세율은 어떻게 정할까? 기적妓籍을 빼는 데 드는 돈의 비율로 정할까? 고관들이 제 손으로 그들 재산을 빼먹는 제도를 만들 리도 없고 설사 만들었다손 치더라도 누가 그걸 내겠나?"

나는 한술 더 떠 정색을 하고 따져 물었지만 결국 김의 이야기에 맞장구를 치는 셈이었다. 김이 꼬리를 내렸다.

"어허 이 사람. 말이 그렇다는 이야기지. 그냥 해 보는 소리 아닌가."

그랬다. 기생이건 첩이건 이야기의 결말은 언제나 그렇게 끝이 나기 마련이다. 세태를 향해 비난의 말을 던지고 한탄의 푸념을 늘어놓을 수는 있겠지만 그걸 뒤집을 방도가 따로 있을 리 없었다. 비난이 되었건 푸념이 되었건 그마저 제대로 해 본 적도 없지 않은가? 그러고 보니 얼마 전 차상찬車相瓚[24]이 첩실문제에 대한 자못 신랄한 기사를 쓴 적이 있었다. 당사자들이 놀라 기절할 만한, 신랄하다 못해 욕설이 낭자한 표현을 서슴지 않은 그 글은 일본의 병합 이후 친일 행태로 고관대작을 꿰찬 인물들과 부호들의 첩질 행각을 겨누고 있었다. 소위 식민의 대가로 호가호위하던 권력층의 이면을 까발리는 가십이었지만 자못 분노의 흥에 겨운 글발이 돋보였었다. 글깨나 읽은 사람치고 그 글을 읽지 않은 사람은 없었을 게다. 왕가의 외척이자 조선의 훈가벌족인 민영휘, 송병준, 박영효 등등이 거론되었는데 나도 그 글을 읽으며 저절로 비분강개했던 기억이 있었다. 김 역시 그런 이야기를 하고 싶었던 모양이지만 그 글만큼 시시콜콜 주워섬기기는 어려울 것이다.

글[25]은 먼저 민 씨 집안을 치고 나왔다. 민영휘[26]를 필두로 한 민 씨 일가는 조선의 훈가벌족勳家閥族인 동시에 이 왕가의 세세외척世世外戚이었다. 그들은 '불알만 달고 나면 눈깔이 꿰어졌던지 심신이 상실되었던지' 감사, 관찰은 으레 떼어 놓은 당상이오, 참판, 보국輔國[27]도 향촌 사람보다도 몇 백 배나 쉽게 차지했다. '국고금은 물론이고 인민의 재산을 자기 집의 낭중囊中(주머니 속)으로 생각하여 마음대로 횡취하는' 자들이었으며 '자기 집에 사당은 없을지언정 첩은 다 두었던' 집안이다. 얼마나 첩이 많았던지 경운동 민 자작閔子爵의 집에다가 '여흥 민 씨 애첩 관상소驪興 閔氏 愛妾 觀相所'라는 임시 간판을 붙이고 싶을 정도였단다.

민 씨 일가의 노 대감인 민영휘에게는 '황금 방석에 편히 앉아 피만 쪽쪽 빨아먹으니 피부가 고운' 평양댁과 대감의 총애를 한몸에 받는 해주마마가 있었고, 민영휘의 양자인 민형식閔衡植 역시 겸 부인을 두었으며, 아들인 민대식[28]은 '일선융화를 할 필요를 절실히 느끼고' 일본요리 국수집 딸을 매수하여 '아이노코'(일본어 비속어로 혼혈이란 뜻)를 낳았고, 다른 아들 민규식閔奎植은 일본인 여선생을 첩 삼았다.

이왕직 장관이었던 민병석[29]은 첩이 얼마나 많았던지 소싯적부터 얻은 것을 다 말하면 수를 헤아릴 수 없을 정도이다. 자칭 '학자니 두루미 새끼니 하고 금일까지 아관박대峨冠博帶(사대부의 의관)에 장죽長竹을 물고 게트림을 하는' 민 참판 영감 민병승[30]은 "겉모습은 점잖은 척하지만 속 버릇은 개차반일" 만큼 첩질에 이력이 난 인물이었다. 과거는 그만두고 현재에도 둘이나 되는데 그중 하나는 '검정 통치마에 쇠똥머리 하고 염생이발(염소발) 구두에 금테 메운 자전거(안경)를 눈에 딱 붙이고서 돌아다니는' 여자로 '밤낮으로 뒷문을 공개하는 철저한 해방여자'이다. 민병승의 아들 민성기閔晟基도 장안에서 몇 째 안 가는 알부랑자로 첩을 둔 것은 물론이고 요릿집과 기생집을 자기 안방으로 아는 작자였다.

이들 민 씨 일가는 세력이 있는 까닭에 첩을 얻어도 국제적이었다. 민영찬[31] 역시 첩깨나 있는데 그 첩 중에는 청녀清女(중국여자)도 있다. 민영휘의 맏아들인 대식 군 형제는 일본인 첩이 있고 이밖에 코납작이 형식衡植 군, 아편장이 민영린閔泳麟, 약 광고군大學日藥廣告軍 민영기閔泳綺, 머리 큰 난장이 민유식閔裕植 군도 첩 맛을 보느라고 몇 개씩은 다 있었다. 귀족은 아니지만 부호인 민용호閔溶鎬도 송곳머리에 매부리코로 화류계에 미인 평판이 있던 최향심崔香心 아씨를 애첩으로 들였다.

실로 민 씨 집안의 축첩 내력이 놀라운데 이를 한 줄로 엮어 두루 씹어 제끼자니 차상찬도 어지간히 숨이 가빴으리라. 이들은 반반한 기생을 꿰어 차는 것도 모자라 금권과 권력을 앞세워 여염집의 여자나 남의 첩을 빼앗는 작태로 이어진다. 이야기는 계속된다.

아방궁을 짓고 사는 '윤대갈 대감'[32]의 첩을 보자. 이 대감은 첩이 하도 많아서 다 볼 수 없고 그중 유명한 것만 말하자면, 과부가 되었다가 윤 씨에게 강제로 추행을 당하고 애첩이 된 이길선의 딸 이성녀李姓女가 있었고, 죽은 변호사의 애첩이었던 평양기생 출신 차미륵녀를 금전으로 농락하여 얻었다가 다시 이모 씨에게 빼앗기었고, 평양기생 김소홍金小紅에 이어 '예비마마'로 어린 기생 박점홍朴点紅에 빠져 있다.

윤덕영의 동생 택영 대감[33]도 있다. 그는 안동에 신일본인촌을 만들어 놓고 대금업자를 다 망하게 한 후 중국으로 내뺀 인물인데 그는 '똥물 오입장이'인 까닭에 첩은 별로 없고 그 대신 남첩이 많다'는 소문이었다.

옥동에 사는 이 후작[34] 역시 '전주집인가 진주집인가 무엇무엇 두 개가 있고 또 준첩이라 할 만한 가장 총애하는 곰보 아씨'가 있다. 친일기업가 백인기[35]는 대강만 말해도 첩이 참 많았다. '술 잘 먹는 산홍山紅, 깨진 바가지에 양촉洋燭 칠한 것 같은 은희銀姬, 뒷맵시 좋은 산천초목山川草木, 주근깨 많은 김옥연金玉姸' 등이 다 그의 마마였다. 박윤관朴潤觀 군은 한성조합의 명창 명기로 유성기에까지 가곡을 올린 항우項羽 눈의 조모란趙牧丹과 8년간이나 살고 평양기생 홍채봉洪彩鳳이도 8년이나 살았으며 백인기의 첩이 되었던 김옥연이와 어울려서 오월 단오에 신혼여행으로 평양에까지 갔던 인물이었다.

경성에서 8선녀八仙女 집이라고 하면 유명한 홍순형[36] 노인도 철원의 박의병朴義秉[37]과 막상막하 하는 축첩가였다. 8선녀 집이라면 그 집안을 들여다보지 않아도 알겠지만 그중 가장 어린 미인 첩은 충신동에 있는 이순모李淳模 아씨이다. 그 아들 홍학표洪鶴杓 군도 색계로는 일찌감치 통달했다. 평양집(일명 교동집) 김연옥金硏玉, 정금홍鄭錦紅 같은 미인을 다 첩으로 낙적落籍하였고 요사이에는 심덕도 좋고 자색이 미려하여 일반 유야랑遊

冶郎(주색에 빠진 사람)에게 귀여움을 받던 김은홍金銀紅과 달콤한 생활을 한다.

또 창녕에서 고루거각高樓巨閣을 짓고 창녕 총독의 별명을 듣던 하재구河在鳩는 관철동에 와서 사는데 허울 좋고 능청스러운 평양명기 김취홍金翠紅과 어울려서 병어 입 같은 취홍의 입에서 나오는 달콤한 말에 취하여 자기 생명보다 더 소중하게 생각하던 상투까지 깎아 버렸다.

송병준[38]과 박영효[39]에 대해서는 더욱 신랄하다. 송병준 백작은 원래 색마로 '기생이고 침모고 행방계집이고 왜갈보고 친지인의 첩이고 할 것 없이 머리만 반반히 빗고 옷만 희끔하게 입은 것을 보면 다 주워 먹었으며', 박영효 후작도 경성에서 축첩자 간친회가 발기된다 하면 회장은 으레 또 떼어 놓은 당상이었다.

또한 한참 좌부인, 우부인을 두고 동서로 일없이 분주하던 조 자작子爵[40]의 아들 대호大鎬 군도 나이에 비하여는 성적이 불량치 않다. 그러나 근일에는 주머니가 텅 비어서 여학생 첩과 한강철교에서 정사情死를 하려도 전차비가 곤란한 모양이다. 그가 사랑하던 신옥도申玉桃도 자작이고 남작이고 볼 장 다 보았다고 벌써 뺑소니를 쳤다고 한다. 이밖에 조 자작의 집에 드나들던 개성 부호 이기환과 이기선도 '첩 사냥'에 일가견이 있고 장직상[41]

형제와 한규설[42] 씨도 첩이 두 명 이상은 된단다.

이 왕가 중에서 이강[43]을 비롯 이지용[44], 이재각[45], 이해승 [46], 이재극[47] 등 모두 다 남부럽지 않게 한참 첩 놀이를 잘 하였다. 그러나 첩으로 호강은 고사하고 배를 쫄쫄 굶는 경우도 있었으니 이재극은 첩 신영월申暎月에게 재산권을 다 쥐어 주었고, 이윤용은 침모 첩에게 재산권을 뺏겨서 한 푼도 마음대로 못 쓰고 반찬 하나를 잘 먹지 못하는 지경에 빠졌다고 한다.[48]

이쯤 되면 축첩은 당시 고관 부호들의 삶 그 자체였다고 할 수 있다. 친일귀족들은 거의 예외 없이 다 이 모양이었는데 나라가 왜 망했는지는 그 이유를 더 따져 물을 필요도 없었다. 식민권력이 된 이유는 호의호식하기 위함이었고 그 목록에 첩을 들이는 즐거움을 빼놓을 수 없었던 모양이다.

첩을 두는 것은 범죄가 아니었다. 시대는 바야흐로 현대를 향하고 있었지만 모던은 눈앞에 등장하는 물질이나 유행 따위에 묻어 있을지는 몰라도 머릿속까지는 아니었다. 육체와 거기에 깃든 생각은 아직 봉건의 시대에 머물러 있었다. 그곳에서 중혼은 범죄가 아니라 관습의 문제였을 뿐이다. 그러나 법적인 제도는 없으되 그 관습은 사회적 모순과 얽혀 있었다. 축첩이 비난의 대상이 되었던 것은 오늘날 우리가 예상하듯이 남성 중심의 가부장적 사회로 인한 여성에 대한 차별과 이로 인한 갈등 때문만은 아니었다. 그런 갈등쯤이야 축첩을 하는 사람이나 그를 비난하는 사람에게도 관심 밖의 일이었다. 축첩에 대한 비난은 더 근본적인 사회적 모순, 즉 식민권력에 대한 분노, 그 과정에서 정당하게 이루어지지 못한 부의 축적, 봉건적인 관료사회가 지닌 부패의 관습에 대한 불만의 표출이었다. 그럼에도 불구하고 봉건의 모순과 식민의 모순이 뒤섞인 사회에 대한 비난은 언제나 사회의 도덕적 타락의 이름으로 단죄될 뿐이었다.

잠깐 생각이 딴 데 가 있던 나를 김이 불러 세우지 않았다면 내가 어디에 있는지 잊을 뻔했다.

"내 말 듣고 있는 겐가?"

"응 듣고 있네만, 첩실을 들이는 탓을 기생들에게 돌릴 수는 없잖은가?"

"기생 탓이 아니라고? 물론 그럴 수도 있지. 돈과 권력을 가진 자들의 잘못이지 기생들이 무슨 힘이 있었겠나. 하지만 결국 기생들이 그들과 붙어 있으면서 한패가 되지 않았나. 경성 내 조선인의 거대한 가옥은 대개 향읍鄕邑에서 새로 이주한 부호와 기생들이 점령하였다네. 그런데 재밌는 건 기생은 부랑부호의 재산을 자꾸 흡취해서 가산이 매년 늘어가나 소위 부호들은 경성에 와서 아무 직업이 없고 기생첩 하기와 요릿집 출입, 양복치레뿐이니 매년 가산이 축소된다지. 기생들이 눈먼 돈을 빼돌려 결국은 그들을 빈털터리로 만드니 기생이야말로 이들을 단죄하는 정의의 수호신 아닌가?"

"딴은 그럴 수도 있겠군. 누구는 기생을 첩으로 들이고 기생은 그들을 벌거벗기고……"

"그런데 그거 아나? 부호들이 기적에서 빼낸 기생들이 한둘이 아니네만 그들은 대개 전라도 부자들이고 기생들은 거개 평양기생인 거?"

"그래?"

"현준호 군은 김옥향, 김기동 군은 최가패, 김연수 군은 김소옥, 김준희 군은 변옥도, 정읍 박 모는 홍채봉, 백인기 군은 김소홍, 전성욱 군은 김금주 등을 첩으로 삼았네만 이들 중 전성욱을 빼면 모두 전라도 부호이고 김옥향과 김소옥을 빼면 전부 평양기생들이지."[49]

첩으로 삼는 가장 많은 대상은 당연히 김의 말대로 기생들이었다. 시골의 부자들은 서울에 올라와 기생을 기적에서 빼내 재산을 늘려 주고 첩으로 삼는 일이 많았다.

"기적에서 빼내는 데 돈이 많이 든다며?"

"몸값 천 원쯤은 있어야겠지. 기자로 다니며 다달이 칠, 팔십 원에 목을 맨 나 같은 월급쟁이의 신세론 몇 천 원은커녕 몇백 원도 한꺼번에는 변통하기 어렵겠지."[50]

김은 기생 이야기를 계속하고 싶어 하는 눈치였지만 짐짓 나는 말을 잘랐다.

"어쨌든 먹고살기 힘든 여인들이 마지막으로 내몰리는 곳이 기생이라는 걸 자네도 알지 않은가?"

"맞네. 그러니 한번 기생이 되면 첩실이 되려고 기를 쓰지 않나. 그 길 말고는 다른 방도가 없겠지만. 어쨌든 기생은 우리 조선의 오래된 문화적 풍속이기도 하지. 받아들이건 말건 존재해 왔고 있을 수밖에 없는 존재들이라는 거지. 다행이 부호들을 꿰어 찬 기생이야 팔자를 고치면 그만이지만 미처 그렇지 못한 기생은 기생도 업인지라 먹고살기 힘들어서 사기잡배와 한통속이 되는 거겠지."

"그건 또 무슨 말인가?"

"기생들은 원래 사내를 벗겨먹는 게 직업 아닌가? 그러자면 사기꾼과 결탁을 해야 하는 거지. 이런 식이네. 가령 시골서 돈푼 있는 영감이거나 있는 집 아들이 서울로 올라왔다고 해 보세. 그에게 접근해 한잔 대접하겠다고 요릿집에 데려가서는 썩 어여쁜 기생을 불러 놓고 질탕히 놀고 난 뒤 돈을 미처 안 가지고 왔다고 하는 거지. 요릿집에서는 무전취식으로 고발하겠다고 위협을 하니 하는 수 없이 시골사람 명의로 수형을 쓰게 만들고는 그동안에 정든 체한 기생이 보증을 서고 하여 간신히 놓여 나오게 해서는 시골집에 가서 문서를 가지고 올라오게 하는 거지. 그리고 여관에는 못 있게 하고 기생집에 가서 있게 하면 기생화대는 천정 모르게 높아 가고……. 요릿집도 끼고 기생도 끼고 고리대금업자까지 끼고 하여 해 먹는 노릇이라네. 지금 서울에는 이런 일로 벌어먹는 몸이 점점 많아진다는군."[51]

"이런 일이야 언제든 어디든 없었겠나."

"그렇긴 하지. 하지만 시대가 바뀌니 새로운 방식도 있지. 이를테면 여기 종로의 상점들도 기생들과 한통속이라네. 큰 상점에는 장롱, 의걸이, 경대, 비단, 우산, 패물 무엇 하나 없는 것 없지 않은가? 그런데 누구에게 많이 파는가 하니 기생에게 제일 많이 팔고 그 다음은 은근짜에게 많이 파는데 물건 값도 다른 상점보다 곱절이나 비싸다네. 어떻게 하는가 하면 먼저 기생이 눈먼 부자놈을 데리고 반드시 이 상점으로 오거든. 그러면 문갑도 사야지요, 병풍도 있어야 안 합니까. 체경도 사서 머리맡에 걸어 놓아야지요 하면서 자꾸 사 달라고 조르면 값을 곱절로 불러도 그대로 사게 되지 않겠나? 혹시 '그게 그렇게 비싼가?' 하면 상점 주인이 무어라 하기 전에 기생이 먼저 '이건 오히려 싼 셈입니다' 하곤 입을 틀어막는 거지. 그래서 몇 천 원어치를 한꺼번에 사가지고 들어가네. 그리고 한 달도 못 지나서 싸움을 하고 헤어지던지 도망을 하던지 하여 남자를 박차 버리면 그 세간은 모두 도로 상점으로 나오거든. 물건 값 중에서 7할가량은 기생이 찾아 가고 3할은 주인이 삼켜 버리니 안팎으로 여간 큰 장사 아닌가?"[52]

"역시 세상의 어느 구석이든 기생들이 끼어 있다는 말인가?"

"바로 그거야. 기생을 말하지 않고 세상을 말할 수 없다는 말일세. 어쩌면 조선의 사회가 어떻게 굴러가는지를 보려면 기생의 눈으로 보아야 할 걸세. 그래서 말인데……."

김은 그제야 본론으로 들어갈 작정이었다.

"자네 기생에 대한 글 한번 써보지 않을 텐가?"

"내가? 기생에 대해 내가 뭘 안다고?"

"기생에 대해서 모르는 조선 사내도 있다던가? 기생을 모르고선 조선사회를 안다고 말할 수 없지. 자네는 조선 사내가 아니야?"

"그런데 하필 기생인가. 다른 글거리 놔두고 하필 기생을 쓰라는 건 도대체 무슨 심사인가?"

엊그제 일이 다시 생각이 났다. 김이 나를 끌고 요릿집에 가 화홍을 만나게 한 것도 이 일을 위한 밑밥이었을지도 몰랐다.

"자네도 알다시피 요즘 팔리는 글은 죄다 기생 이야기들이야. 기생이 들어가지 않은 잡지들은 팔리지도 않아. 앞으로는 더

할 걸세. 꼭 기생 이야기만 쓰라는 것은 아니네. 하지만 세태에 대한 글이라면 당연 기생 이야기일 수밖에 없지 안 그래."

"그래도 난 싫으이. 내가 언제……."

김이 나의 거절의 말을 재빨리 끊으며 제안을 했다.

"이번에 기생학교를 취재할 셈인데 자네가 하면 어떻겠나? 이참에 본거지인 평양도 구경하고 좀 좋은가? 여비는 내가 넉넉히 챙겨 줌세. 가는 길에 자네 집에도 들를 수 있으니 나쁘지 않을 텐데?"

역시 김은 나의 속사정까지 꿰어 차고 있었다. 달포 전 집에서 어머니가 몸져누웠다는 전보가 왔지만 갈 차비조차 마련되지 않았다. 어머니가 아프다는 건 아들을 보고 싶어 하는 핑계일 터였지만 그렇지 않아도 한번 다녀올 참이었지만 여가가 없었다. 김이 나의 사정을 짐작하고 제안한 것은 고마운 일이어서 귀가 솔깃했지만 짐짓 딴청을 부렸다.

"평양의 기생학교를 취재하라고? 차라리 권번엘 잠입 취재하라고 하지 왜?"

"그러면 더 좋고……."

나는 그만 자리에서 일어나고 말았다.

룸펜과 데카당

인텔리와 기생. 동인과 빙허. 이화중선, 화중선. 김성과 모세

인텔리와 기생

기생에 대한 글을 쓰라는 제안에 고개부터 외로 꼰 것은 알량한 자존심 때문이었을 것이다. 기껏 문학을 한답시고 기생 치마폭이나 들치고 있는 꼴이란! 그렇다고 다른 할 일이 있었던 것도 아니다. 나를 포함한 우리들 대부분은 그저 할 일 없는 '룸펜 인텔리'였다. 룸펜이라! 누구는 멋스럽게 스스로를 일컫는 말이었으나 본뜻은 그저 '넝마'란 말 아닌가? 인텔리란 말을 붙여 봐야 기껏 가진 것 없는 먹물쯤이었다. 언젠가 친구인 채만식이 우리를 두고 "어깨가 축 처진 무직 인테리요, 무기력한 문화 예비군 속에서 푸른 한숨만 쉬는 초상집의 주인 없는 개들"이라고 했던 말이 떠올랐다. 맞다. 우리는 초상집의 비루먹은 개들일 뿐이었다. 어쩌다 이런 처지가 되었을까. 그 꼿꼿했다는 조선의 선비들은 다 어디 가고 비루먹은 강아지 꼴이 되었을까?

개항이 되어 스스로 '양행꾼'을 자처하고 '개화꾼'으로 행세하며 세상의 변화에 민감하게 대응하고 능숙하게 대처하던 이들이 있었다. 그들은 처음 선각자처럼 보였다. 일본이나 중국 혹은 서구를 통해 신식 교육을 받았던 이들은 누구나 미몽과 야만에 처해 있는 조선의 현실을 개탄했다. 하지만 그가 누구였든 선각자로서 그들이 지녔던 계몽적인 이성은 불안하기 짝이 없었다. 서구의 계몽주의자와 합리주의자들이 지향했던 현대가 세계의 힘의 재편을 위한 식민주의와 패권주의로 나타났을 때, 태생이 달랐던 이 땅의 지식인들은 제국주의의 지배문화를 식민지의 피지배문화로 뒤바꾸는 역할을 해야 했다.

한때 재빨리 받아들였던 서구의 사회진화론은 식민지로 전락하려는 조선의 사회 모순을 해결하기 위한 가장 타당한 논리로 받아들여졌지만 유감스럽게도 강자만이 살아남을 수 있다는 약육강식, 우승열패의 논리는 약자들을 언제든 침탈할 수 있다는 제국주의를 합리화하는 이론이었으며 '열등한' 조선에 대해 '우등한' 일본의 침략을 정당화하는 이론이기도 했다.

지식인들은 시대에 따라 민족주의자, 문화주의자, 사회주의자, 모더니스트 등등의 모습으로 나타났다. 작금의 먹물이라면 으레 사회주의자를 자처했다. 레닌과 맑스의 이름만 겨우 듣고서도 자칭 무슨 주의자主義者 무슨 당黨 하고 떠들고 다녔다. 그러나 이는 겉모습일 뿐이었다. 그들은 과거와 현대 사이를, 봉건으로 표상되는 권위의 질서와 현대로 표상되는 합리적 질서 사이를, 그리고 지식인으로서의 선지자적 이성과 잔존하는 가부장적 욕망 사이를 쉴 새 없이 넘나드는 것을 자신들의 정체성으로 삼았다.

그들에 대한 시선이 고울 리 없었다. 지체 높은 집안의 자식으로 태어나 외국물을 먹고 유학을 갔다 온 돈 많은 인텔리들에 대한 사회의 경멸과 비난은 노골적이었다. 구식의 처를 버리고 신식 연애에 빠져들고 기생집과 요릿집을 들락거리고 그럴듯한 양복을 걸쳐 입고 끽다점에서 커피와 재즈를 즐기는 치들은, 누가 보아도 두말할 것 없이 '오입장이요, 이기주의자요, 명예탐구자'[53]일 수밖에 없었다. 인텔리 계급은 대개 "요릿집에서 무릎 위에 기생을 앉혀 놓고는 남녀평등, 돈이 없을 때는 공산주의, 돈이 생기면 개인주의"[54]라는 비난처럼 입만 번지레한 이들의 이름이었다.

물론 그럴 처지에 있지 못한 나 같은 룸펜들도 할 말은 있었다. 방구들을 짊어진 고등실업자 말고는, 현실에 붙어먹는 모리배가 되는 길 말고는, 달리 길이 보이지 않는 게 식민의 땅이었다. '정당한 자기의 이데올로기도 내어던지고 태타성怠惰性(태만하고 나태함)과 불량성이 성장하여 가게 되니 뿔조아지들의 향락처소인 카페에 출입하여 호주머니에 단 십 전만 있어도 알콜과 바꿔서 전신을 마비시키려고 하는'[55] 존재들일 뿐이라는 말을 들어도 할 말이 없었다. 하지만 불안, 무기력, 비판, 불평, 자조, 일탈된 일상으로 점철된 도시의 삶 그리고 소외된 존재로서의 극한적인 자의식의 분열은 바로 도시 룸펜 지식인의 마지막 비상구이기도 했다.

지식인이 자신을 말하는 가장 유효한 수단이 바로 글이다. 그들을 먹물이라고 하지 않던가. 글은 언어이자 지식이다. 그들은 곳간을 드나드는 쥐처럼 지식의 창고를 들락거리며 언어의 쌀알을 물어 나른다. 일상적인 삶의 경험이 언어로 전환되면 그대로 문학의 토대가 된다. 현대문학의 탄생이다. 문화와 예술, 교양이란 이름으로 치장된 현대는 지식인의 퇴폐와 퇴영적 삶이 치열한 자아의식을 보듬기 위한 수단으로 자리 잡게 했다. 자아의 눈으로 세상과 부딪히며 느끼는 정서와 감정을 솔직하게 드러내는 것이 하나의 문학적 가치이자 현대적 가치로 받아들였던 때이다. 1920년대 글이 사실주의에 토대를 두고 있던 까닭이다.

일상과 일탈의 경험을 통해 얻어지는 심리적인 갈등과 내면의 발견은 주체를 자각하는 계기를 만들어 주었다. 근대적인 자아로서 주체의 발견은 바로 타자와의 경험을 통해 이루어진다. 타자를 인식하는 순간 자아 역시 발견되기 때문이다. 일상의 삶에서 주체의 내면을 흔들 수 있는 타자他者는 누구였을까?

그럴듯한 타자가 있었으니 바로 기생이다. 춤과 소리를 하는 예술가에서 술시중을 들거나 매음을 하는 창녀라는 극단을 오가는 존재들. 유희와 오락, 감각과 예술, 쾌감과 성욕이 교차하는 지점에 기생이 있었다. 글 속에서 기생은 늘 이상적인 존재인 동시에 퇴폐적인 존재로 그려진다. 어쩔 수 없이 기생에게 빠져들 수밖에 없는 상황을 합리화하기 위해 기생은 본능을 거역하지 못할 만큼 아름답고 순수하고 인간적이며 이상적인 존재로 그려진다. 동시에 욕망을 사회화한 현실 속에서 거부해야 할 퇴폐적이고 추악한 존재로서 그려져야 한다. 기생은 바로 이성으로 제어된 자아와 근원적인 욕망 사이에서 존재하는 타자였던 것이다. 그 사이를 오가는 주체는 자신의 내면적인 욕망을 기생을 통해 투사하고 자신의 갈등을 숨김없이 토로한다. 그러므로 작가들의 기생에 관한 경험을 토대로 한 글이 자기변명으로 일관되어 있다고 하더라도 새삼스럽게 놀랄 일은 아니다.

　　기생과의 경험은 가장 가까이에서 체험할 수 있는 인간의 장이었으며 안전한 일탈의 범주였다. 작가는 기생을 통해 사회적 존재로서의 타자화된 계급에 시선을 돌릴 수 있었을 뿐 아니라 인간의 내면에 도달할 수 있는, 매우 적절하고 효과적인 수단을 발견한 것이다. 기생을 소재로 한 소설이 무수히 등장했던 이유이기도 했다.

기생의 확산은 분명 식민의 피폐한 현실과 식민의 절망이 결합한 결과였다. 경제적 궁핍은 가난한 여성을 매육의 현실로 내몰았다. 기생은 삶의 수단이었다. 그들은 철저하게 사회의 주변적 계층이었다. 기생은 성적인 욕망의 대상이자 환락의 표상이었으며 쾌락의 대상이자 절망의 분출처였다. 그 자리에 남성이 그리고 지식인이 있다. 오랜 세월 남성 혹은 권력은 기생을 향유할 수 있는 심리적이고 사회적인 안전판을 만들어 놓기 위해서라도 그들을 사회의 주류적 질서에 편입시키는 것을 거부했다. 이런 상황은 식민지에서 더욱 강화된다. 봉건적인 질서는 근대에 들어 와해되는 것이 아니라 내면적으로 더 강화된다. 식민지에서 발견한 또 다른 식민지, 그들이 바로 기생들이었다.

지식인 옆에 기생을 앉혀 놓으면 그들의 모순과 갈등은 훨씬 더 도드라져 보인다. 물론 기생이 언제나 누군가의 타자로서만 존재하는 것은 아니다. 그들은 여전히 봉건적인 제도의 잔유물로 인식되었고 사회적 위치는 여전히 밑바닥이었지만 그들은 누구보다 세태의 흐름에 민감했으며 다른 누구보다 현대적인 삶과 의식의 흐름에 가까이 있었던 존재들이었다.

기생의 존재는 현대사회가 일상의 차원에서 대중을 재조직하며 진행되어 왔던 모든 문화적 현상의 출발점이기도 하다. 현대는 그들의 존재를 사회의 중심에 옮겨 놓았다. 과거의 기생들이 남성들의 욕망을 매개하는 자리에 놓여 있었다면 현대사회에서 기생은 사람들의, 대중들의 욕망을 매개하는 자리에 서 있게 될 것이기 때문이다. 대중들의 욕망을 채우는 바로 그 자리는 기생을 위해 현대가 마련한 선물이었다. 우리는 이를 대중문화라고 부르게 될 것이지만 그것은 나중 이야기다.

* * *

여기 요릿집과 카페와 기생집을 전전하는 엘리트 계급의 삶을 보여 주는 한 편의 글이 있다(사실 이런 글은 조금만 뒤져 보면 너무 많아 일일이 인용하기도 어렵다). 일본의 명문인 와세다 대학 경제학과에 유학한 엘리트 출신이 보내는 하루는 그들의 삶을 보여 주기에 손색이 없다. 장황하고 허접하기 짝이 없는 그의 일상을 잠깐 들여다보자.

일본 조대早大 경제과를 마치고 돌아와서도 한 해 동안이나 구직한다는 평계로 집에 돈을 올려다 쓰고 서울서 여관생활을 하다가 연줄로 친한 사람의 줄을 얻어 00보험회사에 입사를 하고 나니, 집에서는 '이제야 잊었다'고 막힌 숨이 터진 듯이 시원해 하며 제발 돈 달라는 소리나 말고 월급 받는 걸로 쓰든지 버리든지 네 몸 치다꺼리나 하라는 성화에 섭섭하기도 하였으나 65원이 그래도 또박또박 내 입에 들어오는 바람에 고마운 생각도 났다.……하숙료 25원을 제하면 40원이 쓸 곳이 남건만은 월급 받은 지 일주일이 채 못 되어 돈에 날개가 돋고 발이 달린 듯이 다 달아나고 지갑 속에는 동전 한 푼 남지 않으니 풍덩풍덩 쓸 때 생각은 하지 못하고 밤낮 돈타령이다. 명월관 외상요리 값이 어느새 백 원이 넘었는데 옛날 신용만 여기고 아직은 달라는 말도 아니 하니 뱃속만은 편하다. 영락정永樂町(지금의 중구 저동 1가) 일본카페에도 1, 20원 외상을 졌는데 그 역시 내 눈치만 보고 있는 모양이다. 이것만은 '모던' 신사의 체면상 속히 갚아 주어야 첫째로 계집애들의 환심을 살 텐데 돈이 돌지 않아 벌써 20일이나 미뤄 왔더니, 가을이 되면서부터 벼르고 꿈까지 꾸면서 기다리던 보너스가 뜻밖에 오늘 나왔다. 나에게는 참으로 '비-너스'같이 감격을 주는 '보-너스'였다.……162원 50전! 순전히 공짜다.……눈 질끈 감고 동복 한 벌을 새로 맞출까.……구두, 비단 와이셔츠, 넥타이, 이왕이면 이것도 한 벌씩 준비를 해두어야지. 참 금홍錦紅이한테 보석반지나 한 개 사다 줄까, 얼마나 기뻐할꼬! 그리고 정순 씨에게는 뭘 선사하나.……명월관 요릿값은 이번에 얼마간 갚아야 이 다음 외상 먹을 염치가 나지. 양복점 월부는 30원이나 남았으니 그것도 20원 하나는 주어야겠고 카페 빚은 제일 급하니 오늘이라도 가서 갚아야겠다. 옳다! 오늘 저녁에는 카페에 가서 사요코 하고 같이 정식을 먹자. 그러자 다른 생각은 다 사라지고 내 눈 앞에는 사요코의 예쁜 자태가 어른거린다. 날씬한 몸맵시, 희랍 여자같이 정돈된 얼굴의 조화, 은방울같이 잘 울리는 목소리, 냉정한 듯하면서도 타는 듯한 열정을 감춘 우아한 태도, 카페에 있기는 정말 아까운 여자다.……좌우간 오늘은 우리 합자해서 기생 부르고 요릿집에서 한잔 먹세.……떠들썩한 사무실을 빠져나와서 진고개로 들어섰다. 좌우편 '쇼-윈도'에 거침없이 시선을 방사하면서 고개를 쳐들고 어깨를 펴고 너희들이 다 우습다는 듯이 호기롭게 걸어간다.……결국 나는 빈손 쥐고 영락정에 나섰다. 전등이 막 켜진 카페에는 손님 대할 준비를 다 마치고 난 '웨이트리스'들이 그림같이 체경(거울) 앞에 들어앉았을 뿐이오.……나는 그만 꽃밭에 노는 왕자가 되었다. 사요코도 오늘만은 유달리 친절한 것 같다.……나는 저녁밥을 먹지 않았다는 두 계집애를 양 옆에 앉히고 사요코와는 부부와 같이 마주앉아 넷이서 2원짜리 정식을 먹었다. 나중에는 주인마누라까지 나와서 얼렁뚱땅이를 치는 바람에 잔뜩 호기가 오르고 기분이 펴져 5, 6가지 양주병을 앞에다 늘어 놓고 커다란 맥주컵으로 너도 먹어라, 나도 먹어라, 하고 함부로 들이켰다. 사요코가 내 옆에 붙어 앉아서 걱정스러운 얼굴로 말리는 바람에 더욱 신이 나서 얼마든지 먹어 버렸더니 나중에는 정신이 힝-하고 옆에 사람 말소리가 멀리서 떠오는 것 같고 집이 배 모양으로 동요가 되어 가만히 앉아 있을 수가 없어 이리 비틀 저리 비틀하면서 일어나서 무어라고 연설을 하고 두 팔을 휘둘렀다. 봉투를 꺼내서 21원 얼마를 회계해 주고 나서 사요코의 호위를 받아 자동차에 오른 것까지는 어렴풋이 기억이 난다.

아침에 눈을 떠보니 천만 뜻밖에도 나는 기생 금홍이 방에 누워 있다. 내의만 입은 몸을 따뜻한 비단이불이 살포시 누르고 있다. 옆에는 내가 놀라 눈이 둥그런 줄도 모르고 금홍이가 곱게 잠들어 있다. 나는 튀는 듯이 벌떡 일어나 양복을 찾았다. 앗?! 나는 머리에 냉수를 끼얹은 듯 전신이 오므라들었다. 손이 떨렸다. 양복저고리 속주머니 속에 있어야 할 봉투가, 보너스가 간 곳이 없다!……금홍이의 맑은 눈에는 조금도 거짓이 없는 것 같다. 차라리 카페에 가서 사요코를 보고 사정 이야기를 하고 물어볼까. 운전수를 조질까. 이런 생각들을 머리에 그리고 얼빠진 사람가치 우둑하니 앉아 있던 나는, 에라, 돈 잃고 미친놈까지 될 턱은 없다 하고 깨끗이 단념을 하고는 머리를 동여매고 왼 종일 이불 속에서 굴렀다.[56]

이 친구 일본 유학까지 한 엘리트이다. 집에서 돈을 얻어 썼다는 것으로 보아 시골부호의 아들쯤일 것이다. "월급 받는 걸로 쓰든지 버리든지 네 몸 치다꺼리나 하라"는 말을 들을 정도면 그 집은 일반의 경제사정과는 달랐음이 분명하다. 연줄로 보험회사에 들어간 그의 월급은 65원. 적지 않은 돈이다. 하지만 요릿집 명월관과 카페를 들락거리며 '계집애'들의 환심을 사는 게 일이니 그에게 돈은 늘 모자란다. 그런데 보너스가 나왔다. 162원 50전. 그동안 밀린 외상값을 갚고 양복, 구두, 와이셔츠, 넥타이를 새로 살 생각을 한다. 하지만 금홍이, 정순 씨, 사요코가 눈앞에 어른거린다. 결국 그가 향한 곳은 술집. 정신없이 술을 먹고 눈을 뜬 곳은 기생 금홍이의 집. 보너스를 잃어버린 걸 알지만 별 일 아닌 듯 이불 속에서 뒹군다. 그는 돈이 없어 전전긍긍하는 빈털터리 룸펜은 아니다. 그의 궁상은 어쩌면 호사에 가깝다. '룸펜 부르주아'라고나 할까.

이 이야기 역시 '여자들과 논' 이야기다. 이들에게 기생은 말 그대로 '천만 뜻밖에' 하룻밤을 함께하게 된 여자일 뿐이었다. 이런 이야기들은 언제나 우쭐거리며 떠벌리는 사내들의 이야기에 불과했지만 이런 글이 버젓이 잡지에 오를 만큼 일상화되었던 세태였다. '양복쟁이, 그중에 말쑥하다는 친구의 이야기는 거의 전부가 요릿집, 기생집, 색주가에 다니던 이야기'들이었다. 그들은 지방부호의 자식 아니면 군청 직원이나 학교 교원들이며 경성 가서 한바탕 잘 놀던 이야기를 주고받는 걸 일상으로 삼았다.[57]

이 글 역시 배울 만큼 배우고도 정신 못 차리는 군상에 대한 풍자처럼 보인다. 그러나 바로 이런 허접한 글이 활자화되어 소통되는 순간이 어쩌면 현대적인 인간이 탄생하고 있는 순간이었다. 이 글을 쓴 반월성인—누구인지 찾지 못했지만—은 비록 필명이지만 자신이 겪은 일상적인 경험을 숨기거나 꾸밈없이 천연덕스럽게 이야기하고 있다. 그만큼 자신의 치부와 모순까지도 숨김없이 드러낼 수 있는 시대는 분명 이전과 다른 세상이었다.

화홍과의 하룻밤을 지내고 난 뒤, 나는 내 자신도 알 수 없는 열기가 내 몸에 머물러 있음을 느끼고 있었다. 야릇한 흥분과 또 그만큼의 불쾌감이 교차하는 기분이었다. 그날 식민지 운운했던 김의 말이 겹쳐 도무지 마음의 갈피를 찾지 못한 채 나는 이불 속에 누워 머리맡에 흩어진 잡지책을 뒤적이다 와세다 출신이 쓴 이 글을 보게 되었던 것이다. 사실 이전 같았으면 이따위 글을 쳐다보지도 않았을 것이다. 어쩌다 읽게 되었더라도 아마 도중에 집어던지며 글 쓴 작자에게 저주의 말 한 마디라도 던지지 않으면 속이 풀리지 않았을 거였다.

소위 예술갑네 하고 어깨에 힘을 주고 다니는 작가들의 글도 마찬가지였다. 나는 평소에도 동인이나 빙허의 글 따위는 쳐다보지도 않았다. 기껏 기생 이야기를 하는 주제에 작가 행세는 다 하고 다니는 꼴은 보아주기 어려웠다. 나 역시 문학이란 걸 업으로 삼고자 했지만 그들의 글 따위를 소위 문학이라고 대접하는 세상이라면 차라리 글을 포기하고 말 것이라는 생각조차 했었다. 그런데 어쩌다 보니 지금의 내 심정이 한심하게도 동인의 글을 보았을 때의 느낌과 유사하다고 할 수 있었다. 막연한 기대감과 알 수 없는 혐오감이 스멀스멀 기어나오는 그 충만하고도 불안한 감정은 내 자신의 이성적인 판단을 거역하는 감성적인 무엇이었고 그런 감정에 사로잡힌 느낌은 도덕과 윤리의 판단을 넘어서는 어떤 것이었다. 동인 같은 치들이 떠벌리던 예술적 감흥이라는 것도 바로 이런 것이었는지도 모르겠다.

문학 속에 등장하는 기생은 자신을 비하하고 회의에 가득 찬 인물로 등장한다. 그것은 자아의 눈으로 세상과 부딪히며 느끼는 정서와 감정을 솔직하게 드러내는 작가들에 의해 표현된다. 물론 기생을 바라보는 그들의 시각은 봉건시대의 눈 그대로였다. 기생을 사람 취급하지 않는 것도 예사였다. 기생을 버젓이 옆에 앉혀 놓고 이렇게 말한다.

"실상은 나도 사람 아니라고는 안 해.……가만! 그래 사람이 아니야. 확실히 사람이 아니야. 박쥐일세. 박쥐.……박쥐는 새이고도 조류가 아닌 것처럼 기생은 사람이고도 인류에 못 든다는 편이 옳을 테지."

세간의 눈은 여전히 기생을 '업신여길 수 있음으로 사랑스러운 동물'로 보았다. 그들의 부모조차 '돈벌이 하는 잡것'으로 대하였으며 예수교인은 '마귀'로 알았다. 도학자는 '요물'로 알았다. 노동자는 자기도 돈만 있으면 살 수 있는 '물건'으로 알았다.……늙은이나 젊은이나 한결같이 그들을 다만 춘정春情을 파는 아름다운 동물로 알 뿐 한 개 인격을 가진 사람으로는 보지 않았다.

김동인의 〈눈 겨우 뜰 때〉에 나오는 이야기다. 여기에 처음으로 글의 주인공이 되어 자신의 시각으로 남성을 바라보는 기생이 등장한다. 자신들을 가까이 하면서도 업신여기는 사람들에게 모욕감을 느낀 기생, 금패는 이렇게 말한다.

"이전에 자기네들을 대단히 없이 여기는 어떤 사회 사람들도 마음으로는 자기네들과 친근키를 원하는 것을 발견하고 역시 사내란 약한 것이고 위선 덩어리라고 기뻐한 적이 있었으나 이것 역시 자기네를 '사람'으로 보지 않고 춘정을 파는 아름다운 동물이라 생각함에 있다 하며 끝없는 모욕심侮辱心의 감感을 깨닫지 않을 수 없었다."[58]

기생을 동물로 보는 것은 그래도 나은 편이었다. 그보다 더 했다. 기생이 단발을 하는 것조차 고깝게 보면서 그들을 흡혈귀라고 서슴없이 말하는 작자도 있었다.

"평양에는 또 그 되지 못한 기생 단발이란 것이 유행되는 모양이다. 돈푼이나 있고 얼굴 작대기나 빤빤하면 흡혈귀는 살짝 달라붙어 죽자 사자 하다가 흡혈의 최후 방편으로 결국은 단발을 일수一手 잘 한다. 전에도 이따위 단발귀斷髮鬼가 12, 3명에 부지不止하거니와 근자 기성권번의 우산홍이란 흡혈귀는 경성의 어떤 알부랑자와 딱 붙어 가지고 단발을 하고 출입까지 안 한다는데 그 부모는 돈 안 벌고 들어앉았다고 앙알앙알 야단법석이란다."[59]

이렇게까지 말해도 되는 것일까? 그것도 이름까지 콕 집어서 말이다. 누구에게도 만만한 게 기생이었다. 어떤 비난이나 폄하의 말을 던져도 허용되는 대상, 그들이 바로 기생이었다. 바로 식민지 조선사회에서 가장 도드라지는 타자였다.

동인과 빙허

이참에 나는 손에 잡히는 대로 기생을 내세운 글을 읽어 보기로 했다. 도대체 기생이 어떤 존재이기에 누구는 입에 담지 못할 비난을 퍼붓고 누구는 감각의 대상으로 삼아 쫓아다니는 것일까?

기생에 대한 지식인의 글을 찾아보자면 맨 먼저 눈에 들어오는 게 동인이다. 솔직히 고백하자면 그동안 내가 동인의 글을 애써 피해 왔던 것은 얼마간의 시기심이 작용했기 때문이었다. 글 같지도 않은 글을 여기저기 날리면서 조선 문단을 대표한다고 우쭐대는 양은 정말 참아 주기 어려웠다. 이런 나의 어쭙잖은 질투심은 동인의 감각적인 글에 대한 열등감의 발로이기도 했다. 이참에 동인의 글을 찾아보기로 한 건 사실 동인이 기생에 대해 느꼈던 감정이 내가 느꼈던 감정들과 어떻게 같고 다른지를, 다시 말하면 동인의 경험을 훔쳐 보고 싶었기 때문이었다.

다른 생각도 있었다. 조선 문단에서 글만으로 벌어먹고 사는 사람이 없는 것은 누구나 다 아는 사실이었다. 순전히 원고료로만 살아가는 이는 내가 아는 한 단연 김동인밖에 없었다. 그는 부친의 유산을 20대에 이미 다 날려 버리고 무일푼의 신세가 되었지만 최근에 그 자녀와 애처를 더리고 상경한 후 각 신문잡지에 글을 쓰고 그 고료로 일가를 유지해 가고 있었다.[60] 그는 여기저기 글을 날리고 있었고 그래서 그의 글에는 깊은 맛이 없다[61]고들 했다. 그러나 어찌되었든 그는 문인으로서 살아가는 방편을 찾은 거의 유일한 인물이라고 할 수 있었고 그런 의미에서 조선 문인 중에 문인다운 이는 김동인뿐이라는 소리를 듣는 인물이었다. 싫건 좋건 동인의 삶은 내가 바라던 꿈이기도 했다.

　'휘청거리는 홀쭉한 키에 어울릴 듯한 가느스름한 단장을 짚고, 엉덩춤을 추어 가며 두 팔 두 다리로 장단을 맞추어 모들 뜨기 걸음으로 경정경정 뛰어가는 뒷모습'에 '홀쭉하고 기다란 감숭한 얼굴'의 김동인. 염상섭의 말대로 "여유 있는 집 맏아들로 자유롭고 귀엽게 자라난 만큼, 고집이 세고 자기 마음껏 억지를 부리는 자존심도 어지간히 있지만, 또 한편으로는 세상에 그리 부대끼지 않으니만큼 솔직하고 여유 있는 감정을 가지고 있었다. 적어도 우리에게 제일 필요한, 감정을 속이지 않는 사람"[62]이라는 것은 분명했다.

자신의 감정을 속이지 않은 솔직한 동인의 여성 편력은 그가 몇 년 뒤에 쓴 〈추억에 더듬길〉에서 하염없이 이어졌다. 여인들과 있었던 애욕의 과정을 동인 특유의 감각적인 문체로 그려 내고 있다.

동인이 처음 만난 여자(小林君子)는 소학교에 다니는 열서넛 난 계집아이로 '천민 가운데 흔히 있는 가련한 아름다움'을 가지고 있는 여자애였다. "입술이 보이지 않도록 얇았으며 웃을 때에는 눈이 반원형의 선이 되어 버리며 웃음소리조차 갈린 듯한 고음으로서 더러운 개굴창가에 몰래 조그맣게 피었다가 져버리는 꽃과 같은 인상을 주는 계집애." 그 이전에 어느 누가 한 인간을 이렇게 묘사한 적이 있었던가?

동인에게는 분명 대상을 섬세하게 그려 내 불쑥 눈앞에 보일 수 있는 능력이 있었다. 두 번째 등장한 아끼코ぁき子와의 만남은 그의 말대로 기괴하고도 열정적인 순간들이었다. "서로 악의惡意로서 찬 눈으로 마조 바라보다가는 뜻하지 않게 서로 탁 달려들어서는 제각기 비상한 열정으로 상대자의 입술을 찾는다. 이러다가 겨우 서로 만난 입술은 마치 몇 해를 서로 떨어져 있던 사람들과 같이 맹렬히 서로 빨고 빨리우는", 생각만으로도 "아편이 꿈과 같이 간지럽고도 녹는 듯한 피곤에 잠긴"[63] 느낌을 주었다. 그의 글이 인기가 있었던 것은 아마 이런 솔직하고 농염한

묘사에 있었을 것이다. 동인은 분명 감정의 금기를 무너뜨리고 있었다. 자신의 감정을 숨김없이 드러냄으로써 원초적인 공감을 얻어 내는 그것만으로도 동인은 단연 현대적인 인물이었다.

"그의 풍부하든 살과 빛나든 눈, 몹시도 기괴스럽든 그의 웃음소리, 육감적이든 그의 숨소리. 이런 것을 생각하고는 성적 충동 때문에 몸을 소스라치고 한 때가 몇 번이었는지 알 수 없다. 풍만하든 그의 젖가슴을 꿈에 보고는 숨을 허덕이며 깨어서 긴 한숨을 쉬인 때도 한두 번이 아니었었다. 유난스레 끝이 뾰족한 손가락과 반짝거리는 분홍빛 손톱은 때를 가리지 않고 나의 눈앞에 어른거렸다."[64]

뾰족한 손가락과 분홍 손톱이라니! 이런 표현과 묘사는 나로서는 도저히 엄두도 못 낼 일이었다.

그가 기생 김옥엽을 만나 본격적으로 '기생 취미를 맛 본' 것은 1921년. 김옥엽은 서도잡가와 경기민요로 인기몰이를 하며 나중에 레코드까지 취입한 바로 그 기생이다. 요릿집에서 만난 옥엽과 동인은 경주에서 불국사로 또는 석굴암, 냉천冷泉들로 돌아다니며 사랑의 도피 행각을 벌인다. "실개천에서 그와 마주 앉아 빨래를 하며 혹은 재 너머 마을에 가서 닭을 사다가 잡아먹으며 아무 구애 없이 그의 손을 잡고 희희호호 돌아다니던 그 한 달"은 그의 일생을 통하여 가장 '시적인 한 막'이었다고 회고한다.

하지만 그에게는 이미 아내가 있었다. 아내에게 옥엽과의 관계를 끊겠다고 약속했지만 그것은 거짓일 뿐이었다. 옥엽과의 사랑 때문이다.

"사랑이라 하는 것은 과연 괴물이었었다. 본시 자기의 마음이나 몸을 구속하는 일이 있을 것에는 어떤 일이든 맹서라는 것을 피해 오던 이 순진하고 정직한 젊은이로 하여금 이렇듯 실행할 수 없는 맹서를 천연히 하게 하는 '사랑'이라 하는 것은 과연 괴물이었었다."[65]

그는 어머니로부터 아내와 소생을 버리지 않고 첩을 집안에 들이지 않는다는 전제로 옥엽을 첩으로 삼아도 좋다는 허락을 받는다. 방탕한 아들과 타협할 수 있는 가장 이성적이면서 동시에 봉건적일 수밖에 없는 어머니의 제안이었던 셈이다. 그즈음 그의 생활은 가히 타락이라 할 만했다. 그는 안동현에서 놀다가 서울로 올라와 패밀리 호텔에 투숙하며 남궁벽, 김찬영, 유지영 등과 어울려 식도원에 들락거린다. 기생을 데리고 소요산 단풍 구경을 가려다 또 다른 기생 황경옥黃瓊玉을 만난다.[66]

황경옥은 "코 위에 두어 군데 얽은 자리가 있으며 눈초리며 몸맵시며 어디로 뜯어보아도 아직 순진한 내음새가 풍부한" 열여섯 살의 어린 기생이었다. "식도원에서 밤늦게 패밀리 호텔로 돌아가서 곤한 몸을 침대 위에 내여 던지고 있노라면 새벽 한 시나 두 시쯤 하여서는 꼭 내게 전화가 오고.……그런 뒤 2, 30분만 지나면 경옥이가 남모르게 호텔로 찾아오는 것이었다."

그 뒤로 김옥엽과 황경옥 사이를 오가는 이중생활이 전개된다. 밤중에 호텔에서 경옥이와 옥엽이가 마주치는 순간도 있게 되었다. 두 여자 사이를 오락가락하는 그는 두 사람의 경쟁하는 틈에서 어찌 할 바를 모르지만 모든 일을 가만 되는 대로 버려둘 뿐이었다. 말하자면 그는 일탈과 쾌락의 정점에서 모든 이성적 판단과 선택을 유보하고 감정적 결정을 회피하는 태도를 유지함으로써 이런 이중생활을 지속시키는 또 다른 쾌락을 즐기고 있던 것이다.

이중생활은 옥엽의 승리로 끝난다. 그 뒤로 옥엽은 그가 묵고 있던 패밀리 호텔에서 살다시피 했다. 그가 토로했던 대로 그때 그의 살림은 진실로 허탕하였다. 아침에 깬다는 것은 대개가 열두 시를 지나서였고 해가 서편으로 기울어지기만 하면 식도원으로 갔다. 식도원에서 돌아오는 것은 대개 새벽 세 시나 네 시쯤이었다. 식도원에서는 동인과 친구들을 위하여 7호실 방 하나를 내어주고 결코 다른 사람에게 빌려 주지 않았다. 그와 함께 술을 먹으러 다니는 벗들은 대개가 문우文友였지만, 글에 대해서는 한 마디도 이야기해 본 적이 없었다.

호텔에 기생과 장기 투숙하면서 요릿집 방을 전세 놓다시 피 하여 술을 마시는 룸펜들의 모습이 눈에 선하다. 정말 이들은 뭐하는 작자들인가? 내가 동인을 시기하는 까닭이 꼭 글 때문은 아니었던 건 분명했다. 매우 오랫동안 우리에게 이런 객기와 퇴 폐가 예술가의 초상으로 남아 있었다. 그런 예술가들이 꿈꾸는 예술 역시 그들의 삶에서 한 치 벗어남이 없었다.

"때때로 나는 조용한 기회를 타서 삑터-를 틀어 놓았다. 그 러고 그 정교한 기계 속에서 울려 나오는 카루소-의 웅장한 소 리며 켈리-쿨치의 아름다운 소리에 혹은 패테류스키의 영혼을 움직이는 피아노며 하이팻츠의 마음을 떨리게 하는 빠을롱에 나 의 예술적 양심과 예술적 혼을 뛰놀리는 것이었다. 이런 생활을 버리자. 그러고 다시 예술의 길에 발을 들여 놓자. 나의 재주, 나 의 양심을 이 심신을 피곤케 하는 술과 놀이에서 구원하자. 황막 한 조선의 벌에 예술의 아름다운 씨를 뿌리는 것이 내가 하늘에 서 받은 명령이 아니냐. 조선의 거친 벌은 얼마나 이 예술의 씨 를 기다리는가."[67]

나 같은 부류는 어찌어찌 카루소는 들어 봤지만 켈리-쿨치 니 패테류스키니 빠을롱 하는 것들이 어디다 쓰는 건지도 모르 겠다. 그가 술과 놀이에서 벗어나 조선에 예술의 씨를 뿌리는 걸 두고 천명天命 운운하는 작태도 역겹기 짝이 없지만 백 번을 양보해 그의 말을 받아들인대도 그가 말하는 알량한 그 예술의 길마저 그저 생각뿐이었다. 그는 저녁때만 되면 어느덧 다시 식도원에 나타나서 옥엽이가 얼른 오기를 기다리고 있는 자신을 발견하는 것이다. 그렇다고 그가 옥엽을 사랑하는 여인으로 오롯이 받아들이고 있었던 것도 아니다. 그에게 옥엽은 그저 유희와 쾌락의 대상이자 수단일 뿐이었다. 그는 "한 노리개로서 옥엽이를 사랑한 데 지나지 못하였다. 살림? 누가 그런 기생과 살림을 하랴. 나의 마음이 옥엽에게서 떠날 때까지 그를 한 마음의 위안품으로 이용할 따름이었다"라고 거침없이 고백한다.

동인의 글을 읽으면서 한편으로 자신의 부끄러운 속마음까지 드러내는 용기와 솔직함에 새삼 놀라기도 했지만 그가 자꾸 미워지는 심사는 어찌할 수 없었다. 그가 옥엽과 잠시 헤어져 평양에서 쓸쓸히 술과 놀이로써 날을 보내다 얼마 뒤에 '쓸쓸한 심사도 풀' 겸 동경에서 열리는 대정박람회[68]를 보기 위하여 훌쩍 여행을 떠날 수 있는 그의 처지에 배가 아팠기 때문일 것이다. 그 뒤로 옥엽과의 관계는 끝을 맺는다.

얼마간 세월이 흐른 뒤 그가 다시 마주친 옥엽은 기생의 말로의 표본이었다. 옥엽에 대해 동인은 "인생이 마땅히 가져야 할 아무런 감정도 잃어버린 한 허수아비를 발견하였다. 입 하나만 살아 있고, 다른 온갖 양심이며 아름다움이며 흥분을 잊어버린 한 산 송장을 발견하였다"고 썼다. 한때 그가 연모하여 쫓아다니던 기생이 세파에 찌든 모습으로 다시 나타났을 때 그에게는 차가운 연민조차 남아 있지 않았다. 기생은 처음부터 그 자신의 처지와 달랐다는 것을 동인은 알고 있었을까? 인간이라면 마땅히 가져야 할 희로애락의 감정조차 누구에게는 삶의 곁가지에 불과한 사치품일 수도 있다는 걸 그가 알기는 했을까? 동인의 감각적인 문체와 섬세한 감정은 결국 자신에게 충실할 뿐 타자에 대해 무심하고 무감각한 시선에서 비롯된 것일지도 몰랐다.

옥엽 때문에 생겨난 아픔을 가슴에 품은 채 평양으로 돌아온 그는 마음의 고적함을 그날그날 술로 보낸다. 그리고 어느 연회에서 또다시 세미마루蟬丸라는 일본기생을 만나게 된다. 그의 '방탕한 발'은 그때부터 조선 요릿집을 떠나 일본 요정으로 향했다. 그가 세미마루를 대하는 태도는 이전과 조금 달랐다. 그의 눈에 비친 세미마루는 기생이 아니었다. "몇 해 전 어린 시절에 많고 많은 아름다운 꿈을 내게 주고 홀연히 자취가 사라진 메리-의 화신化身"이었다. 이제 그에게 육체적인 쾌락의 대상이었던 기생은 오랜 기억과 몽상, 추억의 대체물이었다. 그는 세미마루에게 '별다른 욕망'이 없었다. "다만 그가 나의 곁에 있기만 하면 나는 그것으로 만족하였다.……그는 때때로 생각난 듯이 샤미센을 뜯었다. 나는 눈을 감고 앉아서 곡조 없는 그 소리에 귀를 기울이고 있었다. 그런 뒤에는 밤이 깊으면 작별하였다." 그리하여 동인은 어이없게도 마치 순수한 정신적 사랑이라도 하려는 듯이 풋사랑 청년의 여리고 섬세한 감성으로 돌아가 꿈같은 연애를 하게 된다.

"나는 그의 손조차 감히 잡아 보지를 못하였다. 내 외투를 입히노라고 그의 숨결이 내 목덜미를 스칠 때는 나는 몸까지 떨고 하였다. 어떤 날 밤길로 지나가는 화차だシ, 花車를 구경하노라고 그와 내가 나란히 서서 길을 나려다 볼 때에 나는 내 옆구리로 그의 체온을 감각하고, 취한 사람같이 비칠비칠 그 자리에 주저앉아서 그를 놀라게 한 일까지 있었다. 남의 눈에는 바보로 보였을지도 모르나 내게는 꿈과 같이 아름답고 즐거운 연애생활이 1년 반이나 계속되었다."[69]

문학청년 김동인의 기생 편력은 이렇듯 화려했다. 이 자리에서 김동인이라는 작가 개인을 말하는 것은 적절치 않다. 단지 그가 토로한 기생 편력에서 당시의 먹물들, 적당히 부르주아적이며 예술적인 태도를 지니고 있는 지식인들의 정서의 일단을 발견할 수 있다. 감각과 욕망의 언어 속에서 자아의식을 발견하는 노정이 현대성의 경로에 있다는 것은 분명하다. 그러나 그들에게 감각은 언제나 퇴폐와 일탈의 근처에서 발견할 수 있는 데카당의 아이템이었다.

동인이 기생을 떠올리며 꿈꾸듯 읊조릴 때마다 화홍에 대한 나의 감정이 중첩되어 마치 내가 동인이 된 듯도 하였다. 한편으로 동인의 행각에 뒤틀린 생각이 들다가도 동인의 숨김없는 토로가 나의 마음을 까발리는 듯하여 얼굴이 붉어지기도 했다. 무릇 문학이란 그런 것일 게다. 자신의 경험을 글과 동일시하면서 공감을 형성하는 것, 그게 문학의 출발일지도 모르겠다. 그런 의미에서 본다면 동인의 글은 성공적이라고 할 수 있었다. 적어도 그의 글을 통해, 그게 거부이든 공감이든, 감각과 느낌을 교감할 수 있기 때문이다. 그에게 잘못은 없었다. 그의 태도와 자세에는 적어도 그 안에서 모순이 없다. 그에게 모든 건 자연스럽고 당연한 삶의 과정이자 절차였다. 그의 출신이 방탕한 삶을 가능케 했고 그는 이를 아낌없이 이용해 기생과 교류할 수 있었으며 거기서 겪은 경험과 감정을 그대로 전달했을 뿐이다.

화홍과의 하룻밤을 지내고 나서 오는 무수한 감정들과 나의 처지에서 오는 반감들, 이율배반과 모순의 감정으로 뒤범벅이 된 것은 오히려 나였다. 동인이라면 몰라도 나에게 기생은 가당치도 않은 존재이며 기생과의 교류를 통해 인간의 감정이 갖는 미묘하고 섬세한 변화와 감정의 기복을 가만히 앉아 보고 있을 처지가 아닌 건 분명했다. 그렇더라도, 그렇더라도 화홍이 그리운 건 어쩔 수 없었다.

* * *

동인을 말하면서 빙허를 빼놓을 수 없다. '문단의 빠렌틔노'라고 할 만한 미남자이자 새색시같이 얌전했던 현진건은 동인의 경우와 좀 달랐다. 그 역시 기생 이야기를 소설로 쓰고 있지만 동인처럼 기생 편력이라고 말할 건 크게 없었다. 동인이 기생과의 경험을 솔직하게 줄줄이 토로한 것과 달리 빙허는 그나마 기생과 있었던 한두 차례 경험을 슬쩍 문학이라는 구조 속에 감추고 있는 편에 속했다. 빙허가 《조선일보》 기자로 다닐 때에 어느 기생과 실제로 연출한 달콤한 몽환의 한 장면을 그린 것이 1922년 《개벽》에 연재되었던 〈타락자〉이다.[70]

타락자의 주인공 '나'는 일본에서 공부를 하다가, 중도에 폐학을 한 인물이다. 배움이 좌절되어 꿈과 희망을 잃은 인물이다. 어느 날 요리점에서 기생이란 '물건'을 보게 된다. 전에는 기생이라면, 남의 피를 빨고, 뼈를 긁어 내는 요물이고, 사갈蛇蝎(뱀과 전갈)이라 여겼지만 막상 기생을 대하고 보니 "여염집 여자에게는 좀처럼 볼 수 없는 어여쁜 표정, 옷이 몸에 들러붙은 듯한 아름다운 맵시, 교묘한 언사, 유혹적 웃음이 과연 그럴듯하였다."

주인공은 명월관에서 춘심이란 기생을 만나게 된다. 그녀를 선망어린 눈으로 바라보는 나는 "맛난 음식을 먹는 어른의 입만 바라보는 어린애의 그것"과 같았다. 빙허 역시 기생과의 만남의 순간을 동인 못지않은 감각적인 문체로 그려 내고 있었다.

"가야금 줄 우에서, 남실남실 춤추는 보얀 손가락이 나의 넋을 사르고 말았다.……나의 손은 그 보드라운 살에 대이기 전에 먼저 그 보들보들한 옷자락에 더할 수 없는 쾌미를 맛보았다. 그 아름다운 입술이란! 모든 것을 잊고 열렬한 키스를 하고 싶었다. 그것은 못 하나마 나의 손은 어느 결에, 상 밑에서 그의 녹신녹신한 손을 꼭 쥐고 있었다."

기생 춘심은 자신의 주소를 알려 주며 달콤한 키스를 한다. "그의 팔이 감겼던 목 언저리는, 무슨 기름이 발라 있는 듯 싶었다. 그리고 나의 입술은, 무슨 벌레가 기어다니는 것 같이 근질근질하였다."[71]

그 다음 날 밤 나는 다방골에 있는 춘심의 집을 찾아 가지만 만나지 못하고 집으로 돌아온다. 낙망해 있는 나를 향해 아내는 "정 그러시거든 한 번 가서서 정을 풀면 그뿐"이라고 말한다. '나'의 아내는 이른바 현모양처의 모습으로 그려진다. 화중선이 말했던 대로라면 노도예덕奴道隷德(노예의 도덕)에 충실한 봉건적인 정숙한 아내의 상이다. 아내는 기생과의 하룻밤을 남자들에게 허용되는 보편적인 일상으로 받아들인다. 그러나 자신의 남편에게 다른 여자와의 잠자리를 허용하는 태도는 그 상대가 바로 기생이었기 때문에 가능했다. 말하자면 기생은 아내와 동일한 지위의 여자일 수 없었다.

하지만 나는 쉽게 춘심에게 가지 못한다. 아내를 두고 기생을 찾는 미안함 때문이 아니다. 춘심이 바로 홀린 척도 하고 호리기도 함을 업으로 삼는 기생이기 때문이다. "명월관 손님도 오라 하고, 식도원 손님도 가자 하여야 되나니, 마치 그물을 여기도 치며, 저기도 쳐서, 고기가 걸리기만 기다리는 어부 모양으로 사나이를 낚는 것이 그의 장사"라는 것을 아는 때문이다. 말하자면 춘심에게 향하는 그의 마음에 걸리는 것은 어이없게도 자신의 성적인 욕망을 받아 주는 춘심의 진정성이다. 직업적으로 사내를 낚는 기생에게 감정의 순수함을 바라는 것이다.

욕망과 이성 사이에서 미끄러질 때 마지막 향하는 곳은 언제나 욕망이다. 이튿날 춘심으로부터 편지가 온다. 아내는 일부러 저녁을 일찍이 걷어치우고, 또 청하는 대로, 술조차 받아 주었다.[72] 세상의 모든 사내가 꿈꾸는 아내일 것이다. 나는 그 길로 춘심의 집으로 달려간다. 그러나 만난 것도 잠시 그녀는 해동관에서 부르는 손님에게 가야 했다. 춘심이 다시 돌아온 것은 새로 두 점點이 넘은 시각. 이윽고 금침이 펼쳐진다. 그러나 나는 이불 속이, 곧 지옥인 듯이 들어갈 정이 없어졌다. 춘심이 달려들자 나는 "마녀에게나 덮친 듯이, 머리끝이 쭈뼛하였다." 나는 두 번 다시 오지 않으리라 생각하고 집으로 온다.

아내는 "인제 속이 시원하지요" 하고 말하지만 아내의 얼굴 빛은 피로 물들인 것 같았다. 이튿날 유산으로 물려받은 미제 18금시계를 전당포에 잡힌 돈으로 화대를 치르기 위해 춘심을 식도원으로 데리고 가 돈을 준다. 하지만 춘심은 "기생은, 돈 주어야 정 붓는 줄 언제부터 알았소. 흥 돈! 돈! 기생년은, 정을 정으로 못 찾고, 돈으로 찾는담!" 하고 한숨을 내쉰다. 춘심에게 나는 직업적으로 낡은 사내가 아니었다는 뜻이다.

집에 와 보니 아내가 사라졌다. 아내는 "전일에는, 이 몸을 사랑하시더니, 인제는 이 몸을 버리시니 슬프고 애달픈 심사, 둘데 없사와 이 세상을 떠나랴 하나이다.……"라고 쓴 유서를 남겨 놓고 숨어 버렸다. 기생과의 정을 허락하여 자못 투기를 보이지 않으려 했던 건 아내의 겉모습일 뿐, 그녀 역시 자신의 속마음을 감출 수는 없었다. 아내의 유서가 거짓이고, 희롱인 줄 알고는 있었지만 아내의 깜찍한 행동에 감동한다. 다락 속에 숨어 있던 아내는 "또 가시렵니까" 하고 다그치고 나는 "또 갈 리 있나" 하고 다시는 춘심에게 가지 않을 것을 맹세한다.[73]

그러나 동인이 아내에게 옥엽과의 관계를 끊겠다고 약속한 것이 거짓이었던 것처럼 나 역시 '사랑이라는 괴물'의 손에서 벗어나지는 못한다. 며칠 동안 발을 끊었지만, 나의 눈에는 이미 "춘심이란 색안경이 끼이어, 도처에 춘심을 발견하는 것" 같았고 문득 깨달으면 나는 벌써 그의 집 마당에 서 있었다. 춘심 역시 나에게 진정한 사랑을 보인다. "꼭 한 사람에게, 연애를 하였으면 하는 생각이 하루에도 열두 번이나 난다"고 했다. 그러나 춘심은 나를 잊겠다고 한다. 그녀에게는 '딸자식 하나만 바라는, 불쌍한 아버지'가 있었고 아버지의 노년을, 편안히 지낼 만한 거리를 장만하지 않고는, 자기 몸이라도 자기 몸이 아니라고 말한다. 가족을 위해 희생하는 기생이 등장하는 순간이다. 춘심에게는 이미 손꼽히는 부호의 아들인 김승지가 있었다. 그는 춘심에게 마음을 두어 세간도 장만해 주고 빚도 갚아 주고 집도 사준다는 조건으로 춘심을 얻으려 한다.

그러던 중 나는 춘심에 의해 성병에 걸렸음을 알게 된다. 집에 와 보니 아내가 춘심의 사진을 갈기갈기 찢어 버렸다. 아내와 싸우고 나서 춘심에게로 달려갔지만 춘심이 살림을 차려 김승지의 집으로 들어갔다는 소식을 전해 듣는다. 나는 "집 잃은 어린애와 같이, 속으로 울며불며, 거리로 거리로 방황하였다." 그러다 집에 와 보니 아내가 고통스러워하고 있다. 임신한 아내 역시 성병이 옮은 것이다. 나는 망연해 한다. 아내의 뱃속에 든 아이. "독한 벌레에게, 뜯어 먹히면서, 몸부림을 치는, 어린 생명의 악착한 비명을, 분명히 들은 듯 싶었기"[74] 때문이었다.

　　이야기의 중심은 나와 춘심의 관계지만 사실 기생 춘심은 심리적 중심에서 멀어져 있다. 나와 아내가 굳건한 이야기의 중심을 이루고 기생은 부차적인 존재로 그려진다. 현실의 풍경을 담아 내고 있지만 그 중심에는 봉건에서 이어 온 가족주의의 윤리관이 지배하고 있다. 기생은 제도적 가족관계와 적대적인 존재이며 대부분의 경우와 마찬가지로 기생과의 사랑은 미완의 불완전한 사랑으로 끝난다. 이는 기생을 바라보는 당시의 시각이기도 했고 기생의 사회적인 위치가 그렇기도 했다. 기생과의 관계는 욕망이 결국 도달하게 되는 파국의 상황으로 끝을 맺는다. 빙허가 제시할 수 있는 가장 이성적이고 합리적인 결론이다. 그에게 기생은 욕망과 사랑의 대상일 수 있지만 돈에 의해 좌우될 수밖에 없는 존재일 뿐이다. 몇 년 후에 발표한 〈새빨간 웃음〉에서도 이런 기생의 처지는 달라지지 않는다.

　　"여복해야 기생이란 일원 삼십 전짜리 사랑이란 말까지 있을라고. 한 시간 놀음채 주면 한 시간 놀고, 두 시간 놀음채 주면 두 시간 놀고, 헤어지면 잊어버리고.……사랑이니 안방이니 하는 것부터 미친 개수작이지. 더구나 나 같은 기생년에겐 개밥에 도토리야.……기생! 기생! 이 원수년의 기생이란 탈! 이 탈만 쓰고 보면 오장육부까지 변해지는 줄 아나 봐. 마음에 없는 아양을 피우고, 마음에 없는 웃음을 웃고, 마음에 없는 사랑타령을 늘어놓고.……"[75]

빙허가 도달할 수 있는 타자의 세계는 여기까지이다.

김동인도 그랬지만 현진건 역시 결국은 기생과의 편력을 통해 자신의 세계로 돌아온다. 각자의 세계는 조금 다르지만 기생이 자신을 발견할 수 있는 매개가 된 것은 다르지 않다. 그 어디에서도 기생의 시각으로 바라본 세계는 존재하지 않는다. 이는 이상의 〈날개〉에서도 마찬가지이다. 아내가 된 기생 '금홍'의 시선은 존재하지 않는다. 기생은 그 어디서나 철저하게 타자화함으로써 그들을 바라보는 자들의 자아를 도드라져 보이게 하는 존재들이었던 것이다.

〈타락자〉 연재가 끝나고 뒤에 빙허의 소감과 편집자의 변이 실렸다. 그런데 개벽사에 익명의 편지가 날아들었다. 〈타락자〉가 '작자의 오입誤入한 광고'이며 이를 실은 '편집국 책임자의 무책임'을 질타하는 내용이다. 기생과의 경험을 떠벌리는 글에 대한 비난이었다. 이에 대해 빙허는 "인생의 추악한 일면을 기탄없이 폭로하려" 했지만 제대로 되지 못했는데 "어떤 독자로부터 이 추악한 방면을 그린 점에 있어 많은 비난을 들은 것은 작자로 감수하는 동시에, 또 일종의 자랑을 느끼는 바"라며 슬쩍 화살을 피했고, 편집자는 "소설의 내용이 작자 자기의 자서

전이나 전기같이 생각하는 이가 있으나 그것은 결코 그렇지 아니할 뿐 아니라 그같이 오해하여서는 매우 잘못된 일"이라고 학예부 책임자다운 답을 전하고 있다. 어쨌든 작가와 독자 사이의 소통이 이루어지고 있는 셈인데 허구와 사실을 혼동하는 독자들이 있는 것이 이상할 건 없었지만 작가의 편으로 보아도 사실과 허구의 경계가 썩 분명해 보이지는 않았다.

현실과 허구를 넘나드는 일상의 삶을 다루며 문학은 대중들의 관심을 불러일으켰고 자연히 작가, 문학청년으로 알려진 작가들은 여성들에게 인기였다. 신교육을 받은 여자들이 연애에 눈을 뜨자 동인이나 빙허 같은 작가에게 마음이 쏠리는 건 당연했다. 자신들의 감정을 대변해 주는 문학도들이 그럴듯해 보였기 때문이다. 기미운동 이후 한창 신문 잡지가 비 뒤에 대순 나오듯 하던 시절에는 어디에 시 한 구, 소설 한 편만 발표하여도 그 청년에게는 여자의 연애편지가 사방팔방에서 쏟아져 들어오고 심지어 인물 예쁜 기생들까지 문학청년을 연모하기가 여간이 아니어서 스스로 찾아 다니기를 꽃당혜가 떨어질 만큼 찾아 다닌다는 말도 전해졌다. 하지만 이런 인기는 오래가지 못했다. 근래 와서는 "조선의 문사치고 빌어먹지 않게 된 청년이 몇이 못 되니까 연애편지는 그만두고 길에서 만나도 아는 체도 안 한다"고 했던가.[76] 문학도의 실체를 벌써 알아차린 것이다.

이화중선, 화중선

새로 시작하는 글의 한 대목을 구상도 할 겸, 복잡해진 머리도 식힐 겸 시내 한 바퀴를 돌아온다는 게 어쩌다 보니 '뽄-아미' 앞이었다. 걸어오면서 동인이나 빙허처럼 나도 이제는 기생에 관한 글 한 편쯤은 쓸 수 있지 않을까 하는 생각에 골몰했다. 마침 잡지사에서 청탁한 단편소설을 구상하면서 자연스레 화홍과의 일을 떠올렸지만 그걸 쓸 자신도 없었거니와 화홍에 대해 떠벌리는 건 아무래도 그녀에게 못할 짓이라는 생각이 들었다.

'멕시코'[77]에 갈까 하다가 아무래도 정신 사나운 '멕시코' 보다는 '뽄-아미'가 나을 듯 싶었다. 가끔 '멕시코' 옆에 있는 덕흥서림德興書林을 들를 때도 호기심에 들어가 보고 싶었지만 내키지 않았었다. 건너편에 있던 낙원회관樂園會舘에 어쩌다 돈깨나 만지는 친구 덕에 들렀다가 뒤풀이로 함께 가 본 '멕시코'는 나 같은 부류가 들락거릴 만한 곳은 아니었다. '멕시코'는 배우

여급女給 기생이 가장 많이 출입하기로 유명했다. 밤늦게 요리점에서 돌아오는 '어여쁜 거리의 천사'인 기생 아씨들이 흔히 몰래 만나는 로-만스 많은 곳으로 문을 열고 들어서면 감미한 지분脂粉 냄새가 코를 찔렀다. 벽의 장식에도 최승희의 나체 무용 사진을 걸어 놓았고 〈모나리자의 실종〉, 〈서반아의 광상곡〉 등 몹시 선정적인 영화포스터를 걸어 놓기도 했다. 음악도 다른 데는 서양음악을 틀었지만 그곳은 일본 소리도 조선 속요도 새로 나오는 것이면 대개 무엇이든 있었다. 말하자면 그곳은 시쳇말로 자극성이 많은 화려한 곳이었다.[78]

반면에 '뽄-아미'는 신문기자와 은행·회사원들이 가장 많이 출입하는 곳이었다. 종로 네거리 보신각에서 유창상회裕昌商會를 끼고 두어 집 가면 외형은 빈약하지만 금자金字박이 창을 한 집이다. 그러나 내부는 바깥과 달리 가장 비싼 의자 탁자를 들여놓았다. 햇빛도 잘 들지 않아 백주에도 전등을 켜 놓았는데 그게 오히려 그윽한 분위기를 풍겼다. 시내 끽다점으로서 카운터에 미모의 여인이 앉은 곳이 여기와 '제비'뿐이다. 화가들도 많이 모이는데, 그래서인지 조그만 개인전이 가끔 열리기도 했다. 최근 두어 달 사이에도 구본웅 개인전, 도상봉 개인전 등이 열렸다. 다른 데보다 조금 비싸서 그렇지 홍차는 마실 만했다. 원래 이 집은 대구의 청년부호가 독일 가서 대학 마치고 나오니

할 일이 없어 시작하였다더니 실내장식을 값나가게 했다.

여기 말고 이상이 운영하는 '제비'도 가끔 들르는 곳이었다. '제비'는 서대문 쪽으로 더 가야 했다. 10여 집 지나서 오른쪽 페이브먼트 옆에 나일강변의 유객선같이 운치 있게 비껴선 집이다. 전면 벽을 전부 유리로 깐 것이 이색적이었다. 종로 대로를 옆에 끼고 있는 그곳에서 인삼차나 마시면서 바깥을 내다보노라면 유리창 너머 페이브먼트 위로 여성들의 구둣발이 지나가는 것이 아름다운 그림을 바라보듯 사람을 황홀케 한다. 이 집에는 화가, 신문기자 그리고 동경·대판 등에서 유학하고 돌아와서 할 일 없이 양차洋茶나 마시며 소일하는 유한청년들이 많이 드나들었다.[79]

문을 열자 주인이 손을 들어 아는 체를 했지만 내 시선은 구석으로 향했다. 낯익은 얼굴을 발견했기 때문이었다. 경천이 창가 뒤쪽의 구석에 홀로 앉아 커피를 마시고 있었다.

'뽄-아미'에서 그를 만난 것은 정말 뜻밖이었다. 얼굴이 말이 아니었다. 기르지 않던 콧수염을 길러 얼굴은 더 창백해 보였고 커피 잔을 든 가늘고 긴 손가락은 부르르 떨리기까지 했다.

"왜 그렇게 통 보이질 않았나? 어디 아팠던 건가?"

"아프긴. 그저 그랬어."

경천은 말을 아꼈다. 그와 친했다고는 할 수 없었으나 일상적인 이야기를 스스럼없이 주고받지 못할 사이는 아니었다.

나와 경천 사이에는 늘 보이지 않는 긴장이 흘렀다. 그 역시 이를 알고 있었음에 틀림없었다. 그는 나와 달랐다. 아니 어쩌면 그와 나는 비슷한 품성을 가지고 있다고 할 수 있었겠지만, 그와 내가 딛고 서 있는 물적 토대는 판이하게 달랐다. 그의 여리고 섬세한 감수성은 부유한 집안의 외동이 보여 주는 선병질적인 기질에서 나오는 것이라면 나의 거칠고 신경질적인 품성은 몰락한 가문의 찌든 가난에서 비롯된 반골적 기질에 가까웠다. 나는 경천의 섬약함이 싫었지만 그의 섬세함이 부러웠고 그는 나의 무작스러움을 부담스러워했지만 냉소적인 내 감정의 뒤편을 참을성 있게 보아 주었다.

"그래 무슨 일을 하며 보냈나? 여긴 어쩐 일이고?"

"그냥 그럭저럭, 나야 뭐 할 일이 있는 것도 아니고……."

경천은 자꾸 말을 피했다. 그를 이 자리에서 만나지 말았어야 했다. 나의 존재가 그에게 방해가 되는 듯 싶었다. 그렇다고 그대로 자리를 털고 일어날 수는 없는 노릇이었다.

다방에는 재즈가 흘러나오고 있었고 음악 사이로 어색한 침묵이 흘렀다. 그런데 하필 그 자리에서 내가 왜 화중선 이야기를 꺼냈는지 모르겠다. 그와 나 사이에 끼어든 잠깐의 침묵이 주는 어색함을 견딜 수 없어 꺼낸 말이 화중선이었다. "화중선이 애기 들어 보았지?"라고 묻는 순간 나는 아차 싶었다. 그가 이화중선을 쫓아다니고 있다는 김의 말이 생각났던 것이다. 그런 애기를 하고 싶었던 건 아니었다. 더욱이 그와 내가 사생활을 시시콜콜 털어 놓을 사이도 아니었거니와 떠도는 풍문을 당사자인 그에게 묻는다는 것은 그에게도 나에게도 곤혹스러운 일이었다. 아니나 다를까 그는 흠칫 놀라면서 이내 얼굴이 붉어졌다.

"지난달 《시사평론》에 실린 화중선의 글 말일세. 기생 주제에 유산계급의 향락적 충동과 소유적 충동을 포로로 삼으려는 동기였다나. 자기가 기생질 하는 것이 여성의 적인 남성들, 뭐라더라 특권계급들을 포로로 하려는 복수전사의 일원이 되려는 것이라고? 참 당돌하지 않나?"

내 딴에는 이화중선이 아니라 화중선을 말하고 있다는 걸 주지시키느라고 애써 화중선의 글을 떠올리며 장황하게 말했던 것인데 경천은 더욱 얼굴을 붉히며 어쩔 줄 몰라 했다.

"그, 그런 게 있었나? 그런 글을 이화중선이 썼다고?"

"아니 이화중선이 아니라 화중선이라니까. 소리하는 이화중선이 그런 걸 쓸 리가 있나?"

"화중선? 그런 기생이 따로 있었어?"

"그렇다니까. 나도 최근에야 알았네만."

경천의 낯빛이 돌아오긴 했지만 그는 나의 속셈을 가늠하는 듯했다. 나는 '아니. 자네가 쫓아다니고 있는 이화중선은 아무 관심이 없단 말일세. 그러니 안심하게나.' 그렇게 말할 수는 없었다. 답답해 미칠 지경이었다. 그를 여기서 만나는 게 아니었다.

그런데 경천은 의외로 이화중선 이야기를 먼저 꺼냈다.

"이화중선의 소리를 들어 본 적이 있나?"

"이화중선? 나는 모르네. 내가 소리에 대해 문외한인 건 자네도 알고 있지 않나? 이런 짜쓰[80]라는 것도 그래. 이게 어디 음악인가? 그저 농탕질 치는 천박스런 감정을 스스럼없이 드러내는 걸 음악이라고 해야 한다면 나는 음악이란 도무지 들어오지 말았어야 할 서양문물이라고 생각하네."

내 쪽에서 부러 이화중선과 멀어지기 위해 카페에 자욱이 퍼진 담배연기처럼 흐느적거리는 재즈의 바짓가랑이를 붙들고 너스레를 떨어야 했다.

경천은 좀 특별한 데가 있었다. 그는 얼마 전까지 법학을 공부하는 생도였다. 도무지 그가 어떻게 그런 당치도 않은 공부를 시작했는지 알 수 없었다. 필경 그의 조부와 부친의 강권에 의한 것이겠지만 그렇다고 그가 자신의 전공에 대해 싫은 내색을 한 적은 없었다. 그렇다고 우리에게 법조문을 주워섬기거나 그 비슷한 말을 해 본 적도 없었다.

그는 간혹 우리, 펜 한 자루만 달랑 들고 태어난 우리 몇몇 룸펜 먹물들 틈에서 자신이 지었던 시를 보여 주며 부끄러운 듯 앉아 있곤 했었다. 그의 시는 한마디로 도무지 나의 감수성과는 맞지 않았다. 그는 시라기보다는 매우 짧은 몇 마디 단문으로 세상에 몇 되지 않은 독자인 우리들을 당혹스럽게 했다. "알 수 없는 불구멍 속으로 푸른 꽃 하나가 피어났으니 그로부터 그대가 있었네라", 이런 식이었다.

그 스스로는 우리에게 무슨 배려 같은 걸 바란 적은 없으나 경천 앞에서는 무엇이든 조심스럽고 함부로 말하기가 어려웠다. 얼핏 화홍의 도무지 알 수 없는 속내와 경천의 섬약한 품성이 묘하게 닮은 구석이 있다는 생각이 들었다. 뜬금없이 화홍의 생각이 불쑥 들었던 걸 보면 나 역시 제정신은 아니었다. 갑자기 그녀의 내려깐 속눈썹이 미치도록 보고 싶어졌다.

"음악이란 게 그런 면이 없지 않지. 하지만 세상을 살다 보면 도무지 참을 수 없는 감정이 일어나는 때가 있는 법이네. 그걸 잠재우는 데 음악만큼 좋은 게 없지. 더더욱 신산스러운 육체를 비집고 나오는 소리는 마음의 고통을 씻어 준다네."

처음 나를 보며 당혹스러워 하던 눈빛이 조용히 잦아들며 경천은 혼잣말처럼 중얼거렸다. 경천은 누군가와 이야기하고 싶어 하는 듯했다. 비록 그 누군가가 나는 아니었겠지만 얼핏 그의 속내가 궁금해지지 않을 수 없었다.

"육체를 비집고 나오는 소리라. 때로는 소리가 마음을 다스릴 수 있지만 마음을 어지럽힐 수도 있겠지?"

나는 조용히 경천의 눈을 들여다보았다. 경천은 내 눈을 마주치자 쓴웃음을 지었다.

"그럴 수도 있겠지. 아니 그럴 것이네. 처음엔 마음의 위안이 되더니 이제는 독이 되었지. 그걸 모르지는 않네. 세상 모든 이를 위해 부르는 노래를 나 혼자 듣겠다는 욕심은 치기에 불과하겠지?"

"그랬나? 이화중선의 소리가 혼자서만 듣고 싶을 만큼 자네를 사로잡았나?"

내가 노골적인 의도를 보이자 경천은 한동안 말이 없었다. 겉으로 보자면 경천이 이화중선의 소리에 빠져 있다는 건 좀 이상했다. 창백할 만큼 흰 얼굴에 푸른 수염자국. 판소리보다는 서양의 클래식이 더 어울리는 외모가 아닌가? 경천이 가느다란 손으로 식은 커피를 마저 마시더니 꿈꾸는 듯 말을 하기 시작했다.

"여인이 있었지. 소리에 걸신들린 여인이었네. 나는 그녀처럼 자신에게 빠져 있는 여자를 본 적이 없었어. 처음 그녀의 소리를 들었을 때 단번에 그걸 깨달았지. 자네도 나를 알지 않는가. 답답하게도 나는 내 뜻대로 살아 본 적이 한 번도 없었지. 내가 시를 쓴다고? 가당치도 않은 일이지. 도무지 아무것도 벗어

버릴 수 없는 내 삶을 나는 저주하네. 배부른 소리라고 하겠지? 나는 원한다면 이 세상 얻을 수 있는 걸 모두 가질 수 있었지. 부족할 게 없었네. 그렇게 살아왔어. 하지만 내가 갖지 못한 게 하나 있어. 자네는 아는가? 그건 바로 내 목소리야. 나는 살아오면서 한 번도 누구에게도 내 마음속에서 나온 말을 해 본 적이 없었어. 아니 금지되어 있었지. 내가 원하는 걸 말할 수 없었어. 그렇게 키워졌지.……그런데 그녀는 그렇지가 않았지. 그녀는 아무것도 가진 게 없었어. 하지만 그녀는 내가 가지지 못한 하나, 자신의 목소리를 가지고 있었어.……그녀의 소리를 듣고 있자면 어느새 내 가슴이 알 수 없는 무엇으로 가득 찬 느낌이 되고 말아. 고통스럽게 쏟아 내는 그 소리를 통해 그녀는 자신의 삶을 말하고 있지. 자신의 고통이 남에게 환희가 되는 것. 그걸 뭐라고 해야 할까? 그녀가 소리를 하는 곳이라면 어디든 달려가 듣고 또 들었어.……나는 하루라도 그녀의 소리로 나를 채우지 않으면 견딜 수 없게 되었네. 그녀의 고통스러운 소리가 나를 견디게 하는 쓰디쓴 약이 되었지. 하지만 나도 모르지 않는다네. 어느새 그녀의 소리가 나에게 쓴 약이 아니라 달콤한 독이 되고 있다는 것을. 하지만 어쩔 수 없어. 이제는 어쩔 수 없게 되었지……."

경천이 이화중선에게 빠져 있다는 건 사실이었다. 어찌된 일인지 그날 경천은 많은 말을 하고 싶어 했다. 경천이 그런 모습을 보인 건 처음이었다.

"이화중선이 누군가? 어떤 여인이야?"

나는 이화중선이 어떤 기생이냐고 묻지 않았다. 그렇게 물
어서는 안 될 것 같았다. 경천에게는 단지 소리하는 기생이 아니
라 분명 여인이었다.

"나도 잘 모른다네. 그녀가 누구인들 무슨 상관이 있겠나?
다만 소리를 위해 태어난 여인이라는 건 분명하지."

나는 경천이 답답했다. 소리건 음악이건 모두 사람이 내는
소리이고 기생이건 여인이건 육신을 가진 사람이 아닌가? 경천
이 아무리 감상적 기질이 농후한 인사라도 자기가 좋아하는 사
람에 대한 인간적인 면모야 인지상정으로 관심을 두어야 하는
것 아닌가? 차라리 매일 밤 사랑하는 장록주에게 연애편지를 써
대고 그녀의 집을 찾아가 대성통곡을 하거나 협박과 공갈을 서
슴지 않는 김유정이 더 나을 듯 싶었다. 그런데 그렇게 생각했던
건 나의 기우였다. 경천은 이화중선에 대하여 이미 알 만큼은 알
고 있었다.

"그녀를 알면 알수록 내가 그녀의 소리에 빠져든 것이 부
끄럽게 느껴진다네. 이화중선이 누구냐고 물었는가? 여인이지.
기구하다면 기구할 수 있는 그렇고 그런 팔자이지, 나와는 다른.
들어보겠나? 그녀가 어떻게 살아 왔는지?"

나는 잠자코 그의 서늘한 눈을 바라보았다. 경천이 눈을 돌려 창 밖을 바라보며 중얼거리듯 말하기 시작했다.

"그녀가 어디서 났는지는 나도 모른다네. 부산 동래에서 태어났다는 말도 있고 전라도 남원이라고도 하고 보성이라고도 하지. 열다섯인가 열일곱에 남원 흠실에 사는 박 씨에게 시집을 갔었다고 하더군. 거기서는 그저 그런 촌부로 살아가고 있었어. 밥 짓고 빨래하고 김매고 베를 짜면서 그렇게 살았던 거지. 그렇게 살고 있던 그녀가 어느 날 소리에 빠지게 되었지. 자네도 알걸세. 협률사[81] 말이야. 송만갑[82]이 이끄는 협률사가 남원 땅 흠실에서 공연을 하게 된 걸 보게 된 거지. 그녀는 처음으로 판소리를 듣고 그 소리에 푹 빠져들고 말았네. 나처럼 말이지. 남들같으면 그저 창극을 보고 웃고 울고 그러다가 공연이 끝나면 마음 가득 즐거운 흥을 담아 돌아갔을 테지. 그녀도 처음엔 그랬을 거야. 하지만 돌아가서도 잊지를 못했어. 이미 그녀의 마음엔 소리의 씨가 자라기 시작했던 거지. 그래서 집을 뛰쳐나오고 말았네. 무모하게도 멀쩡한 남편을 두고 홀로 야반도주를 한 것이지.

그녀는 소리를 배울 셈으로 남원에 갔지만 무얼 어찌할 수 있었겠나. 기껏 들어간 곳이 어느 무당집이었지. 무당의 소리도 소리 아닌가? 거기서 늙은 무당한테 소리를 배웠어. 들리는 말로는 그때 무당이 그녀를 색주가로 넘기려고 했다더군. 그럴 수는 없었지. 그래서 장득주의 문하로 들어가려고 했어. 장득주는 남원에서는 그래도 이름난 명창이었네. 그녀는 장득주의 동생인 술주정뱅이 장혁주의 아내가 되었네. 그리고 본격적으로 소리를 배우기 시작했어. 장득주에게서 춘향가와 심청가 그리고 흥보가를 배우고 더 이상 배울 것이 없자 남편과 이혼을 했어. 어찌 보면 무서운 여인이지. 그녀의 눈에는 소리 말고는 뵈는 것이 없었을 거야. 또 그 후에는 어느 부자의 첩으로 들어가 살기도 했어. 소리를 더 배우기 위해 돈을 마련하려 했을 거야. 돈을 챙긴 뒤에는 또 그대로 서울로 올라와 버렸지. 그리고 조선권번에 적을 올리고 기생이 된 거야. 그리고 거기서 예전에 그녀가 꿈에도 그리던 송만갑을 만나서 판소리를 더 배우게 된 것이지.

그녀는 기생임에 틀림없지. 그러나 그저 소리 잘하는 기생이 아니네. 소리를 할 수 있었다면 그녀는 틀림없이 기생이 아니라 더한 것도 마다하지 않았을 것이네. 나는 그녀의 소리를 들으면서, 그 샘솟듯이 뿜어져 나오는 그녀의 소리를 들으면서 거침없이 살아온 그녀가 한없이 부러웠네. 단 한 번이라도 그녀처럼 살 수 있다면 하고 바란 적이 한두 번이 아니었어. 그녀의 소리를 한번 들어보게. 〈추월만정秋月滿庭〉 한 대목을 들어보면 아마 지상의 모든 괴로움을 다 잊을 만한 천상의 소리란 걸 알 걸세."

경천은 여기까지 말하고 잠깐 말이 없었다. 그와 만난 지

수년이 지났건만 그 자신의 이야기를 이렇게 길게 한 적이 없었다. 모임에서도 언제나 뒷자리에 물러나 앉아 조용히 남의 말만 듣던 경천이었다.

"그런데 이상하게 그녀의 소리는 듣고 나면 도무지 아득한 게 마음이 공허해지기만 해. 아무리 그녀의 소리를 담아두려 해도 깡그리 잊히고 말아. 그래서 또 듣고 또 들었지. 그럼에도 그녀의 소리를 듣고 있지 않을 때는 도무지 마음 둘 곳을 찾지 못하지. 나만 그럴까? 어쩌면 그녀의 소리는 우리 인생이 봄날의 꿈처럼 덧없다는 걸 말해 주는 것 같아. 살아 있을 때는 희로애락이 범벅이 되어 도무지 정신을 차릴 수 없다가도 세상을 떠나면 아무것도 남지 않는 것처럼, 그녀의 소리가 바로 그래. 그녀의 소리는 팔랑거리는 나비의 날갯짓에 불과한 세상사 바로 그것이지."

나는 문득 경천이 나비의 나풀거리는 날갯짓처럼 허망한 꿈속에서 도무지 헤어나오지 못할 것 같다는 생각이 들었다. 누구든 소리를 좋아할 수는 있다. 하지만 경천은 이화중선의 소리가 아니라 이화중선이 들려주는 소리의 덧없음을 좋아하고 있는 것이다. 그는 절망을 쫓아다니고 있는 중이었다.

경천은 나에게 말하고 있는 게 아니었다. 말을 하면서 나의 얼굴을 바라보기는커녕 눈길조차 주지 않았다. 아니 그 앞에 내가 있는 걸 의식하지도 않았다. 그의 심사를 조금은 받아들일 수 있었지만 그의 절망까지 받아 주고 싶은 마음은 없었다. 세상에, 아무리 식민지 백성으로 앞날이 보이지 않는다고 해도 절망이 삶의 지표가 될 수는 없지 않은가? 기미년 사건 이후에 지식인들의 갈지자 행보는 참으로 눈뜨고 보기 어려웠다. 누구는 새로운 서구의 사조를 앞세워 자신의 사상을 문화니 개조니 하는 신사고로 무장을 하고 있고, 누구는 신흥사상을 받아들여 계급이니 사회주의를 말하며 현실을 질타하는 무기로 삼았어도 뒤돌아서면 회의의 한숨과 절망의 탄식을 숨기려 하지 않았다. 의식의 과잉, 그건 우리 같은 룸펜들의 전유물이다. 지식인이네 인텔리네 하는 작자치고 의식의 과잉 상태에 빠지지 않은 자가 없었다. 냉소는 비판의 한 형식이었으며 자학은 자존의 마지막 비상구였다. 경천 역시 그랬다. 경천의 마음을 백 번을 헤아리고 감싸줄 수는 있지만 그 역시 감정과 의식의 과잉 상태에서 헤어나오지 못하고 있는 것은 자명해 보였다. 먹물들이란 그저 자신을 절벽 끝에다가 세워 놓고 마치 금방이라도 떨어져 죽을 것 같은 심정으로 몰고 가야 겨우 살아 있는 시늉이라도 하는 치들 아닌가? 이상이 그려 낸 〈날개〉가 그런 것 아니었던가? 그럼에도 현실 속에서 경천처럼 아예 어깨를 축 늘어뜨리고 눈에 힘을 죄다 빼 버리고 감각의 말초를 쫓아 일신을 소모하는 일을 업으로 삼는 자는 그리 많지 않았다. 그건 말하자면 살아 있는 자들에 대한 예의가 아니었다.

나는 그의 여린 감성을 더는 받아 주고 싶지도 않았고 그의 파리한 낯빛을 더는 보고 싶지도 않았다. 차라리 도끼눈을 치켜뜨고 뭇 남성들을 자신의 발아래 무릎 꿇게 만들겠노라고 둥둥거리는 화중선이 더 낫겠다는 생각이 들 지경이었다.

"그래? 이화중선은 언제까지 쫓아다닐 셈인가?"

경천에게 던지는 나의 말에는 냉소의 가시가 자라고 있었다. 나도 모르게 독설을 뱉고 싶어 혀가 근질거렸다. 그는 나를 물끄러미 바라보며 입가에 엷은 웃음을 띨 뿐 더 이상 아무런 말도 하지 않았다.

"화중선이 아나? 이화중선인지 이중화상인지 말고. 기회 있으면 화중선이 쓴 글 찾아서 한번 읽어 보게."

나는 급기야 날카로운 가시를 내뱉고 말았다. 사실 이런 식으로 경천에게 말할 필요는 없었다. 경천이 아니라 나조차도 화중선의 글을 달갑게 여기지 않았음에도 어찌된 일인지 그날 그 앞에서는 그런 식으로라도 나의 위악적 심사를 드러내고 싶었다. 하지만 경천과 헤어지고 집으로 돌아오는 내내, 나는 경천의 그 섬약한 심성에 공연히 흠집을 내고 싶은 마음을 억누르지 못했던 것을 후회했다.

* * *

하숙집으로 돌아와 누웠지만 경천에 대한 생각으로 마음이 무거웠다. 어찌 그의 탓이겠는가? 내가 그보다 나을 것이 있다면 위선과 위악을 적절히 버무릴 수 있다는 것뿐 아닌가? 남경이나 용정으로 달려가 총칼을 쥘 수 없다면, 절망을 쫓아다니는 경천이나 냉소를 품성으로 달고 다니는 나나 다를 것이 무엇인가? 경천이 안쓰러웠고 내가 불쌍했다. 그래서였는지 몰라도 엉뚱하게 생둥생둥 살아 있는 목소리를 내고 있는 화중선의 글을 다시 꺼내 마저 읽기 시작했다(이 부분의 글은 너무 생뚱맞아 몇 번이나 손을 보았지만 여전히 난삽해 독자들과 함께 보자고 권하지는 못하겠다. 이 대목을 건너뛰어도 뭐라 하지 않을 것이다).

…… 하은 선생님, 지금 나의 생활을 왜 신성하다고 말하는지 그 이유를 말해보겠습니다.
사람은 개인적이건 사회적이건 그 행위의 동력은 의식으로 일어나기보다는 성性의 본연인 충동으로부터 일어난다 했습니다. 자연이 아닌 사회의 제약 때문에 인간의 본연인 충동이 자유롭게 발현되지 못하는 것을 보고 그 가치를 천명하고 그 해방을 높이 부른 사람이 러셀 선생입니다.

그의 말씀을 보면, '어떤 사람이든지 그 충동과 욕망은 항상 창조적인 것과 소유적인 것이 있다. 없는 것을 새로 찾아 내 발현하는 충동을 일러 창조적 충동이라 하나니 저 예술가의 충동 따위가 그 대표라 할 것이고, 있는 것을 지키려고 더 얻으려 발현하는 충동을 소유적 충동이라 이르나니 사유욕 충동, 그것이 대표적이라 하겠다. 창조적 충동이 대부분을 차지하고 소유적 충동이 작은 부분을 차지하는 살림이라야 진선, 진미의 살림이고, 이런 살림을 이룰 수 있도록 하는 사회제도라야 이상적 제도'라 하지 않았습니까. 선생님 저는 러셀 선생님 말씀을 그대로 긍정하는 바이올시다.

그렇다면 현 제도는 어떠합니까? 고찰하건대 온갖 사회는 죄다 특수계급의 지배 아래서 자연스럽지 못하고 자유롭지 못한 구속일 뿐입니다. 자유가 없으니 책임이 없고, 책임이 없으니 권리가 빈약하지 아니합니까. 그러므로 우리는 천부天賦의 자유, 완전한 인권을 찾아서 본연의 충동을 살리는 살림을 이루어야 하겠기에 현 사회의 온갖 제약을 부인하고 이를 혁신하고자 하는 것이 아닙니까.

일반적으로 말해 이 두 가지 충동 이외에도 창조적 충동을 즐기기 위한 향락적 충동을 더하여, 이 세 가지 충동으로 성적 작용을 말하게 되지 않았습니까. 그런데 이 창조적 충동과 소유적 충동 두 가지는 노동의 방면에서 발현하는 성적 작용이고, 향락적 충동은 오락의 방면으로부터 발현하는 성적 작용입니다. 따라서 그 작동의 방향이 서로 다르니 그 가치 역시 따로 감정하게 됩니다. 노동을 유희화 하려는 향락주의에 대하여 이렇게 말할 수 있습니다. 이 창조적 충동은 노동의 가치를 적극적으로 평하여 '인간이 물질생활을 떠나 의식주를 저절로 얻기 전까지, 또 정신생활상에서 종교예술에 대한 충동이 전혀 없어지기 전까지 유희화가 되지 못할 것이다. 향락적 충동을 원만히 발양하기 위한 자유의 향락이란 국제적 경기라든가 예술 감상을 통해 종족과 종족, 국가와 국가의 장벽을 철거케 하는 낙원화의 동력이라' 하지 아니합니까.

폐일언하고, 오늘날 개성의 충동을 해방시키는 민중 본위의 새 문화는 개성의 충동을 구속하는 특권계급, 즉 옛 문화보수자를 구축하는 데 있다고 할 것입니다. 현대의 살림살이는 많아야 할 창조적 향락은 적고, 적어야 할 소유적 충동이 주가 된 사회입니다. 이 제도 아래서는 황금만능주의가 형이상학적인 모든 예술, 문학, 종교가 정복하였습니다. 학자나 목사나 국무경國務卿 그리고 선생님이나 나나 모두 화폐가치의 대조물이 되어, 이마에는 모두 얼마짜리라고 하는 정찰의 각인이 찍혀 있지 않습니까.

하은 선생님, 그러니 현재의 제약을 깨뜨리고 새 제약을 세우기 전인 오늘날의 온갖 계급들, 즉 어용학자, 어용관원들이 호가호위하며 특권계급의 자본주의 신사인 걸 유유낙낙하면서 저보다 약한 자를 업신여기고 깔보고 하는 그 엉터리 없는 괴뢰무傀儡(꼭두각시 춤)에 구역질이 벌컥벌컥 납니다.

그들은 제 개성을 저버리고 남의 정신에 죽으라면 죽고 굶으라면 굶고 벗으라면 벗는 소유욕 충동의 그림자만을 따라다닙니다. 자신의 소유적 충동을 만족케 하지도 못하고 제 창조적 충동과 향락적 충동을 제어하지도 못하면서 말입니다. 충이라, 효라, 열이라, 반역이라, 불효라, 음분淫奔이라 하는 포폄褒貶(상과 벌)의 표어에 속아 넘어가서는, 그 모욕의 건더기로 몇 십 년 근속 포상을 탔다, 상금이 붙었다 하여 비위 좋게 자긍하는 그 꼴, 뻔뻔하게 과시하는 그 짓들은 참말로 구역이 나서 못 보겠습니다.

게다가 누가 서방님, 영감, 대감하고 종 노릇 잘했다는 칭호를 붙여주면 입을 벙글벙글하면서 득의해 하는 그 상판들을 선생님은 어떻게 보십니까. 상관의 말은 신성하여 가히 범치 못한다는 복무규율에 매달려, 그 앞에서는 제 이상을 감히 드러내지도 못하고 제 성적 충동에 맞든지 아니 맞든지 덮어 놓고 '네, 네' 하는 매성자賣性者, 매심자賣心者들. 더 적절하게 말하면 무신경한 기계 노릇을 하는 그들. 잰 체하고 껍죽대고 뽐내다가 상관에 대한 분풀이로 약한 여자나 가족에게나 소리치는, 그 더럽게 양양한 기세를 보이는 꼬락서니. 매일 쌀 서너 되 값을 버는 그 노동임금 일자리를 떼일까봐 전전긍긍하고 불평하면서도 그 원인을 근본적으로 혁신하여 제 개성의 충동을 만족케 해보려 하지도 못하고, 그런 생각을 꿈에도 내어보지 못하는 무상공자, 매성·매심자로 조직된 사회의 공민. 그들을 어떻다 말하면 좋겠습니까. 무어라 욕을 해주면 좋겠습니까.

특수계급의 찌꺼기 빵, 나머지 국물을 얻어먹으면서도 신사노라, 숙녀노라 하는 그들보다도, 또 사람의 피와 기름을 착취할 대로 착취하여 살찔 대로 살찌고 배부를 대로 배불러 죽는 그네들보다도, 저 붉은 피 흘리며 비지땀을 짜내면서 수레를 끌고 괭이를 둘러멘 그 무산자들의 살림이야 얼마나 신성합니까. 피 팔고 땀 팔고 해서 쌀, 나무를 바꾸는 그들의 살림살이야 얼마나 신성합니까. 그 마음을 팔고, 성을 팔아가지고 양반 행세하는 그들보다……

화중선은 자기 호흡을 이기지 못해 거칠게 숨을 내뿜고 있었다. 기생에게도 신사고의 철학이 필요한 시대였던가? 어디서 주워들었는지는 몰라도 계급적 사고를 자신의 논리적 중심으로 삼는 것은 그런대로 참아 줄 만했으나 그녀의 논리는 종잡을 수 없게 좌충우돌이었다. 하지만 아무리 양보해 보아 준대도 앞뒤 논지가 전혀 다른 두 가지 사상을 한데 버무린 것은 어설프기 짝이 없었다. 게다가 이즈음 신학문이라고 글깨나 읽었다는 사람이면 누구나 한마디쯤 읊어야 그나마 생색이 나는 톨스토이니 러셀이니 로망 롤랑이니 하는 작자들을 주워섬기는 태도도 영마뜩찮았다.

화중선은 엉뚱하게도 러셀을 가져다 붙인다. 이즈음 러셀의 글이 일본에서 들어온 이후 마치 풀방구리에 쥐 드나들 듯 아무나 가져다 엉뚱한 데 발라놓는 데는 그저 질색하지 않을 수 없었다. 그건 얼마 전에 한창 유행했던 로망 롤랑의 문예론처럼 아주 새로운 신사조의 문학이론으로 탈바꿈하기도 했다. 러셀의 말을 빌려 인간에게는 창조적인 충동과 소유적인 충동이 있으며 여기에 더하여 향락적 충동이 있다는 것까지는 그런대로 받아들일 만했다. 예술가들의 발현하는 창조적 충동이나 예술과 문학·종교로 승화되어야 할 향락적 충동을 말하는 것도 일리는 없지 않을 것이다.

돌연 화중선은 창조적인 충동을 억압하는 무리에 대한 공격을 시작한다. 앞서 러셀 선생의 말을 좌르르 주워섬겼건만 그중 어떤 말이 그 근거가 되었는지는 몇 번을 되돌아 읽어도 알 수 없었다. 아마 끝내 알 수 없을 것이다. 그럴듯한 말을 꿰어 사람들 눈을 흐리게 만들고 불쑥 자신의 주장을 펼치면 그 말이 그럴듯하게 들린다는 걸 알고 있는 먹물들의 얄팍한 수법을 화중선이 그대로 답습하고 있었다.

나는 이 대목에서 아무래도 이 글이 기생의 손으로 쓰여졌다고는 믿을 수 없었다. 잡지에는 기생의 글들이 가끔 실리지만 어떤 글은 기생[83]이 썼다고는 믿기지 않는 글이 있었다. 기생들이 만들었다는 《장한》을 보고 어느 기생이 "눈물 많고 한 많은 우리네 기생들이 자유해방을 위하여는 잡지도 좋고 신문도 좋다마는 제 손으로 못하고서 남의 손을 빌어다가 부랑자 얼치기 문사 놈들의 배만 불리면 그 아니 원통하고 가련하냐"[84]라고 했다는 말도 들리고 "편지 한 장도 잘 못 쓰는 기생들이 《장한》과 《신춘新春》이란 잡지에다 글들은 곧잘 쓰니 그 글은 대체 어데서 나온 것인가. 얼치기 문사에게 웃음을 주고 사 온 것인가 돈을 주고 사 온 것인가"[85]라는 비아냥거림도 없지 않았다. 그날 경성루에서 김이 자꾸만 꼬리를 빼며 화중선에 대해 자세히 말하지 않은 까닭이 바로 그 때문이었던가? 나는 혹시 화중선의 글을 쓴 게 김일지도 모른다는 의심을 거두지 못했다.

그렇다면 혹시 화중선도 김이 만들어 낸 허구의 인물일 수 있었다. 만일 화중선이란 기생이 존재하지 않는다면 그 글을 쓴 장본인은 틀림없이 하운 선생, 바로 김이었다.

　　그때 머릿속을 스치는 장면이 있었다. 나는 화중선의 글 맨 앞쪽을 다시 읽기 시작했다. 화중선은 분명 중외에 평판이 높으신 조선시국사관을 쓰시는 김 선생님을 식도원에서 만났다고 했다. 조선시국사관을 쓴 김이라면 김환을 말하는 게 틀림없었다. 그는 기생들에게 매음녀니 매춘부니 하면서 "죽일 년 살릴 년" 하면서 온갖 갖은 욕을 퍼부었다고 했다. 이상하지 않은가? 김환이 누구인가? 친일논객 중 한 사람으로 국민협회 기관지인 《시사평론》의 편집위원이다. 그가 속한 《시사평론》은 식민체제에 적극적으로 호응하는 잡지, 체제 수호의 보수 성향이 짙은 잡지인데 이런 잡지에 극단적인 페미니즘, 말하자면 진보적일 수밖에 없는 글이 어떻게 실릴 수 있을까? 게다가 기생에게 갖은 욕을 해 댄 인사가 편집위원으로 있는 잡지사에 말이다. 하긴 기생에게 욕을 해대면서 기생집을 갔던 건 더 이해할 수 없는 일이었지만 그들의 그런 이율배반적인 행태야 일일이 열거할 수 없을 정도이다. 어쨌든 옛날이든 지금이든 보수적일수록 표면적으로 내세우는 도덕에 집착한다는 걸 생각하면 반사회적이고 반체제적이며 반도덕적이기조차 한 화중선의 글은 어느 모로 보나

《시사평론》에 어울리는 글은 아니었다. 한갓 기생 따위의 글이었기에 그냥 넘어갈 수 있었을까? 화중선이 글에서 입에 게거품을 물고 비난하는 '매성·매심자로 조직된 사회의 공민', '특수계급의 찌꺼기 빵을 얻어먹는' 인사들이 바로 그들 자신일 수도 있지 않은가?

이 글이 실린 것 자체가 미스터리다. 이 글을 쓴 화중선이 존재하지 않는 인물이었다면 이런 장난을 칠 수 있는 작자는 김 말고는 없었다. 김이 중간에서 어물쩍 기생의 글이라고 하나 만들어 자신이 속한 잡지에 엿을 먹이고 있었는지도 몰랐다. 김이 정말 호랑이를 잡으러 굴에 들어간 것일까? 김의 속내는 아니 정체는 도대체 뭘까? 뜬금없는 상상이 들었지만 상식적으로 보면 김이 이렇게까지 할 이유는 없었다. 그리고 글은 비록 이론과 논리를 들먹이며 화려하게 전개되고 있지만 그가 썼다고 하기에는 조금 어설펐다.

화중선은 갑자기 개성의 충동을 해방하는 것이 민중 본위의 새로운 문화이며 개성의 충동을 억압하는 자들, 특권계급의 문화보수주의자를 몰아내야 한다고 주장한다. 도무지 앞뒤가 맞지 않아 몇 번을 읽어야 겨우 뜻을 알아들 수 있었지만 대충 그렇게 나아간다. 하긴 기생의 글에서 그 이상을 기대한다는 것은 무리였다. 그녀의 말대로 글을 잘 쓰고 못 쓰고의 문제가 아니라

가지고 있는 생각과 의지를 사주면 될 것이었다.

어쨌거나 화중선은 뜨끔할 바늘로 아픈 데를 찔러 댄다. "무신경한 기계 노릇을 하는 그들. 잰 체하고 껍죽대고 뽐내다가 상관에 대한 분풀이로 약한 여자나 가족에게나 소리치는, 그 더럽게 양양한 기세를 보이는 꼬락서니." 바로 남자라면 누구나 자신을 말하는 것 같아 공연히 몸이 움찔거릴 수밖에 없는 말을 던지고는 드디어 비수를 꺼내들었다.

> 하은 선생님. 그러니까 제가 매소賣笑함은 아니 매육賣肉함은, 남성들과 같이 완력이 없는 약질로, 저 유산계급들이 저희의 향락적 충동과 소유적 충동을 만족시키려고 우리 여성을 자동차나 술이나 안주나 집과 같이 취급하는 그 아니꼬운 수작을 받기 싫은 나로서는, 차라리 역습적 행위로 소유적 충동과 추악한 향락적 만족에 광취한 그 사람들로 하여금 저들의 소유적 충동과 향락적 충동의 발사작용에 스스로 견디지 못하여 나의 '신코'에 입을 맞추고 나의 '발바닥'을 핥아가면서 자진하여 나의 포로물이 되게 하려는 것입니다. 그것이 나의 성적 충동을 발현하는 어떤 의의가 있는 살림살이가 되게 하려는 동기였나이다.
> 선생님, 이런 까닭에 현 제약 아래서는 몸을 파는 속인, 이른

바 천부 노릇이 제일 손쉽게 그런 살림살이를 이룰 수 있겠다는 생각으로 선택한 일이올시다. 저는 남들이 비죽거려 가면서 비웃건만 내 개성을 전적으로 보육케 하면서, 저 마음을 팔고 성을 팔아서 소유적 충동에서 견마가 되어 헤매는 그들, 우리 여성의 적인 남성들, 특권계급들을 포로하려는 복수전사의 일원이 되려함이외다. 벌써부터 그 동물 몇 마리를 포로하였습니다. 착착 성공하여가는 판이올시다.

선생님, 제가 남부럽지 아니한 부인의 탈을 쓴 시집살이를 마다하고 화류계 살림살이를 하게 된 그 동기가 이적異蹟이라면 이적이 아니겠습니까. 그러니 이런 억압 아래서 개성을 전적으로 살리는 점으로 보아도 몸을 팔더라도 마음을 파는 신사벌보다 제가 훨씬 사람다운 살림을 산다고 생각합니다. 그래서 한번 매음론자로 나선 것이올시다. 선생님, 동의하여 주시오, 아니 공명하여 주시오.

하은 선생님, 그만두겠습니다.

원래 글이라고는 써 본 적이 없는 나의 솜씨로 쓴 것이니까 무두무미無頭無尾, 두루뭉수리올시다. 밥도 아니고 죽도 아닌 뒤범벅이올시다. 깐에는 생각나는 대로 쓴 심산이올시다마는, 선생님 무슨 소리인지 알아보겠습니까. 간단히 말하면 '마음' 파는 신사들보다 '살'을 파는 기생인 내 살림살이가 그들보다 못하지 않다는 말씀올시다. 눌러보아 주시오.

혹 지면에 실어 주실 것 같으면 그대로 실어 주시오.

선생님, 말로만 찾을 것이 아니오라. 꼭 한번 기어이 편집실로 가서 찾아 뵈옵겠습니다. 3월 6일.

화중선의 글은 읽을 때마다 다른 모습을 보였다. 어찌 보면 교활한 계집이 세 치 혀를 놀려 이치에도 맞지 않는 자기변명을 하염없이 늘어 놓는 너스레에 기가 질릴 정도였고 어찌 생각하면 자신의 처신을 빗대어 소위 특권계급의 끝없는 욕망에 침을 뱉기도 하고 때로 자학적 공격을 서슴지 않는 여전사를 보는 듯도 하였다.

나 역시 화중선이 그토록 입에 게거품을 물고 비난의 화살을 날리는 특권계급의 모리배들을 두둔할 생각은 조금도 없었다. 또한 화중선의 말마따나 소유적 충동이 주가 된 이 제도 아래서 모든 예술, 문학, 종교까지도 화폐의 계량물이 되어 정찰제로 매겨지는 듯한 시대가 마뜩찮은 것은 마찬가지였다. 화중선은 기생인 자신이 피와 땀을 흘려 벌어먹고 사는 무산자계급과 비슷한 처지임을 내세우고 있다. 가당치 않은 말이다. 아니 가진 게 몸밖에 없으니 맞는 말이기도 하다. 그녀는 말한다. 자기가 웃음을 팔고 몸을 파는 것은 돈깨나 있는 놈들의 소유적 충동을 이용하여 자신의 성적 충동을 발현하는 의미가 있는 것이라고. 그럼으로써 자신의 개성을 키울 수 있노라고. 그리하여 여성의 적인 남성들, 특권계급을 사로잡는 복수전사가 되겠노라고. 그리고 마침내 포로까지 여럿 잡아 놓고 있다지 않은가?

화중선의 글을 끝까지 읽고 나니 공연히 웃음이 나왔다. 그녀를 비웃고 싶은 생각은 없었으나 화중선이 눈앞에 있었다면 "어마 무서워라" 그러면서 손을 번쩍 드는 시늉이라도 해 주었을 것이다. 처음 그녀의 글을 설핏 보았을 때는 살벌하고 끔찍해 '뭐 이런 계집이 다 있나' 하는 불쾌감이 앞섰던 것이 사실이었다. 하지만 다시 볼수록 웃음이 나왔고 화중선이란 기생이 맹랑하지만 귀여운 구석이 있을지도 모른다는 생각마저 들었다.

나는 화중선이 너무 진지하다는 점을 잔뜩 의심하고 있었다. 때로 의미심장한 진지함이 경망스러운 천박함보다 더 낯간지러운 법이다. 이를테면 이즈음 잔뜩 목에 힘을 주고 사회와 민족 운운하는 친구들처럼 말이다. 어찌된 일인지 입만 열면 죄다 신흥사상 어쩌고 하며 한마디씩 하지 않은 작자가 없었다. 사회주의자 아닌 자는 눈 씻고 찾으려야 찾을 수도 없었다. 심지어 누가 보아도 명백히 식민권력에 빌붙거나 그들의 눈치를 보며 살아가는 작자들도 툭하면 부르주아니 프롤레타리아니 하는 말을 들먹이며 사회주의 사상을 손에 쥔 듯 구는 작태는 참으로 봐

주기 어려웠다. 딴은 기생 화중선도 그런 치들 옆에서 술시중을 하며 얻어들었던 게 없지는 않았을 것이다. 기생이건 먹물이건 그런 거죽만 의미심장한 말에 기대어 과잉된 의식이라도 펼쳐 보이지 않으면 살아간다는 일은 불가능했을지도 몰랐다.

화중선. 그녀 역시 거기서 멀지 않은 곳에 있다. 아마 그녀도 모르는 사이에 그녀는 무산계급의 편에 서서 계급투쟁의 장을 펼치는 사회주의자가 되었을 것이다. 사회주의적 기생. 이게 말이 되는 말인지는 모르겠으되 화중선 식으로 화중선에게 붙일 수 있는 말은 그쯤 될 것이다. 3·1만세운동 때 앞장섰던 기생도 없지 않았고 '사상 기생'이란 말도 있었으니 그렇게 부른다고 이상할 건 없었다. 화중선 역시 뭇 남성을 발아래 꿇리고 깃발을 휘날리는 여전사가 되어야, 아니 그런 의식으로 자신을 가장해야 살아갈 수 있었을 것이다.

또 하나 화중선의 글은 다른 의미에서 기생에 대한 시각을 심각하게 왜곡할 가능성이 있었다. 아니 이미 심각하게 왜곡하고 있었다. 화중선의 호기어린 주장은 다른 많은 기생들의 처지가 마치 자유롭고 자발적인 선택인 것으로 생각할 위험마저 있었다. 기예를 팔 건 성을 팔 건 대부분은 가난 때문에 어쩔 수 없이 기생이 될 수밖에 없는 여성들이었다. 자발적으로 '매음론자'로 나서려는 여성이 화중선 말고 또 누가 있을 수 있을까? 마음을 파는 신사보다 몸을 파는 살림살이가 더 낫다는 그녀의 주장은 말은 그렇게 할 수 있으되 백 번을 접어 주고 들어도 조선의 현실에서는 허위의식으로 가득한 호언일 수밖에 없었다.

그날 밤 나는 이상한 망상에 사로잡혔다. 이화중선이 한편에 앉아서 더없이 맑고 쾌활한 소리를 부르면 경천은 떠다니는 소리를 붙잡으려 허공에서 춤을 추었고 나는 그의 바짓가랑이를 잡고 끌어내리려 했으며 화중선은 온몸으로 칼을 갈면서 나를 쫓아오고 그 뒤에서 화홍이 깔깔거리며 우리 모두를 바라보며 웃고 있는 꿈이었다.

김성과 모세

경천을 만나고 나서인지 아니면 화중선의 글을 읽고 나서인지 그도 아니면 자꾸만 떠오르는 화홍 때문이었는지 기분은 더 우울해졌다. 누구를 만나 심사를 달래볼까 하다가도 막상 만나고 싶은 사람은 떠오르지 않았다. 김의 쓸데없이 우쭐거리는 모습이나 경천의 축 처진 어깨를 보기도 싫었고 그렇다고 문인 패들을 만나 최근 읽은 구라파 사상이나 알지도 못할 무슨 사조를 입에 올리며 열을 내는 양도 받아 주기 싫었다. 그럴 수 있다면 화홍을 만나보고 싶기도 하였으나 생각뿐이었다.

결국 나는 김의 제안을 받아들이고 말았다. 아무리 잡문이었지만 신문이며 잡지사에 원고를 아무리 가져다 주어도 원고료가 주머니에 들어오는 경우는 드물었다. 어쩌다 몇 푼이라도 손에 쥐게 되면 어느새 손 안의 모래알처럼 그날로 사라지고 말았다. 남들처럼 친구들과 술추렴에 요릿집이나 카페를 제 집 드나들 듯 하는 것도 아니건만. 문학이니 미술이니 소위 예술을 한다고 설치는 축들은 하나같이 지방부호의 아들이거나 총독부의 관료, 하다못해 식산은행의 취체역이라도 한자리 꿰어 차고 있는 자의 자식들이었다. 나같이 몰락한 집안에 은숟가락 하나 찾아볼 수 없는 집에서 문학을 한다는 것 자체가 터무니없는 일이었다. 그런 생각이 들 때마다 대문호까지는 아니더라도 변변한 글이라도 하나 남겨야겠다는 청운의 꿈은 굴뚝의 연기처럼 허공으로 흩어져 버리는 것이었다.

기생학교를 취재하기로 마음먹은 데는 다른 뜻도 있었다. 어차피 세태가 그렇다면 이참에 나도 기생을 소재로 한 소설 한 편쯤은 쓸 수 있지 않을까, 기생 편력까지는 아니더라도 애틋한 로맨스를 한번 그려볼 수 있지 않을까 하는 생각도 들었다. 그때마다 어쩌다 품게 되었던 화홍과의 하룻밤을 떠올리며 그때의 감미롭고 아찔하던 순간을 잊지 않으려 했다. 좋게 봐 줘야 기벽과 문란에 불과한 행태에 허우적대면서 "문학은 경험이니 모름지기 작가라면 어떤 경험도 마다하지 말아야 하느니" 하고 떠벌리던 치들의 모습이 눈앞에 선했지만 따지고 보면 그들과 내가 다르다고도 말할 수 없었다. 어차피 틀어진 세상에서 한 치 두 치의 도덕을 재는 것조차 우스운 일이었다.

경천과 만나고 돌아온 며칠 뒤 하숙집으로 편지가 하나 당도했다. 봉투를 보니 김성金星이 보낸 것이었다. 기생학교를 취재하기로 마음먹었을 때 마침 평양에 있는 김성이 떠올라 그에게 조만간 갈지 모르겠다며 그곳 소식을 전해 달라고 엽서를 보냈었다. 그와는 동문수학한 사이였다. 나보다 두어 살 어렸지만 다른 친구보다 가까운 사이였는데 중등학교를 졸업하고 일본으로 유학을 떠난 뒤로는 만날 수 없었다. 그가 얼마 전 돌아와 고향에 머물고 있다는 소식을 김으로부터 들은 적이 있었다. 조만간 그곳으로 갈 테니 그곳 사정이나 몇 자 적어 주게 하고 간단히 엽서를 보냈던 나와 달리 김성은 고국에 돌아온 감회를 잔뜩 담은 두툼한 편지를 보내 왔다.

김 형! 오래간만에 정든 고국에 돌아오니 산도 반갑고 물도 반가우며, 사람들도 반갑고 짐승들까지도 반갑습니다. 4년이란 세월이 그리 긴 것은 아니지만 다시 생각해 보면 적지 아니하게 오랜 시기일 것이외다. 남보다 적어도 백 년쯤은 뒤떨어진 우리 민족의 입지로 볼 때에는 남이 20년이나 30년 동안에 할 일을 우리는 빠른 시간 안에 실행하여야 할 처지가 아닙니까! 저는 이번에 그리운 본국을 향해 떠나는 배를 타면서부터 그야말로 많은 기대와 호기심을 가지고 있었습니다. 집에 돌아온 지 벌써 6주일이 지났습니다. 그동안 부산, 경성, 개성을 잠깐 둘러보고 고향인 평양에서 지내고 있습니다.

김 형, 우리나라에 내려서면서 처음으로 가장 강하게 제 마음에 상처를 준 것은 사람들의 걸음걸이였습니다. 축 늘어지고 활기 없이 느릿느릿 걷는 모양은 참으로 보기 싫었습니다. 분주하지 아니한 민족, 게으르게 보이는 의복을 입은 민족, 공통적으로 약질인 민족, 양반 걸음걸이에 습관의 노예가 된 민족. 이런 민족이기 때문에 걸음이 이같이도 보기 싫게 되었지요. 우리들의 걸음걸이를 좀 더 원기 있게 좀 더 활발하게 좀 더 생기 있게 하는 것이 시급한 문제일까 합니다. 우리끼리니 말이지 외국 사람이 이 걸음걸이 꼴을 보고야 어떠한 비방인들 아니 하오리까!

김 형, 도회처는 말할 수 없이 쓸쓸하고 보기 싫었습니다. 부산에는 시가지라고는 일인日人의 것밖에 없는 것 같았습니다. 서울에도, 진고개, 남대문통이 번화하고 도회 같기도 하지만 우리나라 사람의 시가지라고는 예상했던 것보다는 미미했습니다. 개성에서는 기와집 보기가 힘들고 평양은 장난감 같은 상점들로 채워져 있습니다.

평양의 거리는 4년 전보다 퍽 달라졌습니다. 새로 전차도 놓이고 새 벽돌집도 더러 있습니다. 그러나 전차는 외국인의 밥

벌이 통이외다. 번쩍번쩍하는 새 집들도 모두 일인의 것이거나 중국인의 것이외다. 조선인의 시가에는 변한 것이 없습니다. 다만 4년 전에는 호떡장사가 많더니 지금에는 모두 없어지고 거리거리에 "현미玄米빵" 소리로 가득 채워진 것이 그래도 변했다면 변한 것입니다. 평양에서 어떤 어른에게 이런 말을 들은 적이 있습니다. "전차도 놓이고, 철교도 거의 낙성되었고 비행장도 있어서 비행기도 매일 떠돌아다니고 미가도라는 큰 요릿집도 생기고, 이제는 그만하면 다른 나라 어느 도회에 비기던지 손색은 없을 것이로세"라고 말입니다. 그러나 평양의 발전이 과연 6만의 조선인을 위한, 조선인의 생활의 안정을 기약하는 발전일까요? 그들이 즐기는 이 발전이라는 것이 신시가 일부에게는 일대 행복이오 큰 복주머니일 것은 확실한 사실일 것이외다. 그러나 그 외국인 일부의 이익과 행복이 과연 우리 조선인 시민에게 어떠한 영향을 끼칠까요? 이것이 저의 큰 의문이올시다.

김 형, 지금 우리나라 사람들은 낮에는 자동차가 뿡 하고 밤에는 전등불로 불야성을 이루며, 때로는 비행기도 날아다니고, 전에는 닷새 엿새에 다니던 길을 철도회사에 돈 몇 십 전 들이밀어 주면 5, 6시간이면 왕래할 수 있고 전에는 열흘이 걸려야 서로 소식을 통하던 곳에도 전신국 금고에 은전 몇 푼을 보태 주면 삽시간에 서로 통할 수가 있으니까, 그리고 전에는 초가만 있던 곳에 외국인이 들어와 번듯하고 화려한 집을 짓고, 전에는 원산서 나는 생선을 경성에서 얻어먹으려도 여간 어려운 일이 아니었는데 지금에는 가만히 앉아 있어도, 미국서 온 건포도, 오스트랄리아에서 온 쨈이나 나무과즙, 대만서 온 빠나나, 기주紀州서 온 귤 같은 것을 먹을 수 있게 되었으니까, 또 전에는 말도 못 들었던 스위스제 백금 시계를 차고, 영국서 온 맥고모자를 쓰게 되었다고, 아무 생각 없이 그저 세월 좋구나 하고 거드럭거리는 분이 많이 있는 것 같습니다. 생각하면 두려운 일이외다. 소름이 끼칠 일이외다. 사람들이 빨아가며 즐기는 아편이 동시에 그 사람의 내장을 박박 긁어가는 것을 깨닫지 못하는 사람이 많습니다. 기차가 생기고, 전신이 응용되며 외국 물건을 손쉽게 쓰게 되었으니, 그래서 이 모든 편리나 응용이 과연 누구의 손으로부터 운전되며 따라서 우리는 그 대가로 무엇을 지불하고 있습니까?

김 형, 잠깐 제가 여행하면서 얻어 본 경험담을 쓰기로 하겠습니다. 부산서부터 신의주까지 가 보아도 기차선로 연변의 촌락들은 왜 그다지도 쇠퇴하여 있습니까? 게딱지 같이 쓰러져 가는 초가집들, 그 안에서 뻘건 웃통을 내어놓고 담배

피우며 앉아 있는 꼴은 갈 데 없는 망국 노예의 시골 그것이었나이다.

부산에는 조선인 시가가 어느 구석에 박혔는지 찾아내기도 힘들 지경이었습니다. 조선인이 경영하는 여관이라는 것은 여관이라기보다도 돼지우리 같았습니다. 서울서도 광화문 부근 일대에 낮은 집과 더럽고 좁은 길이며 길옆에 흐르는 시궁창들에는 절망의 탄성을 금할 수가 없었습니다. 그리고 남대문통과 진고개를 종로와 비교해 보면 어떤 공포가 일어남을 억제할 수가 없었습니다.

처음 개성에 내리니까 마치 소설에서 보던 소왕국에 가 본 느낌이었습니다. 늙은이고 젊은이고 부인이면 누구나 다 맨발로 길을 갈지언정 장옷은 쓰고야 갑니다. 이 무슨 괴풍일까요. 소위 깨어 있다는 신여자(학교 졸업생과 재학생)들도 아직 장옷 쓰는 버릇을 없애지 못한 것을 저는 발견하고 놀랐습니다.

평양에는 일본인편으로는 비상한 발달이 있지만 조선인편으로 볼 때에는 아무런 발전도 없는 것 같습니다. 전보다 다른 것을 골라 내자면 기생의 격증과 칠성문 밖과 토성 방면에 빈민굴이 번창한 것입니다. 김 형, 놀라지 마십시오. 현재 평양기생 수가 3,000여 명이라고 합니다.

여름날에 아무 날이나 청류벽을 좇아 을밀대나 부벽루에 올라

보십시오, 대동강에서 들려오는 장구 소리에 귀가 아프고 젊은 여인 늙은 할멈 모두 반취는 되어 둥덩실 놀잇배 안에서 엉덩춤 추며 돌아가는 꼴이 매일 보입니다. 평양은 이렇듯 금수강산 좋은 강산이라는 명예를 더럽혀 버리고 말았습니다.

이쪽 시골을 볼 때에는 한심하지 않을 수 없었습니다. 소위무슨 고을이니 해서 찾아들어가 보면 외길 좌우로 쓰러져 가는 초가 음식점 몇 집이 나란히 마주 서 있고 행길 끝으로 허술한 공립 보통학교, 대문 큰 경찰서, 기와집 군청, 냉면집 윗방의《동아일보》분국 간판, 일본인의 잡화상이 한 집이나 두 집, 한 둘의 수육獸肉 판매점, 이것이 말로는 무슨 고을이니 무슨 고을이니 합니다.

김 형, 저는 이번에 소위 우리나라 지식계급에 있는 청년들에게서 아무런 희망도 발견치 못한 것이 유감입니다. 우리나라에서 중등학교 졸업 정도를 지식계급에 속한 청년으로 보았습니다. 그런데 그들은 거의 다 중산계급 이상 유산계급에 속한 사람들이외다. 따라서 그들이 학교를 졸업하면 졸업하는 즉시로 유식遊食계급으로 입격入格되고 마는 것이 숨길 수 없는 사실임을 알았습니다. 물론 그들은 우리 사회에서 그들의 이상에 맞는 일을 시작할 수 없기 때문일 수 있습니다. 하지만 제대로 공부했다면 한시라도 그렇게 번둥번둥 놀고 있을 수는 없을 것입니다.

아시다시피 나도 새파란 청년이외다. 현금 평양사회로 볼 때 그 부모가 준 돈으로 외국유학까지 하고 왔다는 그 젊은이들은 어떠합니까? 모여 앉으면 술이나 마십니다. 저녁이면 기생 싣고 대동강에 뜹니다. 그들에게는 부모의 생명과 재산, 어린 동생의 살길 등은 아무 관계도 없습니다. 다만 요리나 먹고 기생 손목이나 쥐었으면 그뿐입니다. 형님, 다른 데는 모르겠지만 평양서는 학생 모자를 쓰고 기생집 출입하는 자가 수두룩하다 합니다. 그들은 수만의 동포가 피와 땀으로 모아 준 돈을 몇 천 원씩 일본인 하숙집에 내버리고 와서는 민중은 돌아도 아니 보고 기생을 양성시키고 술장사를 살찌우고만 있습니다.

김 형, 나는 본국에 와서 우리나라 신진문사新進文士 대부분이 술을 먹는 것을 보았습니다. 또, 사회의 지도자연하는 신사들이 대부분 술을 먹는다는 말을 들었습니다. 술주정꾼, 술 취한 자의 지도를 받는 대중이야말로 가엾기 그지없습니다. 지금 여기에서 가만히 보니까 일요일에는 교회당에 가서 하느님 아멘, 하다가 월요일 밤에는 기생집 아랫목에서 잠자고 화요일 오후에는 무슨 청년회 임원이네 하고 떠들다가 수요일 오후에는 대동강에 기생 싣고 배 띄우는 청년이 수두룩

합니다. 도저히 하느님과 기생을 한꺼번에 섬길 수 없음을 깨달아야 하겠습니다.

김 형! 서울 남산공원에 세 개씩 연달아 세우는 일본인의 신사와 양 3년에 걸쳐 새로 지은 평양에 서너 채의 교회당이 재미있는 대조를 이룹니다. 우리의 생활에 비하야 너무도 분수에 넘치는 화려한 교회당이 새로 생겨납니다. 세계 종교 중 가장 미신에서 멀다는 예수교도 조선에서는 미신의 대본영이 되어 있습니다. 기도로 병을 고친다는 목사가 아직까지도 횡행합니다. 벽돌집 교회당을 짓는 것은 꼭 일본인이 도처에 신사를 짓는 것과 동일한 심리작용의 실현입니다. 예수교뿐 아니올시다. 천도교인도 미신에서 방황합니다. 불교도 그렇습니다. 계룡산으로는 군중이 가족들을 이끌고 모여든다고 합니다. 아! 어디를 가든지 미신 그것이외다. 이 미신으로부터 생기는 운명관이 우리 민족의 전 정신을 지배하고 있는 것 같습니다.

김 형, 겉으로는 문명하기 쉬워도 속 문명을 하기는 대단히 어렵습니다. 노동문제도 그렇고 부인문제도 그렇습니다. 부인을 해방했다고 말은 하면서도 과부가 시집가면 이상하게 생각하고 여학생이 공원에 산보를 왔다면 괴이한 눈으로 바라봅니다. 부인은 남자와 동등이라고 말로는 떠들면서 여자도 남자처럼 담배를 피우면 큰일 난 것같이 떠들며 남자는 기생집에 매일 다니면서도 여자는 서방질을 한 번만 해도 큰 변으로 압니다. 노동은 신성하다고 입으로는 떠들며, 돌아다니며 연설까지 하는 그들도 인력차꾼에게는 하대를 합니다. 구루마를 끌라면 얼굴을 붉힙니다. 겉으로 떠들기나 하는 것이 무슨 쓸데가 있겠습니까?

김 형, 이번에 돌아와서 또 한 가지 인상 깊은 것은 동창생 대부분이 벌써 아버지와 남편 노릇을 하는 것입니다. 제 할머니도 저를 장가 아니 든다고 원망하고 있습니다. 우리나라에서는 아직 경제력으로나 지력으로나 어림도 없이 기생 寄生 생활을 하는 젊은이들이 끊임없이 자식을 낳아 놓습니다. 그들은 무엇으로 먹이고 입히며 누가 가정교육을 시행하겠습니까? 아직까지도 우리 사회에는 도회에서는 남자 18세 여자 17세, 시골서는 남자 19세 여자 18세의 결혼이 매일매일 거행됩니다. 그 장래가 어떠하겠습니까?

김 형, 과거, 제가 세상에 태어나기 전에는 어떠했는지 모릅니다만 현금 우리 사회는 동방예의지국은커녕 부끄럽기 그지없습니다. 기차를 타고 오면 아이들이 모여 서서 차를 향해 욕하는 손짓을 합니다. 음악회에 와서 야지합니다. 연설회에 동저고리 바람으로 들어옵니다. 설교자가 일요일에 노랑 구두 신고 강단에 오릅니다. 전차가 만원인데 여자가 들어와도 자리 내어주는 사람도 없습디다. 길을 물어보고도 고맙다는 인사하는 이 보기 참 드뭅디다. 정차장의 조선인 역부들은 관리 같습니다. 모여 앉으면 먹는 이야기뿐입니다. 쓰려면 한이 없습니다.

김 형, 마지막으로 한 마디 더 쓰지 않을 수 없습니다. 혼돈, 혼돈이외다. 오래간만에 돌아와서 우리 사회를 들여다보니 현재의 조선은 혼돈 속에 있습니다. 지구가 처음에 혼돈한 속에서 갖가지 원소가 부글부글 뒤섞여 돌아가는 것처럼 지금 우리 사회도 새 사회를 건설할 요소들이 한데 뒤섞여 우글부글 들끓고 있습니다. 이제 이 혼돈한 우리 사회에 누가 나서서 "내가 그 혼돈을 질서 있게 정리시킬 에너지로다" 하고 소리치겠습니까?[86]

김 형, 평양에 들르시거든 한번 연통을 넣어 주십시오. 아니 도착하는 시각을 전보로 알려 주면 나가 기다리겠습니다. 그럼 이만.

하필 이럴 때, 김성의 편지를 읽은 것이 즐거울 수만은 없었다. 다른 때 같았으면 생각이 어찌 나와 이렇게 똑같을까 하며 무릎이라도 쳤을 것이며 옆에 있었다면 그의 말끝에 추임새라도 넣으며 거들었을 것이다. 김성은 천 리를 보는 망원경을 가지고 나를 염탐하고 난 뒤에 혀를 차며 편지를 쓴 것 같았다. 그럴 리 없건마는 화홍과 나의 일을 빤히 알고 부러 이런 글을 보낸 것처럼 느껴졌던 것이다. 그래서였는지 그의 한 마디 한 마디 말들이 나를 두고 하는 양 못마땅하기 짝이 없었다.

일본에서 유학한 그의 눈으로 본 조선은 피폐하기 짝이 없었을 것이다. 그걸 모르는 사람이 조선에 있을까? 술을 마시고 기생집을 출입하는 청년, 미신이 그득한 종교, 예의와 배려가 없는 사회, 그 모든 이유는 조선이 열등한 민족이기 때문이다. 분주하지 아니한 민족, 게으르게 보이는 민족, 약질인 민족, 양반 걸음걸이에 습관의 노예가 된 민족. 이런 조선은 그저 혼돈일 뿐이다. 그의 말이 틀렸다고 할 수는 없었다. 단지 일본인들이 작심하고 퍼뜨린 조선민족 열등성론이나 유교망국론에서 출발했을 터인데 어찌된 일인지 식자들도 그들과 똑같은 눈으로 우리를 바라보게 되었다는 게 씁쓸할 뿐이었다. 식민통치를 합리화하기 위해 만연시킨 열패감이 어느새 우리의 깊은 곳에 진실처럼 자리 잡게 된 것이었다.

그는 쇠락한 시골풍경과 낙후된 도회의 풍경을 말하며 나에게 "평양에 와 봐야 별 볼 일 없소"라고 말하는 것 같았다. 하릴없이 기생의 뒤꽁무니나 쫓아다니려는 몰지각한 청년이 외국

유학까지 하고 돌아온 선각자에게 꾸지람을 듣고 있는 기분이었다. 하긴 이런 기분을 느끼는 건 나뿐이 아닐 것이다. 선각자를 자처하고 지식인을 자처하는 이들은 앞으로도 수십 년 동안 똑같은 눈으로 이 땅을 바라보게 될 것이기 때문이다. 그나마 그에게 기생을 취재하러 가노라고 말을 꺼내지 않은 게 다행이었다. 만일 그랬다면 잡지사의 김에게 내가 그랬던 것처럼 김성에게 더 민망한 소리를 들었을 것이며 어쩌면 노골적인 망신을 당했을지도 몰랐다. 평양에 가고 싶은 생각조차 싹 사라졌고, 아무튼 김성의 편지로 그날 내 속은 저녁내 편치 않았다.

* * *

언제부터인가 어찌된 일인지 살아갈수록, 나이가 들수록, 점점 주위 사람들을 만나기가 거북했다. 처음 만나는 사람들은 도무지 속을 알 수 없어 두려웠고 주변의 익히 알고 있던 사람들조차 얼굴을 대하면 금방 지루하고 지겨웠다. 김성이 보낸 편지 때문은 아니었지만 그 편지를 보고 나서 내 주위의 인사들을 하나씩 머릿속으로 불러내 살펴보는 버릇이 생겼다. 도무지 속을 알 수 없는 잡지사 편집장인 김이나 자신에게 빠져 도무지 밖으로 나오려 하지 않는 부잣집 외동인 경천, 마치 선각자나 되는 듯 목에 잔뜩 힘을 주고 있는 김성, 기벽으로 이름을 날리고 있는 이상과 같은 치들이 한편으로 나의 친구라고 할 수 있었지만 그들에게는 하나같이 빠진 무언가가 있어 보였다. 물론 나를 돌아보면 나 역시 거기서 벗어날 수는 없었지만 말이다. 이들 보다 차라리 어린 시절이야기나 시시콜콜한 세상 이야기를 아무 생각 없이 주고받을 수 있는 동향의 불알친구들이 훨씬 더 편한 건 사실이었다. 두어 달에 한 번은 고향 친구들과 만나 한자리에서 낄낄대며 세파의 시름을 잊어 보려고도 하였다. 그들끼리는 일주일이 멀다 하고 몰려다니며 술추렴을 하고 다니는 모양이던데 오늘따라 그 일파들이 더욱 그리웠다.

얼마전 동향인 친구를 따라 우연히 모였던 자리에 처음 본 친구가 있었다. 그는 거기 있는 누구와도 동향이 아니었고 내가 아는 한 누구의 동창으로 끌려나온 친구도 아니었다. 모두들 그를 모세라고 불렀고 그 스스로도 현대판 모세를 자처했다. 모세라니. 말이 그렇다는 이야기다. 아니 도시에 사는 처량한 인간들에게 새로운 세계로 이끄는 계율을 제시한 자신을 늘 자랑하고 다녔으니까 그럴 만도 했다. 말하자면 그는 자칭 이 시대의 선구적 인물이었다.

모세란 자는 좀 특별했다. 그로 말하자면 시나이산이던가 거기서 바윗장 하나 뜯어 내 열 가지 계율을 몰래 적어 놓고 사람들 앞에 짠, 하고 나타난 모세가 아마 제 수준의 인물쯤으로 보였을 것이다. 애급의 발아래 신음하던 이스라엘 백성을 해방시킨 모세를 참칭하다니, 예수쟁이들이 들으면 펄쩍 뛸 일이었다. 십자가에 박힌 예수를 따르는 자들에게는 그의 행색이나 하는 양을 시시콜콜 말해 주지 않는 편이 나을 것이다.

갑자기 모세가 떠오른 것은 정말 나에게 구원의 손길이 필요했던 것인지도 몰랐다. 그의 통속적이면서 날카로운, 재치가 번득이는 장광설을 듣다 보면 복잡한 세상일이 손에 잡힐 듯 명쾌하게 눈에 들어오는 기분을 느꼈던 것도 사실이었다. 나는 그가 싫지 않았다. 누구도 말하지 않았지만 모세야말로 갈데없는 룸펜들, 자칭 룸펜 프롤레타리아들의 대표주자로 손색이 없었다. 하지만 그는 스스로 인텔리를 자처한 적도 없었고 다른 먹물들과 비슷해 보이지만 달랐다. 말하자면 그는 허풍과 과장, 치기와 냉소를 뒤섞어 자신의 언어로 삼은 새로운 인간이라고도 할 수 있었다.

아무도 그를 따르는 사람은 없었다. 제 입에 풀칠도 제대로 못하는 위인을 누가 따를까. 듣기로 그는 제 주머니를 털어 다른 이들의 목을 축여 준 적도 없었고 술은 고사하고 호떡 하나 사들고 와 주린 배를 채워 준 적도 없었다. 그러기는커녕 늘 주변을 어슬렁거리며 누군가의 호주머니를 털어 갔다. 그럼에도 누구도 그를 멀리하지는 않았다. 그러고 싶어도 그건 불가능한 일이었다. 북촌 선술집에 모여 세상일을 주워섬길 때나 관훈동 피맛골 주막에서 간단하게 한잔 걸치려 모였을 때 그는 여지없이 나타났다. 방금 뒷간에라도 다녀온 듯 천연덕스럽게 자리를 꿰어 차고 앉아 술잔부터 챙기는 인사가 바로 그였다.

그가 아무 자리나 끼어들어 안주거리를 축내고 술동이를 거덜낸다 해도 누구 하나 그를 내치지 못하였다. 내치기는커녕 한참 신이 나서 떠들다가 잠잠해질 때쯤이면 문득 그가 옆에 없는 걸 알고 어서 나타나 주었으면 하고 바라는 게 나만은 아니었다. 그의 유쾌한 장광설은 언제나 좌중을 사로잡았다. 그의 머릿속 수첩에는 아마 세상사의 온갖 좀스런 일들이 깨알같이 적혀 있을 것이었다. 그 한 페이지를 펼치면 현대 도시를 살아야 하는 처세술을 시작으로 시내 다방 마담의 생김과 옷매무새뿐 아니라 장안에 풍미하는 연애담이나 영국 황태자의 지고지순한 사랑 이야기까지 줄줄이 쏟아져 나왔다. 특히 '에로, 그로'에 관한 한 그를 따를 자가 없었다. 모세는 우리들 모두에게 없어서는 안 될 존재가 되었다. 모세 없는 세상은 꿀 없는 밀호떡, 재미없는 세상이었다.

저녁에 모임이 있다는 말을 얻어듣고는 파고다 공원에서 사람 구경을 하다 때맞춰 일당이 모이는 안국동 뒤편의 주막으로 들어섰다. 나와 동향이자 시 한 줄 쓰지 않는 시인인 정을 포함해 초등학교 임시교원인 최, 한때 은행 서기였던 박, 그리고 번듯한 직업을 가지고 있는 유일한 인물이자 오늘 술값을 책임지기로 한 주사 조를 비롯해 일합 여섯은 벌써 모였고 그 한 자리에 예의 모세가 앉아 있었다.

모세가 어떤 위인인지 더 알고 싶다면 그를 가만 바라보기만 하면 된다. 곱슬머리는 덥수룩하여 머리카락이 귀를 파고들게 생겼고 햇빛을 피해 다니는지 창백한 얼굴에 동그란 안경을 걸쳤는데 그 뒤로 장난기 어린 눈은 가볍게 쌍꺼풀이 져 있다. 오똑한 콧날은 한 번 본 처녀들의 가슴을 설레게 만들었고 얇지만 다듬어진 입술은 그가 호락호락한 인물이 아니라는 걸 말해주었다. 한눈으로 보아도 그의 얼굴에는 귀티가 흘렀지만 단정치 못한 매무새가 동정심을 한껏 불러일으켰다. 단추를 풀어 헐렁해진 셔츠는 늘 푸르죽죽한 색이었고 소매를 걷어 올려 가는 팔을 드러냈다. 검은 바지는 땟국이 흘렀고 그나마 코만 반짝이는 멀쩡한 구두는 뒤축을 꺾어 끌고 다녔다. 그렇다고 모세의 행색이 천하다거나 지저분하게 보이지는 않았다. 그로 말하자면 단 한 벌의 그럴듯한 옷을 걸치면 단번에 말쑥한 인물로 바뀌는 묘한 재주도 가지고 있는 작자였다. 한마디로 옷태가 나는 인물이라고 할까. 모세는 미워할 수 없는 우리의 모습이었다.

그날, 그는 어느 순간 나타났는지 몰라도 와그르르 떠드는 좌중을 한마디로 잠재우고 자못 의미심장한 이야기를 시작할 판이었다. 오늘은 모세가 또 무슨 허풍으로 푸짐하게 안주상을 차리려나, 모두 모처럼 말끔하게 깎아 내린 그의 턱을 바라보았다.

"내 오늘은 경제학 강의를 해 볼 참이네."

경제학이라니? 그건 아니지. 제 앞가림도 하지 못하는 위인의 경제학을 누가 귀담아들을까? 장담컨대 모세를 따르는 신도는 하나도 없을 것이었다. 거기 모인 작자들에게 믿음이 있다면 그것은 오직 돈 자체일 뿐이었다. 말하자면 모두는 어리석은 우상숭배자들이었다. 그럼에도 모세는 우리를 내치지 않았다. 내치기는커녕 우리의 빈곤한 주머니 사정을 고려한 연애학을 펼쳐 보이기 시작했다. 이름하여 〈모던 보이와 모던 걸의 신춘행락 경제학〉[87]이 그것이었다.

모던 보이와 모던 걸이 봄나들이를 할 때 발생할 수 있는 경제적 파장효과를 분석한 이론! 그런 건 아니다. 그럴 리가. 모세는 그저 돈이 1원밖에 없을 때부터, 재수가 터져 10원 가지고 놀 때를 나누어 일목요연하게 연애경제학을 정리한 것뿐이다. 그렇다고 이 역시 그리 거창한 건 아니다. 요약하자면 돈 없다고 궁상떨지 말고 당당히 대처하라. 그리하려면 치밀한 경제관념이 뒷받침되어야 한다. 그쯤 되는 이야긴데 그마저 결국은 흔한 사랑 놀음으로 끝나고야 마는 것이다. 아무튼 모세의 장황한 이야기는 늘 그렇듯이 그렇게 시작되었다.

"제군들 주머니에 한 푼도 없다. 그러면 어깨를 늘어뜨리고 골목길만 어슬렁거리며 지나가던 아이들 머리나 쥐어박을 테지? 아니면 공연히 방구들만 짊어진 채 현실과 사상의 괴리를 한탄만 하고 있을 텐가? 박박 긁어모으면 어디 1원은 만들 수 있겠지? 자! 1원이 구해지면 먼저 돈을 이렇게 쪼개 보게나.

빵 20전(네 개), 설탕 5전(가루), 사과 5전(두 개), 바나나 20전(열 개), 얼음사탕 5전(한 줌), 돗자리세 10전(한 닢), 라무네 두 병 20전(일인당 한 병씩), 전찻삯 10전(귀로에 탈 것), 계 1원이라.

자! 1원을 가지고 이렇게 쓰면 그야말로 일국의 대장대신 노릇은 족히 할 것이다. 그러면 어떻게 노느냐. 우선 애인과 함께 보자기 하나만 가지고 거리로 나서는 거다. 거기서 빵, 설탕, 사과, 바나나를 사서 보자기에 싸서는 그 길로 남산공원으로 올라가는 거지. 벽돌담 기와지붕 사이로 여기저기 애교가 무르녹는 경성의 찌들은 춘색을 등지고 경성 신사 뒷길로 오르는 거야. 걸음이 높아질수록 숨이 찰 것이니 그때 얼음사탕을 꺼내 한 개씩 입에다 무는 거지.

좀 더 올라가면 차차 인적이 뜸해지고 경성 시가가 작게 보이기 시작하겠지. 거기서부터 단 두 사람만의 세계가 전개되는 거야. 잔디밭이나 바위 위에 앉아서 노래를 불러도 좋아. 그러다 바나나를 꺼내 작은아씨(버젓이 있는 처를 집에 따돌리고 만나는 애인을 말한다)에게 주고 사과는 내가 먹지. 바나나 껍질을 묘하게 벗겨서 "자 입을 벌려요" 그러면서 작은아씨의 입에 넣어 준들 누가 뭐라 하겠어. 하지만 중간에 쉬면서 너무 많이 먹으면 나중에 먹을 게 없어.

더 올라가면 남산 봉수, 국사당 옛 터에 도달하게 되지. 여기서는 경성을 한눈에 시원하게 다 볼 수가 있어. 양양히 흐르는 한강이 남으로 가로놓이고, 창덕궁, 경복궁이 아지랑이 속에 잠겨 있지. 거기다 맛있는 샘물이 있으니 사이다에 비할 바가 아니지. 큰 홰나무가 있으니 사랑의 청춘남녀를 고즈넉이 품에 넣을 만해. 거기서 점심을 먹는 거지. 빵, 사탕, 과일 그리고 샘물을 한 바가지 마시고 길을 서편으로 택하여 옛 성을 끼고 내려오면 장충단 송림을 만나게 되지.

장충단까지 내려오면 아이들이 사이다나 껌, 맥주를 등에 지고 청춘남녀를 찾아다닐 거야. 거기서 10전을 주고 돗자리를 하나 빌려 앉는 거지. 그래도 아이들은 짓궂게 옆에서 계속 물건을 사라고 조를 걸. 사지 않으면 아마 두 사람이 오붓한 시간을 보내기는 영 그를 거야. 그때 남은 돈 30전에서 20전을 떼어 라무네 두 병을 사서 목을 축이는 거지. 여기서 저녁 무렵까지 놀다가 장충단 앞에 내려오면 전차가 기다리고 있으니 그걸 타고 돌아오면 돼."

　모름지기 없는 놈이 갈 곳은 예나 지금이나 남산밖에 더 있겠는가. 오늘 모세 이야기는 좀 시시했다. 하긴 뭘 더 바란단 말인가. 나 역시 주머니에 1원밖에 없는 주제에. 그럼 3원이 있을 때는 어떻게 놀 수 있을까? 모세의 경제학 강의는 계속된다.

　"3원이면 1백 쉰 냥이니 더 흥청거릴 수 있지. 그렇다고 풍족한 것은 아니니 아껴 써야 하네. 먼저 이렇게 준비해야 해.

　25전 전찻삯, 20전 창경원 입장권, 80전 점심값, 20전 사이다 한 병, 15전 나쓰미깡 두 개, 돗자리 하나, 60전 입장료, 10전 방석 값, 50전 밤참 값, 20전, 파피스 두 장, 계 3원이라.

　오후 2시쯤 창경원 앞에서 만날 약속을 하는 거야. 우선 표를 사고 들어가야지. 벚꽃 터널 속으로 나란히 소곤거리며 산보하는 재미야 애인이 없는 사람은 도저히 맛볼 수 없는 즐거움이지. 동물원으로 먼저 들어가 꽃 구경과 사람 구경을 한 뒤에 박물관을 들러서 식물원으로 가는 거지. 춘당지 물결도 잔잔하고 자맥질하는 원앙의 모습도 무심치 않지. 물가에 나란히 서서 이 모양을 바라보면 어느 새 작은아씨가 손을 가만히 건네오겠지? 원앙의 화락한 재미가 그렇게 만들 거거든. 거기서 벤또 두 개, 사이다 한 병, 나쓰미깡 두 개, 돗자리 한 개를 사는 거지. 여기까지 1원 40전이 들 거야.

돗자리를 벚꽃가지 아래 깔고 다리를 쉬면서 즐기다가 창
경원을 나와서 전차를 타고 본정통으로 가야 해. 유리창마다 봄
빛이라, 양산, 비단 목도리, 모자, 봄 단장, 봄 의복 등등 일정목
에서 오정목까지 구경을 하는 거지. 그리고 근처에 있는 명치제
과나 아까다마에 들러서 파피스를 한 잔씩 나누어 마시는 거야.
그러면 그 비용이 20전이니 아직도 남은 돈이 1원 40전이나 돼.

시간이 저물어 7시에 가깝거든 희락관이나 대정관으로 들
어가는 거지. 조선 활동사진관에 들어가면 이목이 번다하니 일
본 활동사진관으로 들어가는 게 좋을 걸. 이층은 신발 벗는 것이
불편하고 일본에서는 아래층이 특등이라는 구실을 삼아 하등표
를 사는 거지. 대인 3등 40전, 학생 3등 20전이라고 쓰여 있을 거
야. 학교는 언제 졸업했든지 트레머리만 하면 학생 행세를 할 수
있으니까 작은아씨는 학생표를 살 수 있지. 체면에 방석은 깔아
야 하니 또 10전이 드는 거지. 60전짜리 구경을 하고 나면 25전
짜리 양식 밥 한 그릇 사먹고 남은 돈 10전으로 잘 자리를 찾아
가는 거지. 어디냐고? 전차 타고 집으로 가란 말이야!"

시작은 미미하였으나 끝은 창대하리라. 꼭 그 반대로 들으
면 탈이 없을 것이다. 모세의 이야기는 늘 이런 식이었다. 잘 나
가다가 어느덧 샛길로 빠져 버리는 것. 알맹이 없는 이야기를 그

럴듯하게 주워섬기는 재주. 그럼에도 그는 도시생활에 등장하는 모든 것, 물건뿐 아니라 인간의 감정과 행위조차 화폐로 치환되고 돈으로 자리매김 되는 자본주의의 현실을 적나라하게 보여주고 있었다. 어쩌면 이 땅에 인텔리를 자처하는 인간들의 8할은 모세와 다를 바 없었다. 김성의 짐짓 의미심장한 장광설이나 모세의 한없이 가벼운 입놀림이 다를 게 뭐 있단 말인가?

기생이 가득한 세상

경성의 화류계. 화홍을 만나다. 기생이 가득한 세상

경성의 화류계

　서양문물이 들어오고 일본의 속국이 되자 달라진 것이 한둘이 아니었고 기생사회도 달라졌다. 관기는 폐지되었지만 권번이 만들어지고 기생들은 여기에 편입되었다. 일본은 여기저기 미친 개 오줌 갈기듯 사창을 사방에 퍼뜨렸다. 성의 상품화가 노골적으로 드러난 세태이다.

　기생에 대해 써 보겠노라고 말했건만 기생에 대해 아는 게 없었다. 권번에 득시글한 기생 중에 아무개가 무엇에 뛰어나더라 하는 걸 남들에게 들어 아는 정도였다. 기생에 대해 알자고 마음먹으면 모를 것도 없었다. 기생 편력이 화려한 친구들에게 이야기를 듣는 것도 나쁘지 않을 것이다. 하지만 동인이 그랬듯이 자신이 경험한 기생의 이름을 하나씩 나열하며 그들과 무슨 짓을 했는지 시시콜콜 주워섬기려 들 게 뻔했다. 빙허에서 모세에 이르기까지 세상의 모든 사내들의 여성 편력이란 자신의 남근을 드러내지 못해 안달하는 동물적 수준의 정복기에 불과한 것 아닌가. 이참에 기생의 세계에 대해 한번 들여다볼 참이었다. 그리고 화중선이 그토록 발악하듯이 글을 쓴 진짜 이유도 알아 보고 싶었다.

손에 잡히는 대로, 전에는 들춰보지도 않았을 글을 찾아 읽어보았지만 세상에 흘러 다니는 기생 이야기 역시 뻔했다. 화중선이 그랬던 대로 기생이 썼다면 어쩌다 기생을 하게 된 신세 한탄으로 시작해 되도 않게 자신을 합리화하는 글이거나, 기생이 아니라면 기생의 기예와 품격이 어떠니 하다가도 오늘날 기생의 한심한 작태를 비난하는 글들이 대부분이었다. 그도 아니면 기생의 삶을 시시콜콜 읊어 대며 얄팍한 흥미를 유발하려는 글이었다. 물론 기생의 지고지순한 사랑 이야기만큼은 언제나 사람들에게 환영을 받았다. 순수와 절개, 희생과 헌신, 비극적 죽음 등등의 신파 냄새가 물씬 풍겨야 사람들이 꼬이는 법이다. 그중에서 얼마 전 있었던 강명화의 자살 사건은 단연 모든 기생 이야기의 전형이라 할 만했다. 이런 이야기는 모름지기 활동사진의 변사를 흉내 내어 신파조로 읽어야 제 맛이다.

실로 그녀의 죽음같이 새벽빛이 솟아 오르락말락한 조선사회에 놀람을 준 일은 없었으니, 강명화는 돈보다 사랑! 목숨보다 사랑! 이란 '러브 이스 베스트'를 대담하게 실천한 처음의 여성이었(~던 것이었던 것이었)다. 그녀는 자신의 사랑을 증명하기 위해 그의 애인인 장병천 앞에서 가위를 들어 삼단 같은 머리를 싹둑싹둑 깎아 버렸다. "이거 여보 웬일이요. 여자에게 머리칼은 목숨인데" 하고 황급히 말리려 했으나 그때는 그녀의 머리가 이미 중머리가 된 뒤이라. 제 머리 모양을 거울에 비쳐 보던 명화는 그만 방바닥에 엎드려 울었다. 병천이도 따라 울었다.

10여 년 전. 당시 서울 장안서 평양기생 강명화의 이름을 풍류객치고 모르는 이가 없었다. 어글어글한 두 눈, 불이 붙는 듯한 분홍빛 입술, 빚은 듯한 상큼한 코. 소리 잘하고 춤 잘 추는 기생 강명화. 제 마음속 근심 가득하매 저절로 엉킨 그 수심이 노래로 화化함인가. 수심가 한 곡조와 배따라기 한 마디는 평양기생 300명 중 으뜸간다 하였다. 그러나 미인 강명화의 이름이 높은 것은 단순히 춤이나 노래나 그 용모에 있지 않았다. 강명화를 보고 싶어 따르던 많은 남성 중에는 2만, 3만 하는 돈을 언제든지 내어던질 부자들도 있었고, 무슨 회사장하는 지위와 명예 있는 분도 많았으나 명화는 비록 몸은 기적에 두었으되 사랑하는 오직 그 한 분을 만나기 전에는 절개 지키기로 맹세하였던 것이다. 이 소문이 퍼지자 명화의 사랑을 구하려는 탐화봉접의 무리는 더욱 많았다. 그래서 한편으로 오만한 년, 독한 계집 하는 욕도 들어가면서 모든 구애자를 물리쳐 오다가 만난 이가 바로 대구서 수백 간 있는 큰 성 같은 집에 살다가 서울 노량진에 반이搬移(이사)하여 살던 영남 갑부 장길상張吉相의 외아들 장병천張炳天이란 청년이었다. 부자치고 인색치 않은 이가 없지만 그 때의 장길상은 사회에 학교 하나 도서관 하나 기부한 일이 없을 뿐더러 제 자식에게조차 용돈이나마 넉넉히 주지 않았다. 더구나 병천이가 기생 작첩하였다는 소문이 들리자 급기야 아들을 집안에 가둬 두고 외출을 엄금하였다.

강명화의 소원은 오직 그의 애인을 공부시키는 것이었으니 둘은 동경으로 유학하기로 결심하고, 명화는 제가 지니고 있는 금비녀고 은가락지고 모두 팔아 돈 삼백 원을 만들어 쥔 뒤 이것을 여비로 하여 동경으로 떠났다. 둘은 아사쿠사구淺草區에 있는 집 이층을 빌려 자취하면서 병천은 어느 대학 예비과를 다니고 명화는 동경 상야음악학교에 입학할 준비로 영어를 배우기로 하였다. 처음 몇 달은 그 아버지 장길상으로부터 매달 30원 씩 학비가 왔으나, 기생과 같이 있다는 소문이 들리자 학비를 중단하니, 백만장자의 외아들은 결국 만리타향에서 한 공기 밥조차 얻어먹을 길이 없었다. 그래도 명화는 낙심치 않고 서울 전동에 있는 자기 어머니에게 집을 팔아 돈을 보내라 하여 돈 몇 백 원을 얻어 쥘 수 있었다.

그러던 차에 하루는 동경 가 있는 조선인 유학생 여럿이 장병천을 찾아왔다. "우리는 모두 노동을 하면서 공부하여 가는데 너는 백만장자의 아비를 둔 탓으로 기생첩 데리고 놀러와 있단 말이냐. 너 같은 놈은 우리 유학생계의 치욕이다." 그리하여 "그 놈 밟아라, 그 년 때려라" 하는 소리와 함께 바야흐로 큰 난투가 일어날 판이었다. 이때 명화는 칼을 들어 제 손가락을 탁 자르고는 선지피를 뚝뚝 흘리며 말했다. "여러분 나는 떳떳한 장 씨 문중의 사람이며 우리도 고생하면서 여러분과 같이 학문을 닦는 중이올시다." 그녀의 추상같은 언사와 붉은 피를 보자 학생들은 모두 도망하였다. 그러나 그 뒤 이번에는 유학생 사이에 병천이와 명화를 몰래 제재하려는 공론이 비밀리에 돌고 있었고 이를 눈치 챈 둘은 그대로 있다가는 생명이 위태할 것을 직감하고 야밤중에 도망꾼 모양으로 동경을 떠나 서울로 돌아 나왔다.

그사이 명화는 행여나 그 부모의 마음을 돌려볼 양으로 홀로 궁궐 같은 장길상의 집에 뛰어들어도 보았으나 결국은 쫓겨나고 말았다. 온갖 길이 모두 막혔다. 금은 패물도 모두 팔아 버렸고 집칸마저 없었으며, 백만장자의 외아들이건만 단 1, 20

171

원을 변통할 길이 없이 모두 다 막혀 버렸다. 더 원통한 것은 두 사람의 진실한 사랑을 유희와 같이 깔보는 그 부모와 세상이라. 일이 여기에서 그쳤더라면 세상에 흔히 있는 남녀 정사의 한 대목에 지나지 않았을 것이나 애인을 출세시키고 싶은 불 같은 강명화의 마음에 떠오르는 한 줄기 빛이 있었으니 '나만 없으면 그분은 부모의 사랑을 다시 돌릴 수 있고 그리하면 유여한 가산으로 학문도 충분히 닦아 사회의 윗사람이 될 수 있으리라'고 생각한 것이었다.

여러 날 망설였다. 괴로워하였다. 아침마다 베개가 눈물에 젖은 것을 보고 그녀의 어머니는 근심하였다. 그리고 모든 결말은 왔다. 명화는 생후 처음으로 옷감 한 벌과 구두 한 켤레만 사 달라고 졸라서 애인 병천이 준 옷과 구두를 신고 온양으로 떠났다. 그날 밤 온천의 조용한 방 속에선 일대 명기 강명화가 애인의 무릎을 베개 삼아 독약을 마신 몸을 가로눕히고 있었다. 마지막 유언은 "제가 죽었으니 이제는 부모님께 효성하고, 다시 사회의 큰 인물이 되옵소서"였다.

며칠 뒤 서울 시구문 밖 공동묘지 한 모퉁이에는 애끓는 인생, 23세를 일기로 다한多恨하게 간 강명화의 오 척 여윈 몸이, 그리고 그 앞에는 언제까지 떠날 줄 모르고 엎드려 우는 그의 애인 장병천이 있었다. 각 신문에는 이 사실이 로-맨스

섞인 필치로 심히 슬프게 실렸고 많은 사람들은 남몰래 동정의 눈물을 뿌렸다. 그리고 다시 얼마 후 장병천마저 먼저 간 애인의 영혼을 따라 자살하고 말았던 것이었다.[88]

1923년 명월관의 이름난 기생 강명화와 영남부호의 아들인 동경유학생 장병천의 순애보는 세간에 센세이션을 일으켰다. 그들 사이를 가로막은 신분상의 벽으로 고민하다가 자살한 여인과 그 뒤를 따른 남자의 이야기는 이목을 끌기에 충분했다. 이듬해엔 일본인 감독 하야카와早川에 의해 〈비련의 곡〉(1924)이란 제목으로 기생이던 문명옥文明玉을 캐스팅하여 영화로 제작되었고 10만 명의 관객을 끌어모았다. 이해조, 최찬식, 현진건 등에 의해서 소설화되기도 했다.[89]

그러나 이야기는 이야기일 뿐. 강명화의 사랑이 지고지순하기만 했던 것인지, 장병천이 강명화 때문에 죽음을 선택했던 것인지 따위의 논란은 필요 없다. 강명화의 이야기가 널리 사랑을 받았던 이유는 분명했다. 지순한 사랑과 비극적 결말이라는 상투적인 주제에 충실한 것이기도 했지만 기생의 신분으로 여인의 정절과 부덕婦德을 부각시킴으로써 남성 중심의 가부장적 이데올로기를 지속시킬 수 있었기 때문이다. 어쩌면 강명화의 이야기야말로 기생의 실제적인 모습을 가린 채 허구적인 이상을 부여하려는 욕구에 가장 충실한 이야기라고 할 수 있었다. 말하자면 대중문화가 그렇듯이 내막과 진실은 가려진 채 대중들이 원하는 방향으로 이야기는 흘러가게 마련이다.

이런 이야기 말고 적어도 기생을 말하려면 기생의 역사와 유래로부터 시작해 오늘날 기생의 현주소까지 꿰어 차고 있어야 했는데 그런 글은 생각보다 적다. 아! 그런 비슷한 게 있다. 언젠가 잡지에서 제목만 본 글이 떠올랐다. 무슨 화류계 어쩌고 하는 글이었는데 잡지는 《개벽》이 틀림없었다. 다락을 뒤져 찾은 건 대정 13년(1924)에 나온 《개벽》 48호였다. 〈경성의 화류계〉. 주룩 훑어 보니 그 정도면 내가 찾는 게 틀림없었다.

* * *

《개벽》의 한 기자—記者는 "경성의 화류계를 말하자면 기생을 말하지 않을 수 없다"로 시작되는, 기생에 대한 꽤 긴 글을 쓰기 시작했다. 글의 제목은 〈경성의 화류계〉.[90] 기생의 유래와 종류, 지위의 변화, 기생조합의 실태, 그리고 유곽에 이르기까지, 상세하다고 할 수 없지만 그런대로 이즈음 기생의 상을 전체적으로 그려 내는 내용이다. 화류계라! 화류계라는 게 따로 있을 리 없었다. 기생이 있는 곳이면 다 화류계다. 화류계는 점점 은밀하게 퍼져 나가고 있는 중이다. 기생들은 권번과 요릿집만 들락거리는 게 아니다. 그들은 카페에서 보이기도 하고 한강의 백사장이나 뚝섬의 유원지에서 보이기도 하고 산속의 절간에서도 출몰하니 세상이 다 화류원花柳苑이자 어디나 유항柳巷이다.

기생은 도대체 어디에서 시작되었을까? 그의 글은 바로 이 지점부터 이야기를 풀어 간다.

첫 번째는 기생의 유래이다. 기생은 어디에서 유래되었는가? 옛날 고려 적까지 올라간다. 기생의 기원을 여러 사료를 근거로 들며 고려 건국 전에 달단韃靼으로부터 함경도를 거쳐 온 양수척楊水尺의 무리들을 지목한다. 달단이란 타타르족을 말하는 것으로 터키계 민족이다. 이들이 함경도로 넘어와 양수척의 무리가 되었다. 양수척이란 화척禾尺 혹은 수척水尺이라고도 하는데 고리를 만들어 생업을 이었던 여진족이나 말갈족 등 변방의 귀화인들이다. 그들은 후삼국에서 고려에 걸쳐 국경을 넘어 떠돌아다니며 천업賤業에 종사하는 사람들을 가리킨다. 나중에 조선시대에는 백정이라고 불리던 자들의 조상이다. 이들이 고려 때 기적妓籍에 편입되어 자손이 '세세전업世世傳業'을 하게 되었다는 것이다.

조선시대의 백정이라고 불렸던 사람들이 사회제도 안으로 포섭되기 시작한 것은 세종 때[91]의 일이다. 그전까지 백정은 재인才人과 화척禾尺으로 나누어 불렀다. 기생이 재인에서 비롯되었는지 화척에서 나온 것인지 확실치는 않으나 오늘날 기생을 보면 두 가지 설이 다 가능하다. 노래와 춤에 능한 기생이 재인들의 후예일 듯 싶기도 했고 집시처럼 떠돌면서 몸을 팔았던 천인들을 생각하면 화척에서 유래한 듯도 싶었다. 천민으로서의 백정은 갑오경장[92]으로 신분 해방이 되었고 백정이라는 신분층은 존재하지 않았지만 제도가 바뀌었다고 하루아침에 그들의 처지가 달라진 것은 아니었다. 백정 출신들을 모임이나 행사에 끼워 주지도 않았고 혼인하려 들지 않는 등 여전히 차별은 존재했다. 급기야 몇 년 전 형평사를 중심으로 백정의 권리를 주장하는 형평운동[93]이 벌어지기도 했다.

여러 문헌자료에 보이는 자료를 그대로 옮겨 온 내용이 사실이라면 기생은 사회의 어느 계급에도 속하지 않는 부류에서 시작되었다고 할 수 있다. 노예나 천민들이 원래 전쟁의 포로나 유민들이었다면 기생 역시 이들 천민에 속하고 이 사회의 밖에서 온 부류라는 것이다.[94]

기생의 기원을 말하면서 어김없이 등장하는 이런 설명은 뭔가 이상하다. 고려 적까지 올라가 양수척의 무리를 지목하는 것은 현재의 기생을 설명하는 근거가 되기에는 너무 멀기도 하지만 설사 그들이 기원이라 하더라도 그들의 자손이 대를 물려

오늘의 기생에까지 이르렀으리라고는 생각하기 어렵다. 이런 설명의 이유는 따로 있다. 역사와 기원을 들먹이는 것은 현재의 입장을 합리화하거나 강조할 때 동원되는 논리적 절차임을 감안한다면 기생에 대한 부정적 시각에서 비롯되었던 것이 틀림없다. 그 기원조차 다른 민족에서 출발한 기생은 애초부터 사회 속으로 편입될 자격이 없었다는 것을 말하기 위한 것이 아닐까? 기생을 사회의 계급 바깥에 있는 존재로 인식함으로써 사회적 정당성을 지니지 못한 존재임을 합리화하는 논리인 셈이다.

후에 "비록 양가良家의 여자라도 빈곤하거나 타락의 결과로 역시 기적에 들어 그 수가 증가되어 고려 말 조선 초는 가히 기생의 전성시대였다"고 했다. 기생이 는다면 가장 큰 이유는 언제나 사회 혼란으로 인한 경제적 불안정과 도덕과 윤리의 붕괴일 수밖에 없었다.

기생은 조선시대에 비로소 제도로 정착된다. 지방의 도시 관청에는 관기가 있었고 궁중에도 여기女妓가 있어서 연희가 있거나 접대 시에 동원하였다. 기생은 가장 천한 계급이었지만 비로소 사회내적인 존재가 되었다고 할 수 있다. 조선사회에서 제도적으로 관기가 성립했다는 것은 적어도 공적인 영역에서 유희와 오락의 범주에 성적인 유희와 쾌락이 동시에 포함되었고 이를 당연시 했다는 것을 말해 준다. 그리고 세월이 흘러도 기생을 바라보는 시각은 여기서 별로 달라지지 않았다. 성적인 유희와 쾌락이 공식적으로 인정되는 제도는 기생 편력을 대놓고 떠벌릴 수 있는 이즈음의 사회적인 그리고 문화적인 토양이었을 것이다. 달포 전 식민지 운운했던 김이 그런 식으로 말하지는 않았지만 그가 말했던 식민지는 일본에 병탄되기 이전부터 이 사회 속에 이미 존재해 있었던 것이다. 내지內地 바깥에 식민지 조선이 있다면 조선사회의 안쪽에 기생이 있는 건 틀림없었다.

기생은 어느 시대건 그 존재 자체로 사회적 모순을 상징하는 것이었다. '없어야 하지만 없앨 수 없고 있어야 하지만 있어서는 안 되는' 존재들이었다. 오죽하면 기생들의 잡지 《장한》의 창간사에서조차 기생은 '하루바삐 없애야 할 존재'라며 "기생 자신에 참담한 말로를 짓게 되며 일반사회에 많은 해독을 끼치는 까닭에 폐지되어야 한다"고[95] 스스로 말했겠는가?

기생은 사회적 타락을 가져 오는 원인이었지만 그 반대로 사회적 도덕의 추락을 방지하는 장치로 간주되었다. 이를테면 기생제도에 대하여 "태종조太宗朝에 지至하야 음풍淫風이 익심益甚함으로 태종이 차此를 폐지하랴고 논의하얏다가 승정承政 허조許稠의 반대로 인因하야 중지"한 일이 있었다. 사회적 타락이 기생제도 때문으로 보는 시각은 언제나 있었고 이를 반대하는 논리도 언제나 같았다. 허조는 "남여욕男女慾은 인정의 자연인데 만일 이를 금지하면 청춘의 자제나 기타 유력자가 반反히 양가부녀良家婦女를 오욕汚辱하는 사事가 유有하리라"고 말한다. 얼마 전 논란이 되었던 공창 폐지 반대론자의 주장도 이와 다를 바 없었다. 말 그대로 기생은 사회의 필요악인 이율배반적인 존재였다.

나 역시 공창 폐지를 반대하는 축에 속했지만 이런 주장은 터무니없었다. 기생 폐지를 반대하는 이유가 혈기방장한 젊은 것들이 욕정을 풀 데가 없으면 양가집 아녀자들을 넘볼 것이니 그들의 욕망을 채워 줄 존재들이 필요하기 때문이라는 것 아닌가? 이런 생각에 이르자 누렇게 변색된 잡지에 낀 먼지를 탈탈 털어 내듯이 누군가 내 뒤통수를 후려치는 듯 정신이 번쩍 들었다. 그동안 막연히 품고 있던 먼지 같은 생각들이 후드득 떨어져 나가는 기분이었다. 기생에 대해 한번 알아보겠다고 한 요량은 화홍이를 잊지 못해 하는 덜떨어진 감흥에 빠질 것도, 화중선의 돼먹지 않은 글에 대한 반작용에서도, 아니면 세태의 기생질에 대한 역겨움에서 시작할 일이 아니었다. 식민지 백성으로서의 어쩔 수 없는 좌절과 갈등 못지않게 아니 그보다 더 심란하고 복잡한 이야기가 기생을 둘러싸고 있었던 것이다.

인간의 본질적 욕구와 이에 따른 사회 도덕률의 위반은 어느 사회건 자율과 통제 사이에서 갈등을 빚어 내는 요인이다. 이를테면 민 씨 일가의 어처구니없는 축첩 행위를 말하면서 도덕과 통제를 말할 수는 있다. 그러나 인간의 어쩔 수 없는 욕구를 내세운다고 축첩과 기생제도가 합리화되는 건 아니다. 축첩과 기생을 소유할 수 있는 권력과 부는 처음부터 도덕률 따위는 따지지도 않는다. 말하자면 기생제도의 철폐를 말하는 논리나 이를 반대하는 논리 역시 둘 다 사회적 타락과 기생의 존재는 아무런 인과관계가 성립하지 않는다는 사실을 빠뜨리고 있다. 그럼에도 사람들은 언제나 기생의 존재를 자신들의 도덕과 윤리를 드러내는 수단으로 삼아 왔다. 하긴 기생의 존재 이유가 바로 그것 때문일지도 몰랐다.

조선시대에서 막 현대로 들어서려는 식민지시기에 기생이 여전히 존재하고 있듯이 기생에 대한 시각도 여전히 수단과 대상의 위치에서 해석되는 걸 당연시하고 있었다. 기생을 지배하고 있는 계층의 시선으로 기생을 올바르게 바라보는 건 불가능하다. 화중선의 글에 내가 뜨악했던 것도 내가 기생과 다른 계급이었기에, 다른 계층의 시선에 머물러 있기 때문에 갖게 된 편견일지도 몰랐다.

기생에 대해 하나같이 그 비루함에 대해 말하면서도 기생과의 유희를 선망하고 동시에 비난하는 사회는 현재와 과거가 다르지 않았다. 가는 곳 어디나 기생들이 넘쳐나는 조선의 퇴폐적인 분위기는 봉건적인 의식이 아직 사라지지 않은 채로 받아들인 근대적인 제도와 물질적인 산물들에 둘러싸인 상황 속에서 나타나는 부패의 징후로 보였다. 기생은 분명 사회적으로 소외된 계급이었으며 그 대부분 생존을 위해 선택할 수밖에 없던 직업이었지만 그들을 돈으로 살 수 있던 계급과 동일한 범주에서 비난되어야 했다. 기생의 증가가 사회적인 퇴폐의 증거로 보일 때 기생은 곧 사회적 타락의 주범이 되었다. 기생을 바라보는 시선이 하나같이 이중적이었던 까닭이 여기 있다. 기생 풍조에 대한 날 선 비판을 내리는 그 자리에서 다시 기생에게 품위를 요구하는 모순은, 식민을 정당화했던 제국의 사회진화론이 그랬던 것처럼, 봉건에서 현대로 이행하는 조선사회의 가장 혼란된 의식을 보여 주고 있었다. 화중선이 사회적 지배계급에 적대적인 시선을 던지며 발악했던 이유가 바로 여기 있었던 것이다.

문제는 기생이 아니라 기생을 바라보는 시선이었던 것이다. 배운 자나 못 배운 자나 주색에 빠진 자든 아니든 자본주의자를 자처하는 장사꾼이나, 사회주의자입네 하는 사상꾼들도 모두 마찬가지로 기생에 대해서만은 피상적인 부정의 시각에 머물고 있었다. 이 글도 마찬가지. 기생은 '관리의 부패와 부호의 타락'이 점차 기세를 떨쳐 가는 동안 '사교상社交上 필요한 자'로 오늘에 이르렀다고 말하는 대목에서 알 수 있다. 사회적인 부패가 기생의 필요를 낳았다는 시각은 정반대로 기생의 번창이 사회적 부패를 낳는다는 시각으로 수시로 뒤바뀌지 않았던가? 그리고 그 뒤에 '그건 모순이야. 하지만 그런 모순이 없는 사회가 어디 있을까?'라고 생각하는 것. 어째 오늘날 어디서나 들을 수 있는, 이 사회에 대한 상투적 반응과 비슷하지 않은가?

두 번째 이야기는 기생의 종류이다. 기생을 물건처럼 종류로 말하는 게 어색하지만 기생의 구별쯤이다. 조선시대 기생은 일패一牌, 이패二牌, 삼패三牌로 구별되었다. 패牌는 별다른 의미가 있는 게 아니라 그저 단순히 관청의 서류에 기재된 순서를 말한다. 일, 이패는 기생이오 삼패는 준기생準妓生이라 했는데 준기생이란 기생이라고 말할 수 없지만 기생일 수밖에 없는, 즉 매음을 공식적으로 인정한 기생을 말한다.

조선시대 기생이라 하면 으레 관기를 의미했다. 조선 성종 때 기생의 폐해로 인해 예연禮宴에 여악女樂을 금하고 기생을 내의원內醫院, 혜민서惠民署의 여의女醫(소위 약방기생을 말한다) 또는 상의원尙衣院의 침선비針線婢(바느질하는 노비로 침방針房 기생을 말한다)로 채용했다. 이들은 따로 교방에 이름을 올린 기생과 함께 궁중연악에서 가무와 주안으로 시중들었다. 그중에서 총애를 받은 기생에게는 관작官爵을 주었으니 이들을 옥당기생玉堂妓生이라고 하였다. 말하자면 기생의 계층 상승은 궁녀들의 경우처럼 왕이나 고관들과의 성적인 관계를 통해서 이루어졌다고 할 수 있다. 권력이 성을 매개로 여성의 지위와 계급을 결정하는 사회가 바로 봉건의 남성 중심 사회였으며 그것은 이즈음 고관대작들이 기생을 들이는 첩실행각으로 이어지고 있었던 것이다.

지방의 기생은 지방관청에 전속되었다. 관청의 연회에 불려나가 가무로 접대하는 것은 물론, "외관外官이 독신으로 부임하면 그 고적한 기수羈愁(객지에서 느끼는 쓸쓸함)를 위慰하고 또 중앙정부로부터 순시하는 관리를 접대하고 위안하기 위하여 생긴 제도"라고 하였다. 지방에 홀로 부임한 관리를 위안하거나 중앙에서 지방으로 순시를 나간 관리를 성적으로 접대하는 제도이다. 바로 기생은 관기를 말하고 관기는 가무와 술시중을 위한 일과 관리를 '접대하고 위안'하는 성적인 응대를 하는 공식적인 일을 맡고 있는 노예계급이었다.

얼마 전 김과 축첩에 관해 설왕설래하면서 "지방 관리로 가는 자는 백성을 다스리러 가는 것이 아니라 첩을 구하러 간다는 말도 있지 않은가"라고 했던 말이 떠올랐다. 그러면서 김이 상투적인 결론으로 "개명천지 세상에 가장 먼저 척결해야 할 반봉건적인 악습"이라고 말했지만 천지가 개명되었는지는 몰라도 객지의 외로움을 달래 주는 노예가 제도적으로 있었던 사회를 거쳐 온 사람들의 몸에 밴 관습이야 버릴 수는 없었을 것이다.

　오늘날까지 기생에 대한 수많은 오해의 기준이 되는 게 바로 일패와 이패, 삼패의 구분이다. 왕이나 사대부 등 고위관료를 위해 연악에 불려 갔던 기생들과 지방의 관속을 접대하던 관기들이 일패다. 삼패는 논다니, 은군자, 매음녀, 화랑녀(화냥년)로 불렸던 창기娼妓를 일컫는다. 그러나 삼패의 구분은 모두 계급적인 차이에서 오는 것이 아니다. 일패든 이패든 삼패든 모두 사치 노예들이며 양인이 될 수 없는 8천八賤[96]이다.

　따지고 보면 기생의 등급은 수요자의 계급에 대응하는 구분일 수밖에 없다. 일패 기생이 미색이 뛰어나고 예의범절에 밝으며 가무와 시서화에 능하다는 것은 그들이 접대하는 계층의 취향과 기호에 부응하기 위한 자질일 뿐이었다. 엄밀히 말하자면 그들이 지조와 절개를 지켰다, 라고 말하는 것은 있을 수 없는 일이다. 처음부터 관기의 역할은 가무와 술시중을 위한 일과 '접대하고 위안'하는 일이다. 지조와 절개는 그 직분을 거부하는 일이기 때문이다. 생각해 보면 얼마나 역겨운 위선인가! 실컷 에로서비스를 직분으로 정해 놓고 기생의 절개를 찬양하다니!

　역사 속에 등장하는 고결하고 품위 있는 기생들의 존재는 바로 기생을 향유하는 계층의 문화적 취향과 가치가 가장 천한 사회적 계급에게 강요했던 현상이었을 뿐이다. 세상의 모든 기생이 황진이처럼 되었다면 기생제도는 존립하지도 않았다. 계급의 이동이 닫힌 사회에서 계층 상승을 위해 열 수 있는 틈은 극히 좁았으며 그 틈 속에 끼어 있던 몇몇 기생들을 모든 기생의 전범으로 만드는 것은 지배문화의 한 단면일 뿐이다. 여기에 기생이라는 사회적 현상에 잠재된 폭력성이 숨겨 있다. 내면은 성적 욕망의 대상화이지만 표면은 문화적 가치로 치장하는 것. 바로 이런 태도가 기생에 대한 이중적 시선을 강요하게 되는 것이다. 기생을 바라보는 옛날의 시각에서도, 그리고 이즈음 기생을 말하는 시각에도 그대로 지속되고 있는 현상이다. 그리고 기생이 사라진 미래에도 영화나 드라마 등을 통해 똑같이 반복될 착각이자 시선의 왜곡이다.

이 글의 세 번째 단락은 '노예업으로부터 자유업으로'이다. 기생의 근대적인 제도의 변화를 짧게 서술하고 있다. 조선시대 궁중이나 지방관청에 소속되었던 기생은 '정조의 유린은 물론 생명의 자유조차 없이' 마치 '짐승에게 먹이를 주는 것'만큼의 대가만 주어졌다고 했다. 그게 실상이었을 것이다. 궁중에서 연회가 베풀어질 때면 모자란 기생을 지방에서 선출해 서울로 올려보내도록 했다. 서울로 올라갈 기생이라면 재주가 능하고 얼굴이 반반한 기생이었을 것이다. 그러나 선출된 기생에게 관가에서는 여비조차 내어주지 않았다. 알아서 가라는 것이다. 자비로 참가할 수밖에 없었으니 부득이 액례별감掖隸別監[97]에 자신의 몸을 의탁할 수밖에 없었다. 액례별감이란 잡직으로 분류되어 심부름을 하는 최하위 관료를 말한다. 그들이 바로 오입장誤入匠이라고 불렸던 이들이며 나중에 기생의 기둥서방인 기부妓夫로 바로 포주의 기원이 되었다. 기생을 첩으로 삼으려면 기생서방에게 돈을 내고 그 몸을 속량贖良하도록 하였는데 그동안 오입장이 기생을 먹여 살린 비용을 갚는다는 뜻이었다.

이런 기생제도는 갑오경장을 맞아 크게 변화했다. 관기의 숙청이다. 근대적인 제도의 측면에서 보자면 국가기관에서 노예를 두는 것은 가장 먼저 척결해야 할 봉건적인 제도였으니 이런 조치는 당연했다. 이로 인해 궁중과 지방의 기생은 모두 자유의 몸이 되었다. 노예에서 해방되었으니 모두 만세를 불렀을까? 그렇지 않았다. "지식의 정도가 천박하고 경제의 자생력이 없는 당시의 기생들은 수백 년간을 신음하던 노예의 망을 벗고도 신성한 자유의 생활을 못하고 전일보다 더욱 비참한 노예생활을 하게 되었다"고 전한다. 이제 기생의 보호를 맡고 있었던 오입장妓夫은 오갈 데 없는 기생들의 포주가 되었다. 경성에서는 포주의 노예가 되고 지방은 소위 수양아버지와 수양어머니의 노예가 된 것이다. 기생이 벌어들인 수입은 전부 포주의 손에 들어가고 영업의 연한도 없었다. 제도의 희생물이었던 기생은 대부분 자본의 희생물이 되어 성 노동을 강요당하는 처지로 전락했다.

그러나 시대가 바뀌자 기생사회에도 또 다른 변화의 바람이 불었다. "신성한 자유의 바람이 화류계까지 불기 시작하면서 비록 천업을 할지라도 자기의 자유업으로 하려는 사조가 팽대澎大하여" 소위 '무부기無夫妓의 자유업'을 하게 되었다. 즉 기둥서방이 없는 자유 직종으로 전환하게 되었는데 이를 두고 '근래 경성 화류계의 일대 혁명'이라고 했다.

관의 통제와 관리 대상이었던 기생은 소속이 사라지자 새로운 소속을 만들어 낸다. 갑오경장 이후 기생제도는 조합 형태로 바뀌고 있었다. 한성기생조합의 후신인 한성권번과 다동조합의 후신인 대정권번, 그리고 경화권번과 한남권번 그리고 대동권번이 경성에 있던 권번이었다. 기생권번은 성격에 따라 이합집산하는데 처음에 기부가 있는지 없는지에 따라 나누어지고, 예기와 창기를 구분해 나누어지며, 지역에 따라 분리되었다.[98]

이 권번들은 여러 차례 이름이 바뀌고 분리와 통합을 하게 되었는데 아니나 다를까 여기에는 소위 식민 세력가들의 더러운 이권이 개입되었다. 이 복잡하고 추악한 음지의 내막에 친일권력가 송병준이 등장한다. 조합의 내막을 따라가 보자.

한성권번과 한남권번을 제외한 나머지 권번의 내막이 자못 복잡하였으니, 즉 대정권번의 배후에는 설립 초부터 송병준宋秉畯 색작色爵이 있어 자기가 경영하는 대성사大成社(고리대금업)로 그 권번을 감독하여 간접으로 기업妓業을 하다가 그 권번에 감독으로 있던 하규일河奎一이가 송과 의사가 충돌—실은 송파宋派 안순환安淳煥과 충돌—되어 퇴사하게 되니 다년간 하 씨의 노련한 가곡 풍취에 취한 기생들은 일시에 낙망하여 풍전의 낙화와 같이 네 권번으로 이산離散하니 전일에 번화하던 대정권번은 가히 문전에 사람 하나 없는[99] 비운에 이르렀다. 송 씨는 기생들이 떠난 빈 권번을 지키는 게 소용이 없음을 알고 그 권리까지 포기하였다. 이 기회를 타고 야심을 품은 자는 대동권번에 있던 홍병은洪炳殷이었다. 홍은 일본인 장야長野에게 부채가 많아 갚을 길이 없자 주인 없는 대정권번을 장야에게 양도하고 장야는 자본금 5,000원으로 주식회사 대정권번을 조직하니 표면은 비록 회사나 사실은 장야의 단독 영업이었다. 즉 장야가 경영하는 계림사鷄林社의 소관이 되었다. 또 작년 8월경에 설립된 조선권번은 경화권번의 후신이니 하규일이 대정권번을 퇴사한 이후 연고가 있던 기생과 힘을 합해 경화권번을 매수하여 명칭을 변경한 것이다. 이 권번도 이제는 또한 송병준 색작이 매수하였다. 송 씨와 기생권번은 뗄 수 없는 전생의 기연이 있는 것 같다.

시시콜콜 내막이 복잡한 듯하지만 내용은 이익과 권력에 따라 이합집산하는 권번의 속사정이다. 송병준은 누구나 익히 아는 그 송병준이다. 이용구와 함께 〈일진회합방서〉를 쓴 것을 비롯해 한일병합에 앞장섰던 친일역적. 그 공로로 조선총독부 중추원 고문에 이어 대정 9년(1920) 백작 작위를 받았던 그다. 송병준은 사람들이 그렇게 부르듯 색작이라는 작위가 더 어울리는 작자이다. 그는 친일행각 못지않게 지저분한 사생활로 악명이 높았다. 그는 이권사업이면 물불 가리지 않고 뛰어들었는데 알고 보니 기생조합에까지 더러운 손길을 뻗치고 있는 거였다. 풍문으로 들어 익히 알고 있는 사실이었지만 기생사회 역시 식민지의 권력과 이권에 의해 재편되고 있는 게 슬픈 현실이었다.

또 주목해야 할 것은 일인日人의 개입이다. "현재 경성의 네 권번 중 순 조선인이 경영하는 것은 한성, 한남뿐이오 기타는 일본인이거나 준일본인의 경영이다. 그의 세력이 화류계까지 미친 것은 참 주목할 일이다. 이 두 권번은 비록 명색은 기생권번이나 사실은 일본인이 조선여자를 매수해서 영업하는 유곽과 동일한 감이 있다. 이것은 조선인 기생 각자가 각오할 일이다."

경성의 네 권번 중 조선인이 경영하는 것은 한성·한남뿐이고 기타는 일본인이거나 준일본인의 경영하고 있다고 했는데 준일본인이란 일본인과 다를 바 없는 친일 성향의 조선인을 말하는 것이리라. 일인이 경영하는 조합은 유곽과 다를 바 없으니 조선 기생은 각자가 알아서 각오하라고 했다. 그 말이 얄궂다. 뭘 각오하라는 건가. 그게 각오한다고 될 일인가?

일인이 기생조합을 경영하고 있었을 뿐 아니라 기생 역시 일본여인들로 채워졌다. "일인의 예기와 창기가 조선에 들어온 것은 수십여 성상이 되었다. 당초에는 남대문통, 태평통에 5, 6호의 애매옥曖昧屋이 있어서 어요리御料理의 간판을 붙이고 10여 명의 매춘부가 몰래 영업을 하더니 러일전쟁 때 일본인이 격증하자 예창기가 증가되고 색귀 이토伊藤 통감이 집권한 후로 음마淫靡의 풍風이 남촌 전 시가에 일어나서 소위 낮이면 큰길에는 술 취한 사람들로 가득하고 밤이면 창마다 노랫소리가 들리는[100] 성황을 이루니 이토 통감의 시대는 경성 화류계의 전성시대다.

그러나 이후 데라우치寺內 총독이 부임(1910~1916)한 이래 화류계는 침체를 겪었고 불황과 지진의 여파로 내리막을 걸었다.[101] 기생의 조합인 권번을 포함한 유곽 등 매매음제도가 일인의 통치와 밀접한 관련이 있다는 것은 조선 사람이면 누구나 아는 이야기다."

다시 글의 흐름을 좇아 4장과 5장을 보면 4장에서는 경성에 있던 네 권번의 기생에 대한 기록을 비교적 자세히 전하고 있다. 이 글의 말미에 "차此를 견見하면 각 도各道의 인정풍습人情風習을 가찰可察할 수 있다"는 대목이 있다. 각 권번에 속한 기생의 숫자와 그들의 모습과 기예를 살펴보면 전국 지방의 풍습을 알 수 있다 했는데 이 글을 쓴 친구 벌써 권번이란 권번은 모두 들락거리며 취재를 한 듯하니 나 같은 인사는 뒷북이나 칠 수밖에 없을 듯하다.

경성의 권번 중에서는 한성권번이 가장 규모가 컸다. 1927년 한성권번의 기생 수는 150여 명이나 동기까지 합하면 400여 명에 이르렀다. 이 중에서 하룻밤에 일을 받아 가는 기생이 작년(1926)은 100명 내외였는데 금년에는 불과 6, 70명 내외였다고 했다. 기생 수는 재작년보다 작년이 더 많고 작년보다 금년이 더 많았는데 이는 모두 생활이 더 곤란해진 탓이다. 여학교 학생으로서 기생 출원이 많은 것을 보아도 알 수 있었다. 조합의 수입은 화대의 10분의 1을 떼는데 작년도에 약 1만 2,000원가량 되었으니 기생의 시간대의 총수입으로 보면 약 12만 원 정도이다.

경성에 있는 권번의 기생을 합치면 420여 명이고 동기까지 합하면 630여 명에 이른다. 동기童妓란 기생 수업을 받고 있는 어린 기생을 말한다. 기생의 출신을 지방에 따라 세세하게 분류하고 있고 몇몇 뛰어난 기생의 기예와 간단한 품성을 적고 있지만 기생의 지방색은 단지 출신 성분만을 말하는 것이 아니라 취향과 성격 그리고 재주를 가늠하는 주요한 기준이었다.[102] 그것은 기생의 선택 기준을 제시하는 근거이자 고객의 취향에 맞추기 위해 차별화된 분류 기준이기도 했다. 그것은 한참 전에 나온 《조선미인보감》의 내용이기도 했다. 이런 기생에 대한 평은 옛날의 기생과 오늘의 기생을 비교하면서 드디어 결론에 도달한다. "옛날의 기생은 귀족적이나 금일의 기생은 평민적이다. 옛날의 기생은 비록 천업賤業을 할지라도 예의와 염치를 받들더니 금일의 기생은 금전만을 숭배한다. 금전만 주면 예의도 염치도 다 불구한다. 소위 매창불매음賣唱不賣淫(노래는 팔아도 몸은 팔지 않는다는 뜻)이라는 전래의 말은 없어지게 되었다. 순연히 상품화하였다. 비열한 수심가, 난봉가는 잘 할지언정 고상한 시, 시조, 가사는 별로 알지 못하고 장구통 꽹과리채는 잘 만질지언정 거문고·가야금은 줄도 고를 줄 아는 자가 적다. 압록강부시 이소부시[103] 등의 반벙어리 일본 노래는 들을 수 있어도 옛날 성천成川의 부용芙蓉,[104] 개성의 황진이, 평양의 노화蘆花와 같은 이의 시를 볼 수 없다."

옛날의 품격 있는 기생에 비해 상품화되어 매음을 일삼고 천박한 노래만을 부르는 품위 없는 오늘날의 기생을 말하고 있는데 아마 경성의 사내 100명에게 물어도 똑같은 평이 나올 것이다. 하지만 기생에 대해 누구나 상투적으로 입에 올리는 이런 말들이 무지와 편견에서 비롯된 말이라는 걸 이제는 알겠다. 이 친구 역시 제가 무슨 말을 했는지도 까맣게 잊어 먹고 엉뚱한 결론을 끌어다 붙이고 있다. 그가 앞서 조선시대의 기생이 결코 자유의 몸이 아니라 노예 상태에서 정조를 유린당하고 짐승 같은 취급을 받았다고 말하지 않았는가? 역사적으로 기생의 지위는 천업에 종사하는 노예였으며 성적인 접대를 공식적으로 해야 하는 지위에 있었다면 옛날의 기생이라고 예의와 염치를 알고 품위를 지켰다는 건 말이 되지 않는다.

기생들이 지리멸렬하게 된 것이 갑오경장 이후 자유업으로 종사하게 되었기 때문인가? 그건 아닐 것이다. 그 스스로도 노예업에서 자유업으로의 전환이 일대 혁명이라면 관료에 예속되었던 기생이 자본에 예속되어 상품화 된 결과가 자연스런 현상일 것이다. 사실 이런 태도는 기생에 대한 역사적인 사실을 근거로 한 비교가 아니라 과거의 이상화 되어 전해 내려오는 몇몇의 기생을 현재의 기생과 대비시키면서 오는 단순한 착각에 빠져 있기 때문이었다. 그의 불만은 계속된다. "강명화康明花, 이화연李花蓮은 연애를 위하야 천대泉臺(저승)의 불귀혼이 되고 강향란姜香蘭, 정금죽丁琴竹은 일시적 호기심으로 단발미인의 칭호를 얻었지만은 국가를 위하고 민족을 위하야 몸을 희생하던 진주의 논개論介와 평양의 계월桂月(속칭 월선月仙)[105] 같은 여장부를 다시 볼 수 없다. 남원의 춘향, 춘천의 계심桂心[106]이 같은 정절도 볼 수 없다."

강명화는 앞에서 말한 이야기의 주인공 그 강명화이다. 이 화연은 정부인 이건호와 살 수 없음을 비관, 자살하려 해 장안의 화제가 되었던 기생이다. 강향란과 정금죽 역시 당시 단발을 함으로써 세간의 주목을 받았던 기생으로 이들은 모두 연애에 관련한 행태로 호사가들의 가십거리였다. 그는 이런 예를 들어 '어찌 기생의 타락이라 말하지 아니할까'라고 한탄하고 있다. 이런 결론은 꿈에 보일 것 같은 기생을 꿈꾸던 사내들이 요리상에 달려 나온 기생이 마음에 차지 않아 끌끌대는 한탄과 한 치도 다를 게 없다.

이로부터 십여 년이 지난 뒤에도 기생에 대한 시각은 변하지 않는다. 아니 이상과 현실 사이의 괴리는 더 심했다. 옛날의 기생과 오늘날의 기생을 비교하면 이런 이야기도 가능했다.

반드시 시 한 줄은 지을 줄 알아야 하고, '가사'는 으레 불러야 하였고, 거문고나 바둑쯤은 반드시 알아야 했던 옛날의 기생들은 '위로 고관대작으로부터 아래로는 낭인浪人과 천한 계급의 사람들'에 이르기까지 한결같이 대하여 왔다. 그들은

'물질에는 아무런 관심을 가지지 않고, 다만 고상하고 순결한 기품'을 기르기에만 힘써 왔다. 옛날 기생이 그럴 수 있었던 까닭은 '서방'이 있었기 때문이다. '만약 돈을 번다 하더라도 그 돈은 자기의 서방의 소유물이 될 뿐이지 자신에게는 아무런 소용이 없었던 것이다. 그러기 때문에 오늘날의 기생들처럼 다만 물질에, 돈에만 얽매여서, 어떻게 하면 그 돈 많은 사나이에게 잘 보여서 돈을 많이 벌어볼까 하는 그런 심사는 터럭 끝만치도 안 가졌었다. 그러기 때문에 옛 기생의 생활이란 참으로 깨끗하고 노-불하였든 것이다.' 더하여 옛날의 기생들은 '한번 기생에 몸을 바치매 궁중 향안에 불리우기를 일생의 소원으로 여기기에, 다만 깨끗한 기생도妓生道의 수양에만 온몸에 정신을 기울였던 것'이다.[107]

이렇게 말하는 이—굳이 밝히자면 극작가이자 소설가이자 영화감독인 윤백남이다—는 도대체 어느 나라의 기생을 보았던 것일까? 정말 역사 이래 단 한 명이라도 이런 기생이 있었던 때가 있었을까? 모든 사람을 똑같이 대하고 돈에 관심도 없이 오직 깨끗하고 우아하게 기생의 도를 수양했던 기생이 과연 있었을까? 왜 기생을 두고 사회는, 아니 사내들은 이런 환상을 그려 내는 것일까?

역사 속 기생은 풍류와 고급화된 문인적 취향의 공간 속에서 존재한다. 그러나 유감스럽게 역사 속에서도 그런 기생은 존재하지 않는다. 역사의 어느 한 구석에서 황진이는 있었지만 황진이 같은 기생은 없었다. 역사적 공간 속에서 만들어 낸 환영이었을 뿐. 현실 속에서 끊임없이 거부되면서 이상화된 환영으로만 존재하는 기생은 과거와 현재의 역사와 현실이 다르지 않다.

기생은 가부장적 사회 혹은 남성 지배권력에 의해 만들어진 백성의 다른 이름이었다. 문화적인 소양으로 치장된 기생조차 여기餘技적인 존재로서의 지위가 바뀐 적은 없었다. 기생은 언제나 유희와 성적인 대상일 뿐이었다. 어느 시대든 기생이 천박하지 않을 수 있는 방법은 없었다. 성노예인 천한 노비가 천박하지 않다면 그게 더 이상한 일 아닌가?

아무리 소양이 높은 기생이라도 성 노비일 수밖에 없다는 사실을 인정하지 않으려는 남성 권력이 기생에 대한 환영을 끊임없이 유포한다. 그들은 실제로 존재하지도 않았던 과거의 환영을 실제로 둔갑시키고 현재의 기생을 그 환영과 대비시키며 현실의 문제를 회피하고 있던 것이다. 예나 지금이나 그들은 단지 자신들의 문화적 취향에 호응할 수 있으며 자신의 말귀를 알아듣는 예쁜 성 노비를 갖고 싶은 것뿐이었다. 해어화解語花는 바로 그런 뜻이다.

화중선이 발악을 하며 써 댔던, 뭇 남자들을 내 신발에 입을 맞추게 하겠다는 분기탱천의 심정이 이해가 되었다. 화중선의 칼끝은 바로 이런 자들을 향해 겨누고 있었던 것이다. 세상의 거죽만 보고 거드름을 피우며 뭔가 아는 듯이 그럴듯한 말을 한탄하듯이 던지면 그것으로 제 역할이 끝난 줄 아는 이런 한심한 먹물들이 장안에 그득할 터이다. 그리고 그중 한 사람은, 필경 나일 것이다.

화홍을 만나다

봄비가 부슬부슬 오다가 말다가 하더니 잔뜩 움츠린 나무들이 생동생동 움을 만드는 날이었을 게다. 천변에는 개나리들이 노란 꽃들을 부끄럽게 내밀고 있었다. 종로의 잡지사에 들러 밀린 원고를 겨우 때맞추어 전해 주고 돌아오는 길에 종각을 지나 막 광통교를 건너려던 참이었다. 다리를 건너다 장교長橋 쪽을 바라보았는데 날이 굳어서인지 빨래하는 아낙들은 보이질 않았고 천변으로 간혹 장옷을 입은 여인과 아이들이 지나가는 게 보였다. 우산을 쓴 여인이 관자동 쪽으로 들어오고 있었는데 남색 치마를 입은 것으로 보아 기생 차림이 분명했다. 문득 화중선이 떠올랐다. 분명히 그녀가 대동권번에 적을 올리고 관철동 어디에서인가 영업을 하고 있었다고 말했던 것 같다. 근처일 것이다. 나는 서둘러 다리를 되돌아 건너서 장교 쪽 천변으로 걸음을 재촉했다. 우산 쓴 여인이 화중선이기라도 한 듯 쫓아 가려 했으나 그녀는 어느 골목으로 사라졌는지 보이질 않았다.

관철동이면 바로 근처 어디긴 했지만, 기와집 처마들이 잇대어 있고 담들이 이어진 여염집들만 있을 뿐, 여기서 화중선이 산다는 집을 찾는다는 건 무모한 일이었다. 무모했을 뿐 아니라 내가 공연히 화중선을 만나서 뭘 어쩌자는 것이냐는 생각이 들자 실없는 웃음이 저절로 나왔다. 갑자기 기방을 들락거리는 오입쟁이가 된 기분이었다. 화중선은 어떤 기생일까? 옛날식으로 말하자면 일패인가 이패인가? 관기가 아니니 일패도 아니오, 비밀리에 정조를 파는 은군자도 아니니 이패도 아니다. 아니면 매음을 노골적으로 주장하니 답앙모리搭仰謨利[108] 삼패인가? 권번에 있다 하니 일패쯤으로 인정해 줘야 할까?

화중선이 관철동 어디쯤에 살고 있다면 권번에 적을 두고 혼자 나와 영업을 하고 있음이 틀림없었다. 대동권번이라고 했던가? 기생들은 요릿집으로 불려 가기도 했고 자기 집에서 손님을 받기도 했다. 권번에 속해 있던 기생들도 따로 자신의 거처가 있었다. 여기 말고도 기생들이 사는 동네는 여러 곳이다. 그중에서 다옥정茶屋町, 즉 다방골은 다방골 기생, 다동기생이란 말이 유래한 곳이다. 얼마전까지도 기생촌으로는 오궁골[109]이 유명했다. 다방골에 기생이 많아진 것은 이즈음의 일이다. 서울 안에 기생이 대략 300명이라 했는데 다옥정에만 60명이 있다고 했다.

서린동, 관철동, 무교동, 인사동, 청진동 근방에도 기생들이 모여 살았다. 근처에 권번과 요릿집이 몰려 있는 까닭이었다. 칭상화실稱賞花室로 불리는 곳은 삼패들이 있는 곳이다. 구한말에 서울 각 처에 흩어져 있는 삼패들을 광무 연간[110]에 남부의 시동을 거주 구역으로 정했는데 이들 집을 칭상화실이라 하였다.

아침 늦게까지 자는 잠을 다방골잠이라 한다. 밤늦게까지 웃음을 팔고 노래를 팔고 돌아온 기생이 늦잠을 자는 것은 당연했다. 대개 월세집에 세 들어 살고 있는 그들의 식구들은 단출했다. '하루에 몇 시간을 밤잠도 못 자 가며 놀림감 노릇을 해서 권번과 요릿집에 몇 할을 뜯기고 불과 얼마 안 남은 것을 손에 쥐고 돌아오니 본시 저축이 없다면 그 돈으로 그날그날을 먹어야 하며 그 돈으로 입고 집세와 잡비를 써야' 하는 게 대부분 기생의 처지였다. 어슴푸레한 석양을 바라보며 분첩으로 얼굴을 다스리는 고운 직업이지만 세상에 다시 없는 억척스런 직업이기도 하다. 문간에서 인력거꾼이 자신을 부르는 소리를 그들은 애가 달아 기다릴 것이다.[111]

겉보기와 달리 기생들의 삶이 녹록치 않다는 것은 얼마든지 미루어 짐작할 수 있는 일이었다. 그래서인지 마약소굴에도 기생들이 많다는 소문이었다. 굴혈(아편굴)에는 '낙산 밑에 사는 부호들, 광교 옆에 있는 큰 상점주도 왕래하며 먹재 넘어 실업

가, 청진동의 일본유학생, 한성권번의 명기도 출입하고 그중에
도 제 딸을 팔고 제 살을 팔아 가며 침질을 하고 연기를 마시는
기생아범, 기생년이 더욱 많다'[112]고 했던가.

골목에 들어서자 요릿집에 불려 나갈 기생을 태우려는지
빈 인력거 하나가 좁은 틈으로 뒤뚱거리며 지나갔다. 기생들에
대한 이 사회의 시선은 언제나 곱지 않았지만 인력거를 타고 호
기롭게 불려가는 기생들을 바라볼 때 시샘과 선망어린 시선들
은 감출 길이 없었다. 인력거뿐인가. 현대 기계문명의 위세를 한
껏 뽐내던 택시. 유유자적하는 부호들과 함께 택시를 타고 드라
이브를 가는 기생에 대한 선망이야 더 말할 필요도 없었다. 그런
택시들은 대개 요릿집이 아니라 교외 한적한 곳으로 향했다. 이
들이 자주 가는 곳 중의 하나가 한강 백사장이다. 한강에서는 그
옛날의 풍류객들이 그랬던 것처럼 기생을 데리고 뱃놀이 하는
모습을 흔히 볼 수 있었다.

한강에 인도교가 개통(1917)된 후 그곳으로 놀러가는 사람
들이 부쩍 늘었다. 자동차 드라이브 장소로 가장 선호했던 곳도
그곳이었다. 황금정에 있던 자동차부에서 미제 커닝햄이나 캐
딜락을 빌려 기생을 불러 태우는 부호들만 한강에 갈 수 있는 건
아니다. 저녁을 먹고 난 서울의 보통사람들도 신용산행 기차를
타고 한강철교로 향한다. 전차 안은 '서울의 대중들'로 미어터진

다. 그들은 대개 '인도 철교로 왔다갔다 하면서 강 위에서 들려오는 풍류랑들의 기악妓樂 부스러기를 얻어 듣거나, 일도 없이 한 시간에 7원 씩이나 주는 미까도 자동차에 기생을 싣고 호기롭게 달려오는 무리를 선망'[113] 어린 시선으로 바라보았다. 사람들은 '자동차에 기생을 태우고 청량리나 한강철교 같은 데를 돌아다니다가 청목당 혹은 조선호텔에 들어가서 전풍선(선풍기) 앞에 편히 앉아 아이스크림이나 얼음에 재운 맥주를 먹는 피서를 꿈꾸지만'[114] 그건 희망사항일 뿐이었다.

자동차와 기생은 있는 자들이 누릴 수 있는 호사의 정점이었다. 그들이 기생을 태운 자동차를 몰고 명승지나 요릿집을 찾아다니는 꼴은 일반사람들이 눈뜨고 보아 주기 어려웠다. 그래서 '삼방약수니 석왕사니 명사십리 해수욕장이니 하고 경향에 돈푼깨나 있는 자와 부랑자놈들이 기생, 갈보를 데리고 왔다갔다 하는 꼴에 차도 같이 타기 싫었던'[115] 건 나뿐만이 아니었다. 서울뿐이 아니다. 돈푼이나 가진 자들은 기생을 데리고 불국사 여관에 가서 일본요리를 제 마음대로 먹는단다.[116]

불국사 이야기가 나와서 말이지만 기생을 데리고 자주 가는 곳 중의 하나가 절간 근처였다. 서울 근교라면 '동대문 밖의 청량사淸凉寺, 영도사永道寺, 동소문을 나서서 성북동, 속칭 시구문이라는 광희문을 나가서 왕십리 전차종점 가까이에 있는 안

정사安靜寺라는 이름으로 통하는 청련사靑蓮寺, 그 다음에 좀 멀리 가서는 흥천사興天寺, 거기서 좀 더 가서 약사藥寺, 좀 더 멀리 나가서는 화계사華溪寺' 등지다. 토요일 일요일 같은 날에는 경성의 인사들이 혹은 기생을 싣고 혹은 두셋 친구와 작반하여 수없이 몰려간다. 아마 그중에 가장 대표적인 곳이 청량사일 것이다.[117] 그래서인지 이런 노래를 부르는 '연놈들'이 많았다.

　　가세 가세 봄맞이 가세.

　　청량사로 영도사로 봄맞이 가세.

　　기생 데리고 미주美酒 싣고서 그리로 가세.

　　한 잔 마시고 두 잔 마시고 실컷 딩굴다가

　　월색月色을 떠우고서 자동차 바람에 들어와 보세[118]

　　영춘행락迎春享樂은 어제가 오늘로 이어지고 내일은 또 모레로 이어져 '꽃 지고 잎 자라기까지 거의 날마다' 이어졌다.

　　석왕사 약수터도 유명하였다. 여름이 되면 유원지 풍경은 더 방탕해졌다. 언젠가 석왕사 근처에서 잠깐 살았던 후배가 혀를 끌끌 차며 들려주던 이야기가 있었다.

　　조선의 명물이라 하지만 실상 이곳은 소비장이오, 유흥장이

오, 탕자음부蕩子淫婦의 오락장입니다. 6월 1일에서 8월 10일까지는 약 1,500여 인이나 다녀갔답니다. 이 중에는 여자가 약 1할 5푼이나 되는데 그중에도 기생, 갈보 등 매소부가 거의 전부요 그 다음은 남의 첩 아니면 정말 병녀였습니다. 그리고 남자 중에도 부호와 부랑 건달패는 물론이고 시인이니 문인이니 기자이니 학자이니 화가, 음악가이니 하는 류도 꽤 많이 다녀갔습니다.……기생의 무리가 한 육칠십 명 왔다갔는데 그들은 본색이 그런 것이라 예사로 보아두고 말았습니다. 금년 여름에도 아마 몇 놈 단단히 녹았겠지요?……소위 '모단 껄'이라나요 뭐라나요 하는 단발미인, 양장미인도 몇 분 다녀간 듯합니다. 성명은 모르지만은 그리고 여학생 비슷하면서도 여학생 아닌, 트레머리 한 하이카라 여자가 많이 왔다갔는데 그는 명색이 무언지 지금도 알지 못하고 있습니다.……대개는 부자요 관인官人이오 사원이오 문인이오 시객이오 또는 그에 딸린 기생물들이고 노동자는 하나도 없었습니다.[119]

유흥지에 놀러온 여자들 대부분이 기생이나 갈보였다는 것이다. 그들 중 노동자가 있을 리 없었다. 이들과 함께 온 치들은 부자나 관리 회사의 직원 문인들로 소위 부유층이거나 식자층이었다는 말이다. '학교 선생놈이 직원회를 합네 하고 기생을 끌고 절간에 가는'[120] 일도 허다했으며 학부모들이 공부 못하는 아이들을 입학시키기 위해 시험성적을 조작하면서 '선생님을 모시고 조용한 요릿집에 가서 한잔 대접을 한다든가 또는 절간으로 기생과 한 가지로 모시고 나간다든가'[121] 하는 일이 문제가 되기도 했다.

여기나 저기나 기생이 문제였는데 소위 기생영업을 노골적으로 하는 절간도 있었다. 심산유곡에 있는 절은 아닐 테고 서울 시외의 가까운 승방을 가 보면 '일찍이 끊어 버렸던 인간 애욕을 용감히 도로 찾은' 중들이 있었다. 그들은 "애초에 부처님이 잘못 생각이지 푸로레타리아트의 소원대로 되어지지 않은 세상에서 돈을 모르고야 불도인들 닦고 앉아 있을 수 있는가" 하고 서슴없이 말하는 치들이었다. 그들은 '음식점 영업을 시작하야 장고와 맥주병을 장만해 드리고 자동차 길을 닦아 기생 갈보를 모셔 드리고 이부자리를 장만해 준다'고 했다. 젊은 여승이 달콤한 시를 읊는 시인과 손목을 잡고 나서 파계에서 향락으로 유유히 산보하는 이 시대[122]에 절간이라고 다를 건 없었다. 입으로는 염불을 외우면서 '(여승끼리) 재산문제로 싸움이 나고, 싸워도 속계 여자처럼 머리채를 휘어잡고 싸울 머리가 없으니까 싸움만 나면 재판소로 먼저 뛰어가는 것'도 책망할 수 없는 일이 되고 말았다던가. 어쨌든 '부잣집 아드님의 작은아씨가 되고 젊은 시인과 밤 봇짐을 싼 여승'도 종종 생겨났다[123]고 했다.

수유리에 있는 화계사 계곡도 서울의 풍류객들이 많이 찾던 곳이다. 요리점에서 술을 한잔 걸치고 기생을 끼고 '2차 코스'로 자주 찾는 곳이 화계사였다. 그래서였는지 언젠가는 기생에게 성 밖 출입을 금지하는 조치가 내려지기도 했다. 동대문경찰서에서 각 기생권번에 경고하기를 '기생이 용무 이외에는 성외 출입을 금지하라'고 했다고 하는데 도대체 기생의 용무란 무엇인가? 시간비 받고 노는 것이 용무인데 돈 받고는 성외에 가서 놀지 말라는 말인가?[124]

화중선이 쓴 글을 읽고 나서 김의 권유로 기생학교를 취재한다는 명목으로 그동안 이 잡지 저 잡지를 뒤져 보니 기생들에 관한 이야기가 한둘이 아니었다. 다른 주제의 이야기들도 어느새 슬며시 기생 이야기로 빠지거나 아니면 약방의 감초 격으로 기생을 슬쩍 삽입시키기도 하였다. 목하 조선은 기생을 빼면 아무런 낙이 없는 세상이었다.

그중에서 《별건곤》의 한 기자가 쓴 잠입 르포는 좀 있는 놈들이 기생과 어떻게 놀아나는지를 적어 두었다. 물론 이 글도 기생 이야기로 독자를 호리기 위한 것이겠지만.

기자는 자동차 조수로 가장하고 취재를 했다. 어느 날 한 일행이 호기롭게 택시를 잡아탄다.

"조금 있더니 모시 두루마기에 중절모자를 쓴 한 40여 세 되어 보이는 사람 하나가 그 골목 안에 있는 중국요리점 창서원暢叙園에서 술이 대취하야 비틀거리며 나오더니 덮어 놓고 차 안으로 들어가 앉으며 혀 꼬부라진 소리로 '여보 운전수 화계사까지 얼마요?' 한다.……뒤미처 역시 술이 잔뜩 취한 중절모자에 모시 두루마기 입은 30세 이내의 남자 셋하고 술은 취하지 않았으나 그 사나이들에게 얼마나 시달렸는지 곱게 빗은 머리가 좀 헝클어지고 옷이 꾸깃꾸깃해진 스물이 훨씬 넘어 보이는 기생 아씨 두 분이 나오더니 그중에 회색빛 가을 외투 입은 기생 하나는 가기 싫다고 굳이 앙탈을 하건만 젊은 사내 하나가 억지로 손목을 잡아끌어다 차 속에 태운다.……부리나케 K조수와 같이 라지에타에다 물을 붓고 또 휘발유까지 넣고 나니까 뜻밖에 손님이 많아서 조수 자리까지 손님이 빼앗아 앉은 고로 할 수 없이 따라가지 못하고 그들을 실은 자동차만 운전수에게 이끌려 동소문 밖 화계사를 향하야 달려갔다. 심야의 화계사! 우거진 송림 속에 그윽한 불당을 옆으로 끼고 기생과 술에 마음껏 도취된 그들에게는 그들의 독존적獨存的 환락경歡樂境이 벌어졌으리라.……"125

여지없이 이들도 화계사로 간다. 이들을 따라 택시 조수가 되어 몰래 취재하려던 기자는 결국 심층취재에는 실패하고 말았다. 또 다른 장면은 부유층이 놀러가는 모습이었다.

"우미관 반대편 덕홍서림 앞에 차를 대고 나는 급히 뛰어내려 김 변호사 집으로 차가 왔다고 통지를 하러 가는 길에, 나오는 변호사 일행과 딱 마주쳤다. 일행은 모두가 여섯 사람! 그중에는 꽃같이 어여쁜 기생 아씨도 한 분 섞였으며 그 외에는 다른 변호사 같은 이도 있고 또 김 씨의 친우인 듯싶은데 다섯 분이 죄다 회색 세비로 양복에 금테 안경을 쓴 이도 있고 또 그중에는 엽총을 둘러멘 이도 있다. 이들은 이렇게 가끔가끔 한가한 일요일이면 기생과 엽총을 옆에 끼고 교외로 산보를 가는 것이 상례라 한다."[126]

그 장면이 눈에 선하다. 나도 그럴까? 그들만큼 돈이 있다면 나도 기생을 끼고 엽총을 메고 교외로 산보 가고 그랬을까? 그럴지도 몰랐다. 화홍이 옆에 있다면 그녀가 원한다면 한 번쯤 그러고도 싶었다. 기생 놀이가 부유층이 즐비한 서울만 그랬던 것은 아니다. 사치와 호사의 정도만 달랐을 뿐 한다 하는 사람들의 놀이는 어디나 다 비슷할 터였다.

* * *

기생이라. 한가롭게 기생과의 유희를 떠올릴 처지가 아님을 모르지 않았지만 기생들이 산다는 곳에 들어서자 나도 모르게 이런저런 생각이 머리를 가득 채웠다. 화홍이라면 다시 한번 보고 싶기도 하였다. 어쩌면 화홍에 대한 그리움을 애써 감추고 화중선을 찾고 있는지도 모를 일이었다. 내가 만나고 싶은 이가 화중선인지 화홍인지 분간할 수도 없었지만 그렇다고 딱히 화중선을 만날 이유가 있던 것도 아니었다. 어쨌든 화중선의 당돌한 글귀를 떠올릴 때마다 화홍의 고운 얼굴이 떠올랐고 화홍의 몸냄새가 코끝에 아련할 때는 화중선의 댕댕거리는 말이 귀에 들려왔다.

골목을 어깆거리다 공연히 쓸데없는 발놀림을 한 것 같아 머쓱하여 되돌아 나오려는데 다른 집과 달리 대문 한쪽이 활짝 열린 집이 보였다. 정갈한 안채가 올려다보였고 마당 한가운데는 괴석으로 작은 정원을 만들어 놓아 꽤 운치 있는 집이었다. 부슬비가 다시 흩뿌리기 시작했지만 피할 만큼은 아니었다. 그렇건만 슬쩍 대문간에 등을 진 채로 서서 고개를 돌려 흘금흘금 안채를 기웃거리는데 불쑥 앳된 처자가 얼굴을 내밀었다.

"어떻게 오셨소?"

"아니. 잠시 비를 피하려고 서 있는 중이네."

처녀는 물질을 하다 나왔는지 빨개진 손을 입가에 대고 호호 불며 나를 위 아래로 훑어보는데 잔뜩 경계하는 표정이었다.

그녀가 대문을 닫으려 했다. 나는 서둘러 말을 던졌다.

"그런데, 여기 근처에 화중선이라는 기생이 거하는 집을 아는가?"

처녀는 문을 닫다 말고 고개를 빼고 다시 나를 훑더니, "화중선의 집은 모르겠고 여기는 화홍 언니가 계시지요" 하고는 나를 빤히 바라보았다.

화홍이라고 그랬나? 화홍이라고?

"분명 화홍이란 기생이 사는 집이란 말인가?"

놀라지 않을 수 없었다. 처녀는 대답 대신 다시 문을 열었다. 처녀가 무어라 말하기도 전에 나는 벌써 성큼 안으로 발을 내딛고 있었다.

"지금 안에 있는가?"

대답을 기다릴 것도 없이 안채에서 방문이 비싯 열리더니 여인이 치마를 한 손으로 여미고 나타났는데 정말 화홍이었다.

그날 화홍을 만나게 된 것은 우연이라고도 필연이라고도 할 수 없었다. 내가 찾고 있는 기생이 화중선일 것이었지만 화중선을 찾아보겠다는 생각이 없었던 것도 사실이었다. 아니면 화홍을 마음에 두고 화중선을 생각하며 그곳을 기웃거렸을지도 모를 일이었다. 어찌되었거나 나는 화홍과의 재회를 인연이라고 말하고 싶었고 쑥스럽지만 운명이라는 끈으로 묶고 싶었다.

화홍의 방은 여염집 아낙의 거처와 별반 다를 것이 없었다. 안방이라고 해야 두 칸 크기에 윗방을 터 놓아 조금 길어 보였을 뿐이고 윗목에 반닫이와 농장이 하나 있는 것 말고는 기생의 집이라는 생각이 들지는 않았다. 다른 게 있다면 윗방에 가야금이 하나 놓여 있었는데 도무지 그 자리에서 가야금을 연주하는 모습을 생각하기 어려웠다.

화홍은 나를 보자 역시 놀라는 기색이었다. 내가 그녀의 집에까지 찾아오리라고는 생각지 않았을 게다. 그녀는 한편으로는 분명 반가운 기색을 보였으나 다른 한편으로는 난감한 표정을 지었다. 그도 그럴 것이 어쩌다 기생과 하룻밤 몸을 섞은 정을 잊지 못한 얼빠진 놈팡이가 기생의 처소에까지 물어물어 찾아왔다면 빠져도 단단히 빠진 게 틀림없으리라고 생각하는 것도 무리는 아니었다. 이런 경우에 대개 있는 집 사내라면 가산을 탕진하고도 남을 일이었으며, 일이 잘 되면 첩으로 들어앉히겠다고 한바탕 집안의 분란을 일으킬 것이 뻔했으며, 그도 저도 아니라면 멀쩡하게 하던 일 팽개치고 백수로 전락할 일만 남았을 것이다. 딴은 화중선 식대로 말하자면 향락적 충동의 발사작용에 견디지 못한 사내가 기생의 신발에 입을 맞추고 발바닥을 핥는 지경에 이른 것이니, 자진하여 포로가 하나 잡혀 들어온 셈이었다.

나 역시 화홍이라는 말에 앞뒤 생각도 없이 냉큼 들어와 그

211

녀와 대면하고 앉았으되 당혹스럽지 않을 수는 없었다. 졸지에 기생방에 떡 들어앉아 있자니 이마에서 식은땀이 비질비질 나오기 시작했고 그녀가 나를 어찌 생각할지를 생각하자 어떻게 처신해야 할지 더 난감해졌다. 필경 화홍도 나를 대하기가 조심스러웠는지 어찌할 바를 모르고 멀뚱히 앉아 있다가 채연을 불러 술상을 차리도록 했다. 채연은 아까 그 처녀의 이름이었다.

"여기는 어찌 알고……."

"알지 못하였네. 지나는 길에 문이 열려 있어서……비를 피할까 하고……."

나는 변명이라고 말했지만 내가 들어도 궁색함이 묻어 나왔다.

"……"

"자네 화중선이 아는가? 사실 화중선의 집을 찾으려고 했다가……."

이것도 아니었다. 화홍이 그때 우리들이 하는 이야기를 듣고 화중선을 알기야 했겠지만 화중선을 찾으려다 이 집으로 왔다는 말도 궁색하기는 마찬가지였다. 어찌된 영문인지 갑자기 머리가 멍해지는 게 마땅히 걸고 넘어갈 말이 떠오르질 않았는데 화홍이 빙긋이 웃으며 손을 자신의 무릎에 얹고 자세를 고쳐 앉으며 말했다.

"꽃을 꺾는 데 이유가 필요하겠습니까?"

"아니, 나는 절지를 하러 온 것이 아니네. 그럴 처지도 아니고……."

나는 팔까지 저어 가며 손사래를 쳤으나 그 모습은 내가 보아도 우스운 꼴이었다. 화홍은 알지 못할 옅은 미소를 짓고 앉아서 잠시 내 눈치를 살피는 듯하더니 술상이 들어오자 잔부터 내밀었다.

"우연히 지나가다 마주친 들꽃이건, 작심을 하고 남의 집 담장을 넘었건 꽃이 있으면 꺾고 볼 일이지요. 비 오는 날 지나가는 춘정이 어디 마음대로 오고간답니까?"

그녀는 역시 기생이었다. 빠져 나갈 구멍을 미리 막아 놓고 서서히 그물을 치는 능숙한 어부처럼 그녀의 말은 향기로운 분칠로 어지러웠다. 나는 성급히 술잔을 여러 번 비우고는 얼굴이 불콰해지고 어찔해지는 기분을 느끼며 머릿속을 비워 버리려고 애썼다. 졸지에 하룻밤 춘정을 잊지 못해 하는 덜떨어진 사내가 된 처지에 빠지지 않으려 애썼고, 먹잇감을 앞에 두고 농락하려 드는 기생의 직업적 수완에 빠져들지 않기 위해 안간힘을 썼다. 하지만 이미 그물 속에 든 물고기처럼, 퍼덕거려 본댔자 소용없는 일이었다. 어찌되었건 화홍을 앞에 두고 있으며, 내가 아무리 받아들이려 하지 않는다고 해도 그녀를 보고 싶어 했던 것을 숨길 수는 없는 일이었다.

　화홍은 나의 덜떨어진 심사를 눈치라도 챈 듯 한결 느긋하고 기품 있는 동작을 보였다.

　"물어볼 것이 있네. 그날 자네가 나에게 돌아온 까닭이 무엇이었는가?"

　짐짓 눈에 들어온 그녀의 손가락을, 흰 손에서 가느다랗게 뻗어 나온 매끈한 손가락을 만지고 싶은 충동을 감추며 물었다. 화홍은 대답 대신 상을 옆으로 물리더니 내 앞으로 미끄러지듯 다가왔다.

　"그것이 궁금했던 거였습니까?"

　화홍은 내 눈을 빤히 들여다보며 두 손으로 나의 무릎을 짚었다. 그녀의 콧날이 가까이 다가오자 정신이 혼미해지고 어디선가 더운 바람이 이마에 닿는 느낌이 들었다. 화홍은 그대로 바람처럼 소리 없이 밀려 들어왔다. 붉게 열린 입술은 어느새 내 아랫입술을 물었고 무릎에 올려 있던 손은 천천히 가운데로 미끄러져 들어와 한 곳에서 마주잡았다. 날렵하고 매끄러운 두 손이 숨어 있는 물고기를 찾으려는 듯 부드럽게 움직이기 시작했다. 화홍이 잠시 입술을 떼더니 나의 눈을 바라보았다. 물기에 젖은 그녀의 눈이 반짝였는데 얼핏 눈물이 비친 것도 같았다.

　화홍이 어느새 물 밖으로 솟아오른 물고기를 조심스럽게

움켜쥐고는 고개를 숙여 물고기의 머리를 한 입 크게 베어 물었다. 그녀의 혀와 입술은 어두의 아가미와 주둥이 사이를 부드럽게 넘나들었고, 그녀의 입속에 든 물고기는 비늘이 벗겨진 채 가쁜 숨을 쉬기 시작했다. 그때마다 숨을 불어넣기라도 하는 듯 그녀의 호흡도 거칠어졌다. 정신이 아득해지고 뜨거운 기운이 몸속을 파고들었다. 어느 순간 물고기는 격렬하게 마지막 숨을 토해 냈다.

눈을 떴을 때는 비가 멎었지만 날은 이미 어두워진 뒤였다.

"화중선을 찾으신다고 하셨습니까?"

어느새 화홍은 옷매무새를 가다듬고 그림같이 앉아서 누워 있는 나를 내려다보고 있었다. 일어나 앉았다.

"이 근처 관철동에 있다는 말을 들었네."

"찾으셔서 어쩌시게요?

"그냥 한번 만나보고 싶었을 뿐이네."

"요망한 말을 거침없이 해대는 기생이 어떤 모습인지 궁금해서인가요?"

"그럴지도 모르지."

"그것뿐인가요?"

그때까지도 나는 화홍이 그렇게 집요하게 물어 대는 이유를 알지 못했다. 화홍은 눈빛을 또록또록 반짝이며 파고들었다.

"기생 주제에 너무 지나치다는 말씀인가요?"

조금 전 열락을 나누던 화홍이 아니었다. 얼핏 그녀의 또랑또랑한 말소리에서 화중선의 음색이 묻어 나는 듯했다. 화중선이 혹시 화홍이었던가?

"화중선이 혹시……."

그녀는 말이 없었다. 대답 대신 그녀는 다시 나에게 다가와 입술을 물었다.

"그날 일이 궁금하다고 하셨나요…… 사실은…… 김 선생님이……부르셨습니다…… 하지만……."

나는 화홍을 조용히 물리쳤다. 혹시나 했지만 역시 그랬던 거였다. 화홍이, 몸을 파는 기생이 스스로 나를 찾아올 리는 없었던 거였다. 게다가 생면부지의, 아니 한 번은 보았던가, 나를 마음에 담아 두었을 리가 없었다. 그럴 것이라고 생각했음에도 화홍의 입에서 그 말이 나오자 실망스러웠다. 나는 어이없게도 그녀가 나에게 마음을 두고 있지 않은 걸 원망하고 있었다. 화홍은 기생일 뿐이었다. 갑자기 화홍의 그 요염하고 관능적인 눈매가 천박스럽게 보였으며 그녀의 입에서 비릿한 냄새가 나는 듯도 하였다. 화홍은 나의 냉담한 표정에 약간 놀란 듯 했지만 이내 머리를 만지며 곱게 물러나 앉아 말을 이었다.

"그게 대숩니까? 그렇다고 달라질 것이 있겠습니까? 어차피 마음을 파는 사람과 몸을 파는 사람은 따로 있는 게 아니겠습니까?"

화홍은 알 듯 모를 듯한 말을 이어 가고 있었지만 더 이상 그녀의 말을 듣고 싶지 않았다. 서둘러 화홍의 집을 뛰쳐나오는 것 말고는 나에게 다른 방도가 없었다.

기생이 가득한 세상

세상에 기생이 많은 탓이다. 도대체 어디를 가나 기생들이 가득한데 나라고 거기서 도망칠 재주가 있을까? 나 같은 사람에게까지 기생이 달려들었다면 그게 꼭 내 탓이라고 말할 수는 없지 않은가? 도무지 말도 안 되는 한심한 생각이 자꾸 드는 건 왜인지 모르겠다. 그날은 밤새 가는 비가 그치지 않았고 도무지 잠을 이룰 수 없었다. 자리에 누워 벽을 마주하자 다시 화홍의 모습이 눈에 어른거렸다. 화홍이 정말 나에게 마음을 두고 있었을지도 몰랐다. 그녀와 이야기를 맺지 못하고 뛰쳐나온 게 후회가 되었다. 화홍에게 화대를 마련해 가져다 주어야 할지 아니면 그냥 눙치고 모른 척 지나쳐야 할지도 알 수 없었다. 어쩌다 기생 놀음에 빠져 버린 내 자신의 처지가 한심하게 느껴지는 건 어쩔 수 없었다.

며칠 뒤에 나는 김이 있는 종로의 잡지사 사무실로 갔다.

화홍의 집에서 돌아온 뒤 한동안 자괴감에 빠져 공연히 작은 일에도 화를 내곤 했다. 이 모든 게 전날 화홍을 불러온 김의 탓이려니 했지만 그에게 잘못이 있을 리가 없었다.

그는 필경 나를 경천과 같은 부류로 알고 있는 듯했다. 아닌 게 아니라 품성으로 치자면 호탕한 김보다는 경천이 나에게 더 어울리는 친구이긴 했다. 섬약한 경천과 담대한 김의 사이 그 어디엔가 내가 있었다면, 김은 화홍을 앞세워 짐짓 나를 두고 장난을 벌인 것이 틀림없을 터였다. 김 딴에는 내가 머리 굵도록 기생질 한 번 해 보지 못한 숙맥이라고 생각했을 터였다. 어쨌든 나는 그가 놓은 덫에 단단히 걸려든 셈이었다. 화홍에 대한 생각으로 안절부절 못한 것이 그 증거였다.

물론 나의 일방적인 생각이었을 뿐이지만 화홍에 대한 나의 막연한 배신감은 생각할수록 어이없고 참담한 기분이 들게 했다. 그렇다고 그런 속내를 김에게 내보일 수는 없는 노릇이었다. 그저 만나서 술이나 한잔 해야겠다고, 그러다 술기운을 빌려 속내를 털어 놓고, 그의 속셈을 읽어 낼 수 있다면 다행이겠고, 그도 아니면 그저 쓰린 마음을 어떤 식이든 달래면 그뿐일 거라는 생각이 뒤죽박죽 된 채 그의 사무실 문을 열었다.

김은 "그래 평양에 갈 준비는 되었는가?" 하고 먼저 물었다. 그럴 리 없겠지만 어쩌면 김이 나와 화홍이 다시 만난 걸 알고 있을지 모른다는 생각이 들었다.

"글쎄 아무래도 내키지 않는 걸."

"이 사람 왜 그러나 접때 한 번 해 보자고 해놓고는……."

"나 말고도 얼마든지 있지 않은가? 기생학교에 다녀오라면 사내들이 줄을 설 텐데."

"그야 그렇지. 정 싫으면 안 가도 되지만 나는 꼭 자네가 보았으면 해서."

"그건 무슨 까닭인가?"

김이 정색하며 말했다.

"자네는 내가 화중선의 글을 실은 까닭이 무어라고 생각하나? 요망한 억설을 펼치는 허접한 기생의 글을 실었다고 난리들이지. 그러거나 말거나 나는 앞으로의 기생이 세상을 좌우할 거라고 생각하네. 기생이 무슨 힘이 있을까? 아무런 힘이 없지. 그저 나약한 여인들에 불과하지. 어쩔 수 없이 성의 노예로 내몰린 존재들이 아닌가? 기생이 존재하는 것 자체가 봉건의 악습이며 사회의 폐단이자 모순이지. 그런데 생각해 보게. 이 사회, 식민의 땅에서 살아 있는 목소리를 내는 이들이 누구인가를. 어느 누구도 자신의 목소리를 당당하게 펼치는 자들이 없어. 인텔리? 지식인? 그들은 언제든 현실의 힘을 쫓아다니는 자들에 불과해. 노동자나 농민들? 맑스조차 이 땅에선 혁명을 꿈꿀 수 없을 것이네. 혁명을 한다면 기생들과 해야겠지. 조선에서 기생보다 더 낮은 곳에 있는 사람은 없을 것이네. 그들은 온갖 사회의 모순과 부조리가 펼쳐지는 바로 그 자리에 있지. 그리고 그들의 존재는 바로 이 사회 뭇 사내들의 욕망과 관련이 있네. 희망도 의지도 없이 그저 육체가 시키는 대로 따라가는 더러운 욕망일 뿐이겠지. 하지만 그게 다는 아니네. 세상은 좋건 싫건 그 욕망으로 재편될 것이거든. 그게 자본주의의 핵심이라네. 모던의 사회란 그런 것이지. 그 중심을 차지하는 건 자네와 나 같은 자들이 아니지. 그럴 자격도 없고. 그 자리는 기생과 같은 이들의 몫이 될 걸세. 두고 보게"

그날 김의 사무실에서 돌아온 뒤로 나는 그가 도대체 무슨 말을 했는지 도무지 감을 잡을 수 없었다. 어떻게 기생 따위가 세상의 주인이 된다는 말인가? 화중선의 말 그대로 모든 남성들이 기생에게 무릎을 꿇고 그 아래로 기어들기라도 한다는 말인가? 백 번 접어 주더라도 그의 이야기는 그럴듯하게 꾸며 대는 억설에 불과했다. 하지만 그의 말을 들은 후 기생에 대한 나의 관심이 조금 달라진 건 사실이었다.

* * *

　세상에 기생이 많아진 건 분명했다. 경성은 말할 것도 없고 색향이라는 평양만 그랬던 것도 아니었다. 지방마다 권번이 생기고 기생집과 색주가, 갈보蝎甫집이 즐비하다고들 했다. 작부酌婦란 말도 이즈음 새로 생긴 듯하다. 기생학교를 나온 정식 기생이 아니면서 술과 몸을 파는 여자들을 말함인데 빈민 출신의 처녀들을 술집에 내어 놓고 장사를 했던 모양이다. '약주', '술집'이라고 쓴 간판들이 곳곳에 생겼고 작부란 이름으로 가난한 집의 어린 아이를 한 달에 칠, 팔 원 혹은 십여 원을 주고 고용하고 손님방에 몰아 넣고 매음을 시키며 돈을 버는 작자들이 많았다.[127]

　전에도 기생이라고도 할 수 없는 화랑녀花娘女들이 없었던 것은 아니었다. 그들은 일패니 이패니 삼패니 하는 어디에도 들지 않은 유랑녀들이었다. 곳곳을 떠돌며 몸을 팔았던 여인들이다. 하지만 이제 기생과 화랑녀를 구분할 수도 없었다. '요릿집도 아니오 색주가도 아닌 술집에서 술상 옆에 나와서는 기생 노릇도 하고 골방 속에서는 갈보 노릇도 슬근슬근 하는'[128] 것은 요즈음 기생들에게 더 이상 비밀도 아니었다.

　분명 이즈음 기생이란 말은 권번에 속한 기생뿐 아니라 매음을 했던 모든 여성을 가리키는 말이다. 그러나 어디 요즘뿐이랴. 새삼스러울 것도 없었다. 기생이 생긴 이후, 고려시대건 조선시대건 아니 그 한참 전 선사시대부터 생존과 생계를 위해 몸을 팔아야 했던 그 사정은 언제나 비슷했을 것이다. 지금이라고 다를 건 없었다.

조선 땅을 훑어 기생 있는 곳을 찾아 보면 어디나 그들 천지였다. 그중에서 평양은 누가 뭐래도 색향이었다. 평양을 이야기하면서 기생을 말하지 않을 수는 없었다. 풍류와 예악을 안다는 이는 평양에 가서 기생놀음을 해 보지 않았다면 논다는 축에 끼지도 못했다. 물론 이런 풍류를 즐기는 자는 당연히 가진 자들이다. 평양만 그랬을까?

평양에 못지않게 기생이 많았던 곳이 진주이다. 예로부터 평양기생과 진주기생이란 말이 있었지만 그것이 역사 속의 기록만은 아니다. 실제로 두 지역의 기생은 다른 곳보다 많았다. '파리보다 기생 수효가 셋이 더 많다는 진주를 비롯하야 대구, 창원 등지는 기생의 산지로 유명'했다.[129] 또 진주에 가면 '삼보견일기 三步見一妓'라는 말이 있었다. 세 걸음을 떼면 한 명의 기생을 만날 수 있다는 말이다. 또 이런 말이 돌았다. '딸을 낳으면 천 원을 번 것이고 아들을 낳으면 걱정 주머니가 생겼다'[130]고. 딸을 낳으면 기생을 만들어 돈을 벌 수 있었으며 아들은 기생 며느리를 보자고 할 테니 걱정이 앞선다는 뜻이었다.

진주는 또 '인육장사의 원산지'라는 말도 들어야 했다. 진주의 기생집에 무상출입하는 자들을 '총독부 말뚝'이라고 했는데 '밤낮으로 성 안과 밖 어느 골목 할 것 없이 인육장사를 하는 집에 틀어박혀 있는 이들'[131]을 부르는 말이다. 기생에 빌붙어 사는 기둥서방을 말하는 것이다.

경상도의 다른 지방에는 진주와 달리 색주가가 더 많았다. 권번에 속한 정식 기생들보다 술집에서 접대하는 작부들이 더 많았다는 것이다. "갈보가 많기론 경상도가 제일"이라 했는데 조선의 도처는 말할 것도 없고 "서북 만주, 서백리아西伯利亞(시베리아), 멀리 북해도까지 경상도 출신의 매춘부가 아니면 모두 적막강산寂寞江山이 될 것"[132]이라고도 했다. 경상도 출신의 매춘부가 많았다는 것은 이곳이 다른 지역보다 궁핍이 더 심했다는 의미이다. 이들이 조선뿐 아니라 만주, 시베리아, 북해도까지 진출해 있다면 이미 매춘과 관련한 산업적인 조직, 매춘업자들과 인신매매 등이 개입되어 있었다는 뜻 아닌가.

기생 하면 떠오르는 황진이의 고향 개성. 개성의 화류촌은 일정한 구역이 있으니 서본정西本町 노두골이 곧 그곳이다. 개성권번, 야명권번이란 권번이 있어 개업하는 기생의 수가 백 명을 훨씬 넘었다. 전에는 오륙십 명 내지 칠팔십 명 되던 것이 근래 조선 각지의 불경기 바람에 세월 좋다는 개성을 찾아온 기생이 수십 명이나 되어 매우 풍성풍성한 모양이었다. 개성기생들은 하룻밤 손님을 모시면 일금 십 원이라는 대금을 받는다. 1년 360일을 치면 3,600원이라는 놀랄 만한 돈이 된다. 기생 백여 명 중에 평양 출신이 약 7할을 점하였고 개성 본토인은 3, 40인에 불과하다 했다.[133]

경주 또한 이에 못지않았다. 경주에도 '화류항이 번창하여 2천여 호 남짓한 경주 읍내에 푸른 옷을 입은 유두분면의 기생이 300명이 넘을락말락'했다.[134] 주택 2,000호에 기생 수가 300이면 너무 많지 않은가? 그래서 경주에 사는 젊은이는 향락에 빠져 다른 일을 할 생각조차 하지 않는다고 했던가. 경주를 여행한 박영희[135]는 반월성을 떠나면서 이렇게 말했다.

경주에는 고분의 왕릉이 많고 돌짝이 많고 기생이 많은 것을 보았다. 중산계급의 청년들이 많아서 유학생도 있고 장발객長髮客도 있고 오입쟁이도 있음을 보았다. 생활고를 위한 단결적 운동이 없고 따라서 계급의식은 맹목적 복종이라는 온순한 막에 가려지고 말았다. 잠자는 경주 읍내에는 밤마다 기생들의 구슬픈 비탄만이 떠돌 뿐이니.……[136]

회월懷月다운 말이다. 아무데서나 단결적 운동이니 계급의

식이니 하는 걸 들이대는 걸 보면 말이다. 중산계급이 있어 어느 정도는 먹고 살지만 아무런 목적의식 없이 향락에 빠져 있는 피폐한 지방의 도시에는 기생들만이 버글거리는 것처럼 보였다. 기생집은 따로 구별되었던 것이 아니라 여염집 사이 어느 곳에나 들어서 있었다. 경주에는 보리밭 사이에도 기생집이 들어서 있다면 부산에는 산동네 초가까지 기생집이 있다고 한다.

돌각다리 산비탈에 제비집같이 조그만 초가 촌락에도 곳곳이 기생이 있고, 있어도 또한 미인이 많다. 비가 부슬부슬 내리는 복병산伏兵山에 안개가 끼운 날이라든지 달 밝은 밤에 그 산간모옥山間茅屋에서 어여쁜 미인이 가야금 타는 소리를 들으면 마치 운간선녀雲間仙女나 산중신녀山中神女의 선악仙樂을 듣는 것 같다. 더구나 달 밝은 밤에 부산항에 배를 대고 있다가 영주동으로 불어오는 바람에 가야금 소리를 들으면 마치 중국의 소상강瀟湘江을 항행하다가 상령湘靈[137]의 비파 타는 소리를 듣는 것 같아서 그야말로 '곡종불인견 강상수봉청曲終不人見, 江上數峰靑'[138]의 시를 읊고도 싶다. 경주 구경을 하다가 농촌인 계림의 보리밭 틈에도 기생집이 많이 있는 것을 보고는 누구나 기이하게 생각하는 바이지만은 이 부산 구경을 할 때에 산간모옥에 기생집 많은 것을 보면 또한 기

이한 감을 가지게 되고…….[139]

이 역시 청오青吳[140]다운 글이다. 한시 한두 구절 읊어 대는 게 그의 글투이긴 했지만 기생의 소리가 누구처럼 구슬픈 비탄으로 들리는 게 아니라 산중신녀의 선악으로 들리니 사람은 제 눈에 보이는 것만 볼 뿐이었다.

기생은 마치 지역의 특산물처럼 지방의 성격을 구분하는 요소이기도 했다. 하긴 한참 전 파리박람회[141]가 열렸을 때 조선의 특산물로 기생을 출품하려 했으니 기생은 물건이었다. 인간을 물건 취급하는 풍조는 일본이 서구에서 배워 온 그대로였다. 1903년 오사카에서 열린 제5회 내국권업박람회에서는 서구의 인종전시장과 비슷한 '학술인류관'을 만들어 식민지와 아시아 국가에서 끌려온 원주민들과 함께 조선인 여성 2명을 가두고 구경시키면서 관람료를 받았으며, 1907년 동경권업박람회에서는 조선인 남녀 2명을 조선관(특설관)에서 전시하기도 했다.

북청 물장수, 이천 쌀장사라고 하듯이 각 지방마다 특색을 붙여 부르는 경우에도 평안도 기생, 경상도 창기가 손에 꼽힐 정도였다. 황해도 광주리 장사(소주, 기름, 조개젓 상인이 많았기 때문), 평안도 기생, 강원도 행랑살이, 함경도 물장사, 충청도 양반, 경상도 학자, 전라도 광대, 경기도는 과천의 나무장사, 오강五江 뱃

사공, 광주廣州 산나물 장사, 수원 청직이, 양주 말꾼, 고양 통지게 장사, 여주 이천 쌀장사라 하였는데 시대의 변천으로 이즈음에는 경상도 창기, 전라도 부랑자, 강원도 장작장사, 충청도 땅흥정꾼이라 했다.[142] 경상도는 학자에서 창기로, 전라도는 광대에서 부랑자로, 충청도는 양반에서 땅흥정꾼으로 전락한 게 이즈음 세태였다.

양반의 고을이라 불렸던 충청도 역시 기생들은 늘어 갔다. 공주에도 점점 화류계가 번져 갔다. '요릿집으로는 무슨 관館 무슨 옥屋하는 것이 엉성 드뭇하다'[143]고 했는데, 기생이 있는 요릿집이 다섯 집이오, 색주가 요릿집이 서른여덟 호가 촘촘하게 있어 밤낮으로 새 장구 소리가 도청 뒷산인 봉황산을 들들 울린다고 했다.[144]

기생이 없는 지방이 있긴 했다. 함경북도 출신의 기생이 없다고 했다. '각 도 각 군을 다 다녀 보아도 함북 여자로의 기생이나 색주가 같은 것은 못 보겠더니 함북, 즉 그 지방에 가도 그 토산土産으로의 그런 여자는 없다'[145]고 했다. 그러나 기생이 없는 곳으로 꼽는 곳이 강원도이다. 누군가 "강원도에는 정조가 유명하야 추업부醜業婦가 없소. 강원도 기생이란 하나도 없소"[146]라고 했는데 강원도에 정조가 유명하다는 건 금시초문이었다. 이들 지역 출신의 기생이 드물다는 말이지, 그 지역에 기생이 아예 없었다는 말은 아니다. 조선의 도청 소재지로 경성에서 제일 가까운 곳이 춘천이다. 속담에 등하불명이라고 해서 그런지 얼마전 가 보았던 춘천은 도청 소재지 중 가장 초라한 곳이었다. 하지만 화류계는 잘 '발전'되었다. '공창은 그만두고 기생만도 30여 명이 되어 올 가을 지진 구제震災救濟인가 수해 구제인가 할 때에 춘천기생으로 연주회를 열 정도였다'[147]던가. 없다던 기생이 30여 명이나 되고 이들 말고 공창 또한 따로 있었다는 말이다.

원산도 마찬가지였다. 원산이란 곳은 개벽 이래로 토산이라고 할 기생은 전혀 없었단다. '근년에 와서 기생 아씨깨나 구경하는 것도 평양이 아니면 대구 출신으로 모두 수입품뿐'이었다. 이런 원산에도 권번은 둘이나 있었다. 춘성春城권번과 완신元信권번이다. '그들은 황금국黃金國 경성이나 또는 연연戀戀한 고향 산하에서 낙방필자落傍筆者로 온 것들이 만타. 아씨들이 노여워할지는 모르겠다만 대부분이 쓰레기 판이다.'[148] 원산의 기생들은 대부분 경성이나 타 지방에서 밀려 온 기생들이어서 수준이 낮았던 모양이다.

원산 위의 함흥에도 기생들이 생기기 시작했다. 청오의 애기로는 "갑진년(1904) 이후로 관기가 혁파되면서 함흥의 화류계는 아주 몰락이 되야 가루무전歌樓舞殿이 적막소조寂寞蕭條를 면

229

치 못하더니 근일에는 각지의 기생이 자꾸 모여들어 그 수가 이미 20여 명에 달하야 각색 조합도 생겨서 매우 경기가 좋은 모양"[149]이었다. 데라우치 총독 이후로 화류계가 쇠퇴해 노래가 흘러 나오던 집들이 적막하고 쓸쓸했지만 점차 기생들이 늘어가 함흥에도 스무 명이나 된다고 했다.

원산과 함흥뿐 아니라 저 평안북도 끝 압록강변 국경이자 오지인 강계까지 기생은 있었다. 몇 해 전(1923) 국경 지역에 대한 기행문을 쓴 춘파春坡[150]의 글에 시골 기생을 만나는 대목이 있다.

이 골목 저 골목 다니다가 선도자를 따라 한 집을 찾아 자리를 잡고 앉으니 요릿집 건넌방이다. 속으로 '옳다 요릿집. 강계풍江界風을 좀 보리라. 오, 강계 미인? 그도 좀 볼 수 있을까? 만약 체면이라 하여 아니 보여 주면 어찌하노?' 하고 자문답을 하면서 눈을 굴려 실내 실외를 살펴보니 깨끗하지는 못하나 그다지 더럽지는 않다. 이윽고 미인이 들어온다. 또 들어온다. 또 들어온다. 겹쳐 세 미인이 들어와서 늘어앉는다. '기생? 갈보? 아니 시골 읍처는 기생, 갈보의 구별이 없지. 옳지 그렇지. 대관절 인물들은?' 하고 슬슬 살펴보니 그다지 미인도 아니오 그다지 추물도 아니다. 머리치장 옷치장을 도무지 아니하고 그저 막벌이 여자같이 댕기도 자주댕기, 치마적삼도 무명으로 수수하게 차린 것은 한 특이한 풍이다. 물으니까 기생들이 토요회를 조직하야 일제히 물산운동을 하노라고 그리한다고. 장구성長久性(얼마나 오래 했는지) 여부 또는 자피동自被動(스스로인지 누가 시킨 것인지) 여부는 고사하고 어쨌든 가상한 일이다. 노래는 수심가, 난봉가뿐이오 술은 농주요 안주는 돼지고기 닭고기 잡채 그것이라. 그런데 좀 더러워 보였다.[151]

경성에서 잡지사의 일로 강계까지 내려온 인사를 요릿집에서 대접하는 건 자연스러운 일이다. 어쩌면 내가 평양에 갔다면 그런 대접을 받을지 모를 일이었다.

전국 어디나 기생이 없는 곳이 없었다. 세상의 기생은 어디나 늘어 갔다. 이들 기생을 바라보는 시선들은 하나같이 그 옛날 객지에 나가 외로움을 달래 줄 관기를 찾는 자들의 그것과 다를 바 없었다. 그들을 찾을 때면 운간선녀나 산중신녀로 보였지만 돌아서면 추물이니 갈보니 쓰레기 판이었다.

지방에 화류계가 늘고 기생들이 점점 꼬이는 현상에 대한 비난이 없을 수 없었다. 물론 비난의 칼끝은 언제나 기생에게로 향한다.

"야, 이 썩은 간나들아. 무엇을 먹자고 자꾸 오느냐. 함흥의 청년들아, 주머니를 단단히 졸라라. 너의 어머니는 맨발로 소를 끌고 이 장 저 장 다니면서 10전, 5전에 싸움을 하고 너의 아버지는 새우젓을 먹으면 밥이 쉬 내린다고 항문에다가 붙이고 경성 출입을 한다고 소문이 났다."[152] 이런 비난을 한 인물은 기생을 운간선녀라고 말했던 바로 그다.

기생은 생존을 위해 막다른 곳에 몰린 여자들의 다른 이름이었지만 이들을 향한 차가운 시선은 다시 그들을 밑바닥으로 내몰았다. 기생과의 유희는 하나의 사회적 현상이었고 이에 대한 곱지 않은 시각은 새로운 문화적 풍조에 대한 회의와 뒤범벅이 되어 나타난다. 특히 학생과 청년들의 기생과의 유희는 더 비난의 대상이었고 지방 곳곳에서 이런 한탄하는 소리가 들렸다.

모던? 모던!! 세상이 하도 모던 모던하니까 우리 가치 초토草土에 파묻혀 있는 시골뜨기야 알 바가 아니지만 서울 같은 도회지에서야 아마도 모던 구락부쯤은 생겼겠지요? 그런데 이곳에서는 요사이 소위 뿌르조아라나 하는 청년들이 모여서 배는 부르고 할 일은 없으니까 기생방 하나를 빌려 가지고 밤낮없이 뚱땅땅땅 하고 그야말로 풍류 속에서 세월을 보내는데 이름까지 아주 풍류계風流契라고 짓고 미구에 간판까

지도 내세울 형세란다. 이것이야말로 서울서도 없는 퇴폐적 못된 구락부의 수위首位겠지!¹⁵³

경주 이야기다. 개성에서도 방학 중에 귀국한 유학생들은 아예 기생집을 전세 냈다고까지 했다. 그들이 방학 동안에 밤마다 '요릿집과 기생을 전매하여 할인권까지 가지고 다니니까 일반 사람은 요릿집이나 기생집을 갈 수도 없을 지경'¹⁵⁴이었다. 이 학생들이야말로 '개성 고등부랑자회의 예비회원들'일 것이다.

현대적인 생활양식의 변화가 주는 긍정적인 시선을 거두면 그 이면에는 어김없이 이런 부정적인 현상들을 볼 수밖에 없었다.

'자동차를 타는 사람은 무슨 일이 바빠서 타는 것이 아니라 대개는 부랑청년들이 기생 갈보를 싣고 행락하기 위하야 타고, 조선호텔이나 명월관, 식도원 같은 요릿집에 가는 것은 무슨 일을 논의하러 가는 것이 아니라 기생과 유흥하기 위하야 가고, 머리를 깎고 양복을 입는 것은 일을 하는 데 편리를 위하야 하는 것이 아니라 그 가증스럽고 비열한 모양을 내기 위하야 하는 것'¹⁵⁵이라는 한탄과 냉소 속에는 또 여지없이 기생이 끼어 있었다. 졸업생이 선생들을 초대해 벌이는 사은회에서도 술과 노래는 물론 기생까지 부르는 예가 비일비재였다.[156] 기생은 정말 이 사회의 악의 뿌리인가?

관료들의 부패에 대해 말할 때도 그랬다. 기생과 관련된 도덕적 타락은 신문과 잡지에 등장하는 가장 빈번한 가십거리였다. 때로는 시대와 사회에 대한 통렬한 비판적 시각으로, 때로는 한탄과 냉소의 시각으로 다루어진다. 해주 도청의 월급날 풍경은 이러했다. 월급날이 되면 '도청 정문에 빽빽하게 각처 수원收員(돈 받으러 온 사람)들이 모여드는데 대개는 술집, 요릿집, 기생집 친구들'로 '자신의 몸을 팔아 번 돈을 매육장賣肉場에 소비하는 것'[157]을 뭐라 할 수 없지만 그 풍경이 좋아 보일 리는 없었다.

경상남도 남해에서는 새로 고등학교를 지으면서 백일장을 열었는데 시상식이 끝나고 남해군수 등이 통영권번의 기생을 불러 놀다가 학부모들로부터 발각되어 비난을 사기도 했다.[158]

관료들이 기생을 데리고 공적인 행사에 참석하는 일이 어제오늘이 아니었다. 이런 일이 있었다.

강원 도청에서는 적지 아니한 경비를 허비하여 가며, 동경진재東京震災[159] 활동사진을 철원읍에 가져다가 무료로 관람을 시켰다. 참 고마운 일이었다. 우리 조선 사람으로 일본 동경

234

을 구경하려면 적어도 7, 80원이라는 금전을 허비하여야 할 터인데, 앉아서 동경을 구경케 하였으니 오죽 고마운가. 그런데 도청에서 사진을 가지고 출장하신 도청 양반 김○○는, 색주가인지 기생인지 하는 것이 두 사람이나 있어서 하나는 넹고투(코트?)를 들고, 또 하나는 모자를 들고 서 있게 하였다. 도청 양반은 그런 비참한 사진을 가지고 출장을 하면서도, 기생을 둘씩이나 뒤에 데리고 다니는 법인가. 그것이 오늘 소위 총독부 치하의 관료식인가. 불쌍한 촌 농민에게 동정금을 내라고 하지 말고 그 기생에게 주는 돈을 동정금으로 동경에 좀 보냈으면 어떨까.[160]

관동대지진이 일어나자 관료들이 지진 피해 영상을 들고 각지로 돌아다니며 상영을 하고 이른바 의연금을 받았던 모양인데 그런 자리에도 기생을 데리고 나타났다는 것 아닌가?

이제 기생에 대해 말하는 것도 그만 지겨워지기 시작했다. 귀를 열고 들어 보니 세상 어디에나 기생에 대한 이야기뿐인 것 같았고 눈을 들어 바라보면 어디나 기생으로 가득한 듯했다.

모던의 사회

모던의 도시 . 모세와 경천 . 에로그로의 사회 . 카페의 밤

모던의 도시

내가 지리멸렬한 시간을 보내고 있을 동안 세상은 빠르게 변하고 있었다. 아니 변한 건 없었다. 세상을 뒤집을 만큼 놀랄 만한 사건도 없었고 사람들이 갑자기 대오각성을 해 새로운 세상이 열린 것도 아니고 하늘에서 돈벼락이 쏟아져 모두 신천지를 맞이한 것도 아니련만 봄논에 개구리 울 듯 갑작스럽게 약속이나 한 듯이 모두가 모던을 말하기 시작했다.

모던은 어디에나 등장했다. '모던 껄, 모던 뽀-이, 모던 대신大臣, 모던 왕자, 모던 철학, 모던 과학, 모던 종교, 모던 예술, 모던 자살, 모던 극장, 모던 스타일, 모던 순사, 모던 도적놈, 모던 잡지, 모던 연애, 모던 건축, 모던 상점, 모던 기생……. 모던은 도깨비와도 같고 수수께끼와도 같은'[161] 것이었다.

모던의 시대가 되었는지 아닌지는 알 수 없었지만 모두가 모던을 구가하는 듯했다. 모던은 몰라도 모던이란 말의 유행은 하나의 사회적 현상임에 틀림없었다. 모던이 뭔가? 첨단적인 도시문화를 말하는 것일 터인데 갑자기 서울이 현대화가 된 것도 아니었다. 모던은 일본보다 더 멀리 유럽이나 특히 미국에서 건너온 새로운 문화양식임에 틀림없었다. 새로운 풍조라면 무엇이건 남보다 앞서 말하기 좋아하는 치들은 모던을 '극도로 발전이 된 자본주의. 미국을 중심으로 한 산업의 합리화를 통해 이루어진 자본의 인터내셔널리즘'에서 비롯된 사조라고 말했다. 자본주의가 발견한 새로운 미의식이자, '상업자, 금리생활자, 소부르주아, 샐러리맨'을 대표하는 소비계급의 문화적 생활양식이라는 것이다.

말하자면 모더니즘은 부르주아 계급의 부산물이었다. 이제까지 그들이 누리던 예술로는 더 이상 신경을 자극할 수 없기에 훨씬 날카로운 무엇이 필요했다던가. 이를테면 이런 것이다. '죽음의 긴장이 아슬아슬한 자동차 드라이브, 사람의 신경을 토막토막 끊어 놓으려는 참담한 공장의 사이렌, 우주라도 집어삼키려는 거대한 기계의 율동' 그리고 '다이나믹하면서도 미묘한 조화, 낙관주의의 명랑한 생활의 창조, 리듬과 템포, 미래파·표현파를 밟고 넘어가서 새로운 양식의 구성' 등등 그런 것들.[162]

모던을 구가하는 서구사회가 그렇다는 말이다. 우리 이야기가 아니다. 누구나 모던을 말한다고 갑자기 모던 사회가 되는 것은 아니지 않은가. 그럼에도 불구하고 모던은 유행이 되다시피 했고 모두들 그 겉모습을 주워섬기기에 바빴다. 모던에 대해 한 마디라도 하지 않으면 시대에 뒤떨어진 인사 취급을 받았다. 모던에 대해 몇 편의 글을 쓴 나 역시 모던에 대해 모르기는 마찬가지였다. 단지 일본에서 나온 잡지를 뒤적이며 대강 감을 잡을 따름이었다.

모던과 함께 한참 전부터 유행하던 '에로 그로'는 여전히 도시의 정조를 물들이고 있었다. 에로틱하고 그로테스크한 모던의 유행인 셈이었다. '에로', '그로', '넌센스', '스마-트', '시-크', '스피-드', '첨단'[163]이 모던의 본질이라고 했다. 모던 보이는 '시크'해야 되고 모던 걸은 '위트'가 있어야 한다. 그것이 이 시대 '첨단인'이 마땅히 가져야 할 현대성이었다. 스마트한 것을 자랑하는 모던은 비록 나팔바지는 못 입었을 망정 또는 단발 양장은 못 했을 망정 신감각파적 '에로 그로'를 이해치 못해서야 될 일이 아니었다. '말쑥한 의속, 얼빠진 듯한 특유한 퇴폐적 표정'으로 대표되는 모보(모던 보이), 모가(모던 걸)들은 '아무 야심도 의지도 없이 찰나 찰나의 관능의 쾌락의 감미를 추구하는' 향락주의적인 계급[164]으로 등장했다.

모던이 어떻게 '에로 그로'와 접목될 수 있는지, 모던과 '에로 그로'를 싸잡아 비판하거나 비슷한 현상으로 바라보는 걸 나는 도무지 이해할 수는 없었지만 모두들 모던은 '에로 그로'와 붙어 다니는 유행 현상쯤으로 받아들였다. 찰나의 쾌락, 성적 관능이 표출되는 도시문화의 현상이 모던이었다.

모던은 도시의 산물임에 틀림없었다. 쇼윈도에서 나온 유행은 여인의 치마폭에 싸여 흘러 다니고 백화점에 쌓여 있는 물건들은 사람들을 유혹하고 거리의 가게들은 지나는 사람을 불러 세운다. 사람들은 누구나 할 것 없이 바쁘게 움직이지만 그 이유는 한 가지다. 돈이다. 화폐가 흘러가는 대로 사람들이 모이고 흩어진다. 도시는 바로 화폐의 집결소이다. 레코드 가게에서 흘러나오는 유행가요, 웨이트리스들의 서비스를 기대하는 카페, 기생을 싣고 요리점으로 달려 가는 인력거. 가는 길이 다르고 하는 일도 다르지만 모두 화폐를 얻기 위해 움직인다. 사람들의 만족과 행복은 모두 자본주의적 메커니즘과 연결되어 있다. 도시는 그 장소를 제공하는 곳이다. 도시생활은 새로운 감수성으로 무장되어 있지만 그것은 일시적이며 퇴행적인 순간의 감각으로 이어진다. 여기에 반응하는 극도로 예민해진 신경증적인 태도는 도시의 경험이 낳은 사생아가 아니라 도시생활의 맞춰진 적자이다.

* * *

　‘에로 그로’가 유행하기 전부터 성에 대한 관심은 이미 폭발적이었다. 어쩌면 모던은 자유연애와 함께 시작되었을지도 모르겠다. 이런 풍조가 갑자기 등장했을 리는 없었다. 잡지나 신문 같은 언론이 몇 푼의 장사를 위해 과장하고 증폭시킨 부분이 더 많았다. 잡지들마다 연애론이니 정조론이니 성교육이니 하는 그럴 듯한 주제들을 내세웠지만 실상 자극적인 제목으로 독자를 엮으려는 수법이었다. 자극의 강도는 점점 심해지고 표현은 점점 노골화되어 이제는 대놓고 ‘에로 그로’를 내세우기에 혈안이 된 것이다. 그것은 문학에서도 별반 다르지 않았다. “일반 민중이 도덕적 이상이 퇴폐해서 인생의 의무라든가 사업이라든가 하는 높은 희구를 버리고 오직 성욕과 호기심만 따르게 되니 에로란 성욕적 흥미를 만족시키는 관념군觀念群이요 그로란 호기벽好奇癖을 만족시킬 만한 관념군이다. 나체의 젊은 여자, 접문接吻, 생식기고괴生殖器古怪, 병적인 것 등등.[165]”

　　이렇게 점잖게 말한다고 ‘에로 그로’를 피해 갈 수 있는 건 아니었다. 문학에 대한 이런 비판은 춘원이 말하듯이 “일본과 같은 부의 집적과 문화의 난숙은 없으면서 오직 그 결과인 퇴폐적 사조만은 일본에 합류하려는 것에서 온” 현상일 수도 있고,

"향락주의자가 될 부와 교양과 환경의 문화가 부족하나 일본문학을 통해서 얻은 향락주의의 관념만 흡수한 것"이라는 결론으로 이어질 수도 있다. 모던이든 '에로 그로'든 조선에서 느닷없이 나타날 수는 없었다. 무엇이든 내지에서 시작되면 조선에서는 그 그림자들이 춤을 추었다. 그게 식민지의 사회적 특징이었다. 모던이 그렇듯이, 문화를 생성할 수 있는 힘을 상실한 사회에서 새로운 문화는 언제나 새로 유입되어야 할 무엇이었다. 그것을 재빨리 먼저 체득한 지식인들은 언제나 뒤따라오는 사람들을 향해 혀를 끌끌 차며 한마디 던지는 걸 업으로 삼는 사람들이었다. 어쩌면 이 사회의 문화 현상을 말하면서 항상 '본질이 아닌 껍데기만 받아들인 문화'라는 상투적 비판이 시작된 게 이즈음이 아닐까 싶다.

모던이 향락주의에 물든 일부 몰지각한 젊은이들의 풍속이라는 시선을 앞세우면 모던은 당연히 비난의 대상이 된다. 이상한 건 스스로 모던을 바라보고 모던을 따르면서도 모던의 현상을 향락주의로 몰고 가려는 지식인들의 경향이었다. 모던을 말하는 사람들은 하나같이 모던에 대해 비판적이었지만 그 비판의 칼끝이 먼저 자신을 향하고 있어야 하는 것 아닌가? "카페, 극장, 주점의 화류花柳의 우거진 그 속에서 그들의 정체를 발견'할 수 있지만 '또 어느 때는 내게도 발견된다"[166]고 말한 박영희가 그나마 솔직한 편이었다.

1920년대 말부터 모던 보이와 모던 걸이 유행했지만 이들을 바라보는 시각에는 단연 모던 걸에 집중되어 있었다. 모던 보이는 우리가 짐작할 만한 인물들이다. 맵시를 뽐내며 건들거리는 학생, 핸섬한 시인이나 예술가, 젊고 스마트한 영화감독 등등. 모던 보이와 모던 걸은 한꺼번에 말해지지만 자세히 들여다보면 그들의 계급은 달랐다. 모던 보이가 아무래도 지식인 계급에 속한 부류라면 모던 걸이라고 불리는 이들은 분명 인텔리 계급의 신여성과는 거리가 있었다. 아니면 그들을 바라보는 시각이 달랐을까?

누구에게 모던 걸은 '해방된 현대적 색시'였으며, 누구에게는 '고혹적인 색깔의 옷에 실크 스타킹을 신고 예술가 모양으로 커트를 한 여인'[167] 이었다. 해방된 현대적 색시들은 도대체 누구인가? 그들은 "양장과 부평초 같은 아주 무정견한 것과 사람 흥분시킬 미美를 갖고 있을 뿐이다. 그들은 왈 XX주의자이고 왈 XX애호가이고 엄청나게 긴 정강이 소유자이고, 교묘한 말 뽄새를 내고 초코렛트를 씹고 두 볼에 곤지 찍고 두서너 잔 술에는 얼골이 얼는 붉어지지 아니하고, 문학이나 그림을 경멸히 보고, 더구나 시詩쯤은 똥오줌 대접인 이들"이다. 이쯤 되면 모던 걸에 된통 당한 사내의 푸념쯤으로 들리지 않는가?

뒷말은 더 참혹하다. "언뜻 보면 영리한 듯하나 때때로 멍텅이 짓을 하는 때의 군색한 꼴이란 참아 볼 수가 업다. 식욕이 왕성하고 따라서 배설물도 또 많다. 독신생활은 곧 주창하면서 뒤로는 사나이를 곧잘 사귀고 임신 조절이니 산아제한이니 꾕장히 떠들지만 결혼하자마자 배가 뚱뚱해 가지고 다니게 된다. 정말 그들은 '모순'으로 틀어 채운 고무주머니다."[168] 이들이 바로 '화사하고 요염한 계집, 딴스장에 나가는 여배우 비슷한 계집에게서 받는 듯한 느낌'을 주는 '모던 껄'이자 '불량소녀'[169]들이다.

모던 보이든 모던 걸이든 이들에 대한 자포자기 식의 비난도 있었다. 특히 성 정체성의 혼란으로 비춰지는 그들의 외양에 대한 반응은 신경질적이었다. "다 덮어 치우고 그저 남성같이 되어라. 그래야 신여성이다. 모던 껄이다!……다 덮어 치우고 그저 여성 같은 인물이 되어라. 그래야 신진 청년이다. 모던 뽀-이가 된다!"[170]

모던은 대부분 의식이 있는 식자들에게는 문화적 세례를 받은 바바리즘일 뿐으로 보였다. 이른바 '만풍蠻風의 미의식'. 모던이 오히려 야만으로 보인 것이다. 그리하여 모던의 향락자들은 대체로 '신경병자이며 변태성욕자인 문명병자'들이었으며 지나치게 말하면 그들은 대부분이 '게으름뱅이이요, 낭비성이 많으며 무기력하고. 허식적이요 무목적이며 소비 일면적'[171]인 인

간들이었다. 따라서 모던의 풍조로 보이는 모든 것이 비난의 대
상이 되었다.

댄스에 대한 시각도 여기에서 벗어나지 않는다. '엉덩이를
들먹거리는 놀음의 한 가지'인 댄스는 '남자는 밥 먹고 할 일이
없어 하는 친구들, 여자는 기생, 카페의 웨이트레스, 기타 회색
여성들'이 추는 '미친 지랄'이었다. 이들이 댄스를 좋아하는 이
유는 그저 "속된 '짜즈'나 '촬스톤'172 같은 광조한 음악에 발걸
음을 맞춰 유쾌하게 뛰고 놀아 청춘시절을 어디까지 즐겁게 보
내자는 데 지나지 아니한 것"이다. 댄스라는 것은 그만큼 남녀
에게서 가장 위험성을 띤 불장난이오, 또 전도 있는 청년, 정숙
한 여성들을 한없는 음욕의 세계로 끌어넣는 것이니 '문화의 가
면을 쓰고 횡행하는 시대적 악마, 딴쓰'173를 가장 경계해야 한
다고 말하는 이들도 있다.

사실 이런 시선들은 실제로 세상에 돌아다니는 모던 보이
와 모던 걸을 향해 있다고 말하기 어렵다. 그들이 그럴듯하게 비
난했던 모던의 인간들은 서울 장안의 거리나 카페에 있기보다
어쩌다 구해본 일본의 잡지책 속에서 등장하는 인물들이기 쉬
웠다. 그러면 조선에도 정말 '모더니즘'이 있었을까? 물론 있다.
모던 걸과 모던 보이가 있고 '짧은 스커트와 나팔바지가 있고 레
뷰 걸이 있고 재즈와 댄스'가 있었다. 그러나 누구나 말하기 좋

아하는 사람들은 '외국의 모더니즘이 병적이라면 조선의 것은 기형적'이라고 했다. 도대체 병적인 것과 기형적인 것은 무슨 차이일까?

모던이 자본주의가 발견한 새로운 미의식이자 경제적인 풍요를 바탕으로 한 문화적인 경향으로 보았다면 조선이 그럴 수 있는 토대가 마련되어 있다고 보기는 어려웠다. 문제는 경제적 궁핍이었다. 조선의 모던 보이와 모던 걸은 언제나 뱃속에서 꼬르륵 소리가 나기 때문이었다.

모던의 다양하지만 퇴폐적이고 일탈적인 모습은 기생의 그것과도 닮았다. 모던의 새로운 풍조를 가장 먼저 몸으로 체화한 이들이 있다면 그들은 바로 기생들이었다. 식자들이 그토록 모던에 회의적이었던 까닭은 변덕스럽고 화려하며 겉모습에 치중하는 퇴폐적인 군상들의 모습에서 바로 기생과 다를 바 없는 모습을 보았기 때문이었다. 모던은 거부할 수 없는 현대의 화려한 모습이기도 했지만 한편으로 거부해야 할 퇴폐적인 가치를 표상하고 있는 것처럼 보였다.

모세와 경천

껍데기였건 알맹이였건 모던을 자신의 외피로 삼고 있는 이가 있었다. 바로 모세이다. 모세는 내가 만났던 그 누구와도 조금, 아니 많이 달랐다. 어쩌면 모세와 가장 비슷한 인물을 들자면 경천일지도 몰랐다. 너무도 달라서 비슷해 보이는 관계? 그쯤이었다. 모세를 보고 경천을 떠올리는 것은 둘의 외모와 품성이 얼핏 비슷해 보였음에도 살아가는 방식이 너무도 달랐기 때문이었다. 경천의 섬약하고 섬세한 품성은 세태에 예민한 모세의 감성과 닮아 있었고, 쉴 새 없이 떠벌리는 모세의 말이 주는 공허함은 경천의 깊은 우울과도 묘하게 비슷한 구석이 있었다. 어찌 보면 비슷하게 보이는 두 사람이 같은 세상을 살면서 어떻게 그렇게 다르게 살아갈 수 있는지 신기할 정도였다.

모세는 말하자면 자신의 삶을 살아가는 사람이 아니라 세상을 살아가는 인물이었다. 오히려 그렇기 때문에 세태의 흐름에 몸을 내맡긴 듯하지만 한 번도 거기에 휩쓸려 본 적이 없는 그런 삶. 그는 세상 사람들 모두가 매일 겪는 일상사조차도 거세한 삶을 사는 것처럼 보였다. 반대로 경천은 자신의 삶을 살아가고 있는 듯 보였지만 세상의 흐름에서 결코 자유로울 수 없는 인물이었다.

요즘 모세는 세태의 흐름에 맞게 스스로를 '모던 모세'라고 불렀다. 모세가 어디 출신인지 뉘 집 자식인지도 아무도 몰랐다. 누구는 그가 전문학교를 나와 신문기자를 하다 쫓겨났다 했고 누구는 원래 여주 갑부의 서자로 태어나 일찍이 혼자 떠돌며 살고 있다고 했다. 모세가 자신이 살아온 내력을 말하는 경우는 드물었다.

모처럼 모임이 있는 날이었는데 어찌된 일인지 그날은 종로 뒷골목의 선술집이 아니라 본정통의 중국집에서 만나기로 한 모양이었다. 잡지사 마감도 걸리고 할 일 없이 노닥거리는 것도 귀찮아 가지 않으려 했지만 그날 모세가 나타날지도 모른다고 친구 최가 나를 꼬드겼다. 아닌 게 아니라 오랜만에 모세의 얼굴을 보고 싶기도 했다. 조금 이른 시간이었지만 산보도 할 겸 집을 나섰다.

경성에는 산보하고 싶은 길이 없다.[174] 광화문통 거리, 창덕궁 앞길, 안국동 새길, 황금정 일정목들은 다 새롭고 시원한 큰 길이만 신개지新開地같이 쓸쓸한 거리다. 어찌 보면 한없이 화려하다가도 눈을 돌리면 한없이 초라한 경성이지만 도회의 풍경은 하루가 다르게 바뀌는 중이었다. 모던의 풍경이라고 할까. 고아한 조선식 건물은 하나씩 둘씩 헐리고 2, 3층 4, 5층의 벽돌집, 돌집이 새로 들어선 서울의 거리에는 날마다 건축하는 빛이다. 아스팔트 깐 길이 나날이 늘어 나고, 길 위에는 자동차, 자전차, 오토바이들이 현대 도시의 소음을 지르며 지나간다. 으리으리한 집들이 들어서는 대신 가난뱅이의 집도 늘어 간다. 경성의 한복판에서 생존경쟁에 밀린 사람들은 성문 밖이나 현저동 돌사닥다리 언덕에 수천 호의 남루한 집들을 짓고 모여 산다. 청계천변, 광희문 밖, 애오개 산지 일대, 남대문 밖 노동자 거리에는 수천의 걸인이 득시글거렸다.

부호가 많이 살기로 유명하던 다방골은 셋집의 도회처가 되고 기생촌이 되었다. 북촌에 게딱지같이 낮은 초가집! 주룩주룩 비가 새던 계동, 가회동 일대는 시골의 지주나 상인이 와서 옛 집을 헐어 제치고 선양절충鮮洋折衷의 화려한 신주택을 지어 면목이 일신되는 중이다. 이름도 없던 시골지주의 아들이나 일확천금을 얻은 부자들이 올라와서 서울의 패권을 쥐게 되었다.

서울이나 시골이 다 그렇지만 젊은 청년들은 모여 앉으면 돈 모을 이야기로 완연 황금만능을 구가한다. 이상이니 무엇이니 하는 말은 마이동풍 격이 되었다. 대감이나 판서의 경성이 지주나 부르주아의 경성이 되었다. 아무 개탄할 것도 없고 비감할 것도 없다. 고루거각, 미기美妓, 자동차, 홍등녹주 등의 세기말적 난무와 소음을 뒤로 두고 경성에는 화류병자, 고히(커피) 중독자, 타락자, 정신병자도 무수히 늘어간다. 부호와 걸인, 환락과 비참, 구와 신. 도회생활은 이렇듯 천방지축이다.

경성 사람들이 노는 양도 제각각이다. 은사 같은 백발을 휘날리는 노인들을 앞에 놓고 노기老妓 몇 명이 유장하고 클래식한 옛 노래를 부르고 거문고를 뜯기도 하지만 이는 차라리 사라져 가는 옛 자태요. 붉은 불, 푸른 불빛 아래 재즈의 소음이 울리고 거기에 발을 맞추어 청년 남녀들은 무도를 한다고 덜 익은 발씨로 엉덩이를 흔든다. 하나는 옛 것이기 때문에 사라지려 하고 다른 하나는 새 것이기 때문에 왕성하려 한다. 해가 지기 때문에 별이 난다 해서 별이 반드시 해보다 나은 것은 아니다. 새벽별이 사라지고 해가 뜬다고 해가 반드시 나은 것도 아니다. 그저 가게 되니까 가고, 오게 되니까 오는 데 불과하다. 그게 모던 서울의 모습이다.

그래도 종로와 진고개는 좀 낫다. 종로 네거리는 아직 건축물은 정돈도 되지 않았으니 그 통일 조화의 유무도 말할 것 못 되지만은 사방으로 시원하게 뚫린 넓은 길은 아무 때 나서도 시원한 곳이다. 자동차가 무례히 지나다니는 것은 불쾌하나 부드러운 아스팔트를 밟고 걷는 맛은 구두 신은 사람일수록, 단장을 짚은 사람일수록, 아무런 바쁜 일 없이 산보하러 나선 사람일수록 더 잘 아는 것이다. 그래서 아무라도 여기를 나서면 말소리도 커지고 단장도 더 휘두르게 된다. 종로 거리를 한가히 걷다 보면 구락부에 간 것처럼 알 사람 모를 사람을 많이 만난다. 종로에 나가면 가지각색의 이름 모를 젊은 친구들이 가지각색의 개성 취미를 발휘한 복색을 차리고 나와서 경성의 새 유행을 보여 준다. 전에 못 보던 치마가 유행하기 시작한 것도, 전에 없던 양산이 유행하기 시작한 것도 종로에 나가면 볼 수 있는 것이다. 그리고 그 새로운 유행에 대한 비판이 길어지면 냉면집에나 또는 선술집에 들어가서 기탄없이 떠들어도 좋은 것이다.

종로에 나오면 정처 없는 발길은 진고개를 찾아가게 된다. 책사, 카페. 지나다니는 젊은 여자들. 이런 것에 끌려서 진고개를 가게 된다. 요지경 속 같은 전기의 불바다를 헤엄치듯 걸어 들어가면 젊은 여성의 전람회라 할 만치 흘겨보아도 좋고 노려보아도 좋고 가깝게 가서 분내를 맡아 보아도 좋을 낯모를 미인들을 수없이 마주친다. 그들의 가진 젊음! 그것은 보는 사람의 마음까지를 젊게 해 준다. 그렇다. 여기를 걷는 것은 미인의 바다를 헤엄쳐 나가는 것이다. 젊은 기운을 호흡하면서 미인 바다를 헤엄쳐 가다가 숨이 차거든 책사로 기어들어가면 된다. 새 책 새 잡지를 두루 구경하다가 염증이 생기어 다시 나서면 또 다른 미인들이 눈에 채이고 발에 걸린다. 또 숨이 차거든 이번에는 카페로 들어가면 된다. 차 한 잔이나 소다수 한 잔으로 마음껏 다리를 쉬면서 길에서 만난 젊은 미인을 붙잡아 앉히고 "푸른 하늘 하얀 쪽배에" 쯤 조선 노래를 시키면 장난치고는 상쾌한 장난이 아닌가.[175]

본정통은 언제나 사람들로 북적였다. 장사가 되는 곳은 조선 땅에서 이곳 말고는 없으리라. 한때 과자점이 번성하더니 아직도 남아 있는 곳이 꽤 되었다. 요릿집 번창은 기생 덕분이지만 은 과자점 번창은 남녀학생의 연애 덕분이라고 했던가? 한때 속가俗歌에 "초보다 더 신 건 큰 애기 ○○, 꿀보다 더 단 건 진고개 사랑"이라더니 사랑도 사탕도 여기서 사고파는 모양이다. 그런데 ○○이 뭔지 짐작이 가는가?

불야성을 이룬 전등불 밑에서 인육시장이 공개 또는 비공개로 열리는 것도 현대 경성의 한 모습이다. 신정이니 병목정이니 하는 공개의 인육시장보다 카페니 음식점을 중심으로 비공개의 인육시장이 수없이 산재해 있는 곳이다.

명동, 대룡동, 낙동, 장동, 회동, 필동. 이 일대는 비가 오면 길이 진흙수렁이 되어 '진고개泥峴'라는 말이 나게 되었다. 예전

254

에는 서울의 빈민 중에도 최극빈자가 모여 살았던 곳이다. 옛날의 딸깍발이 남산골샌님들이 사는 곳도 이곳이다. 하지만 통감부가 생기고 이를 중심으로 일본 내지인의 상가가 형성된 이래 삼십여 년 동안에 자본의 융성을 보게 된 곳이 바로 이곳이다. 일본인들은 대개 구주九州의 복강福岡이나 장기長崎 사람이 아니면 본주本州의 광도廣島, 산구山口 등 시골사람들이었다. 외딴 벽지에서 하루아침에 조선으로 튀어나와서 조선 수도의 패권을 잡게 된 것은 배후에 정치적 세력 등의 여러 가지 원인이 있겠지만 현대 자본주의의 공산품을 들고 와 자본주의적 상술로 장사를 하였기 때문이었다.[176]

모세도 한동안 걸핏하면 자본주의의 법을 들먹였었다. 모름지기 현대를 살아가려면 자본주의와 더불어 살아가는 법을 체득해야 한다고 말이다. 그 법이 잘 통하는 데가 바로 욱정(지금의 회현동), 본정 1정목부터 5정목까지를 이르는 이곳 남촌이다. 자본주의의 법은 인육을 팔고 살아도 거리낌이 없다. 성의 상품화? 차라리 이건 듣기 좋은 말이다.

그날 모세는 듬성듬성한 수염도 밀고 제법 깨끗한 셔츠도 차려입은 게 예전에 보았던 그와는 썩 달라져 있었다. 내가 들어설 때는 다들 벌써 모였는지 인사는 대충 끝나고 모세의 장광설이 막 시작되려는 참이었다. 모세는 나를 보고 환한 웃음을 던지며 서로 오랜만에 본 반가움으로 손을 잠깐 잡으면서도 이야기를 멈추지 않았다. 모세답다. 나는 빈자리를 찾아 앉았고 최가 권하는 술잔부터 받아 들었다.

"입기향 수기속入其鄕 隨基俗(어떤 지방에 갔거든 그 지방의 풍속을 따른다)이란 말이 있고 '로마에 가서는 로마의 풍속을 따르라'는 말이 있지. 경성에는 경성의 법칙이 있는 법, 제군들이 현대 사회에서 살아남을 비법이 있으니 내 오늘은 그 계율을 하나씩 일러주겠네. 모던 10계명 아니 5계명."[177]

십계명이라. 하긴 새로운 모던 사회에 적응하기 위해서는 새로운 율법이 필요할지도 모르겠다. 모세의 말은 언제나 그렇듯이 시작은 거창했다. 하지만 '입기향 수기속' 따위 주문으로 모세의 바다가 갈라지랴. 인민들이 다소 술렁이기 시작했다. 모세는 반란의 기운을 잠재우듯 먼저 치고 나선다.

"환경에 순응하란 말이다. 이 말에 '그러면 진보도 없고 개혁도 없게? 다 썩은 개소리 치지 말아!' 하면서 포효발악을 할 열혈 의분남아가 있을지는 모르지만 그게 그렇지가 않다. 적진을 때려 부수려면 먼저 그 진형을 알아야 하며 허실을 살펴야 하고, 남을 공격 혹은 비평하려면 무엇보다 그 약점과 단처를 손에 쥐어야 하는 것. 어느 시기까지는 그 기성체계 속에 자기 몸을 던져 놓고 보는 게다. 그리한 다음에 차차 잠식의 수단으로 꾀를 피우는 거지."

그가 그렇게 말했던가? 자신은 오직 진리만을 말할 것을 맹세하고 이 땅에 태어났다고. 모세의 말을 누가 거역하겠는가. 모두들 모세의 말을 경청하기 시작했다.

"우선 당장 제군들 가운데, 혹 주의자가 있어서 그런 용감한 청년이 있을 리야 만무하지만 빨간 넥타이를 매고 머리는 봉두난발을 해 가지고 농촌에 뛰어가서 면장님 말씀을 군주의 말과 같이 믿고 있는 농민들에게, '여러분! 공산주의란 이렇고 저렇고 한 것인데, 소수 부르주아들의 향락적 소비생활을 보장하기 위하여 우리 프롤레타리아들은 노예와 같이 피와 땀을 흘리고 있어도……그러므로 나중에……다 같이 잘 살기 위해……자본가 사회……봉건적 심리……극복' 운운해 보아라. 밭둑에서 괭이를 짚고 어이없이 듣고 섰다가 농부들은 '저 놈이 미쳤나 밥을 굶었나. 어쩐 헛소린고?' 하고 슬금슬금 귀거래를 할 것이니……."

어쩌면 그동안 모세가 그런 짓을 하고 다녔을지도 몰랐다. 그의 말마따나 지금 말한 꼬락서니대로 봉두난발을 해서는 공산주의운동 한다고 덤벙 논두렁에 뛰어들어 부르주아 어쩌고 프롤레타리아 어쩌고 할 수 있는 위인은 우리들 중 모세밖에 없을 것이었다. 그러다가 농부들에게 볼기를 얻어맞고 쫓겨 나온 전력이 그에게 있음에 틀림없었다. 모세는 제 얘기를 꼭 남 얘기하듯 했다.

어쨌든 우리의 모던 모세는 세태를 한 손에 감아 쥐고 바야흐로 시대정신을 설파 중이었다.

"모든 것은 절차가 있고 순서가 있다. 적어도 시대정신에 민감한 우리는 그 환경에 순응하여 그 환경을 이용하며 교활한 토끼와 같이 난처를 빠져 나가는 준비가 필요한 것이다. 그러면 도회생활은 어떠한가. 아무리 돈이 없더라도 발끝 이르는 곳마다 전기불빛이 휘황한 대처에서 기름 초롱불을 켜 놓고 살 수는 없는 형편인즉, 모든 문화시설을 마음껏 이용하며 때로는 유행계까지 지배해 볼 만한 의기를 가져야 할 것 아닌가? 봄철이 되면 실크 보라 춘추복이라도 갈아입어야겠고, 겨울이면 낙타털 외투까지는 못 갈지라도, 스콧치 외투 하나만은 껴입어야 할 게 아닌가. 그리고 간간히 택시깨나 타야겠고 더러는 카페도 출입해야 할 게 아닌가. 모던 친구를 만나면 체면으로나마 ××구락부에 뛰어들어가서 옥돌이라도 한 50개 치는 척 해야지 안 그런가? 그러니 말이다. 돈은 없고 돈 쓸 데는 당장 많은데 천하무직 코스모폴리탄들인 제군들인 바에야 한 푼 나올 데가 없지 않은가. 제군은 아직 돈 없는 탓으로 내가 말하는 이 5계명을 지키고 그 구속을 받아야 하느니. 자, 그러면 한담은 그만두고 모세의 십계명쯤은 어림도 없는 도회생활 5계명을 해설해 보겠다. 제 일조, 이발사와 목욕탕 주인과 친하라."

벌써 한 쪽은 킬킬거리며 무너져 내리고 있었다.

"겨우 그거야?"

자못 엄숙한 계율을 기대했던 좌중 역시 실망으로 아우성이다. 그러나 모세는 눈 하나 깜짝하지 않는다. 나는 모세의 표정에서 홍해 앞에서 두 팔을 벌리고 포효하는 진짜 모세의 모습을 본 듯도 했다. 어쩌면 모세만큼 모던의 핵심을 갈파하고 있는 인사가 또 있을까? 우리에게 모던은 쫓아가고 싶어도 불가능한 신기루와 같은 것이 아니었는가? 언제나 그 표피만을 쫓을 수밖에 없는 저간의 궁핍한 사정을 그는 정확히 짚어 내고 있었다. 도시의 삶은 문명화된 모던을 요구하지만 그것은 체면치레와 위선으로밖에 채울 수 없는 삶 아닌가? 모던에 대한 신경질적인 비난보다 말 그대로 상황에 대해 '시크'하고 '위트'로 넘기는 그는 모던 모세라 자칭할 만했다. 모세의 율법에 대한 설명이 이어진다.

"제군이 도회에서 살려면 첫째 이발사와 목욕탕 주인을 먼저 친해 두어야 하느니라. 돈 육전이 없어 몸에서 악취가 물쿵물쿵 나고 불과 삼, 사십 전 이발료가 없어서 얼굴이 털투성이가 되고 장발이 되고 보면, 혹 별종 색맹객이 있어 사상가나 철인으로 보아 준다면 천행이지만 날카로운 시대 처녀들의 눈에 잔나비 상판을 연상할 우려가 매우 많으니 연애하기는 벌써 빗나간 일이다. 그러니 돈 없을 때라도 마음 놓고 자가용처럼 쓸 이발관, 목욕탕이 있어야 한다.

그들과 친해지는 방법은 여러 가지겠지만 우선 요결을 말해 보건대, 이발관에서는 먼저 주인과 인사를 한 다음에 한 두어 달 단골로 연달아 다니되 온갖 세상 이야기며 영업에 대한 고통을 이야기하면서 주인과 한편이 되어서는 거만하고 불공한 손님들의 비평도 하면 친하지 않으려도 자연히 친해지는 법이지. 요컨대 식자나 있고 똑똑해 보이는 사람이 자기 레벨을 낮춰서 비교적 무식하고 천한 직업에 종사하고 있는 사람을 친절히 대할 때 그 친밀감은 급속도적으로 두터워지는 법이거든. 그러면 돈이 다 뭐야. '그 뭐 성가시게 하실 때마다 내십니까. 나중에 한몫에 내시오, 관두세요!' 그럴 거거든. 이리하여 이발 목욕은 우선 패스!"

그럴듯하긴 했다. 여름이 지나고도 달포가 지나도록 근지러워진 몸을 어쩌지 못해 목욕탕을 가고 싶었으나 가지 못하고 마누라에게 물을 덥혀라, 등을 밀어라, 수건을 가져 오라, 좁아터진 부엌에서 오들오들 떨며 수선을 피운 치들은 진작에라도 목욕탕 주인을 사귀어 놓았어야 했다. 무릇 제 몸 하나 건사치 못할 고매한 계율이야 있으나마나한 것이다. 모세가 옳다.

"그건 그렇고 자! 이제 제 이조. 여관에서는 안주인과 하인을 친할지니라."

여관에 안주인이라? 이제는 아우성칠 것도 없었다. 그저 변죽을 잔뜩 올려 놓고 쥐새끼 한 마리 내보이는 게 모세의 계율이긴 했다.

"첫째로는 여관을 잘 선택해야 한다. 십 수 년 여관을 해먹어서 사람을 한번 슬쩍 훑어 보면 대번에 내장까지 다 들여다보는 밴들밴들한 전형적 여관업자를 만났다가는 나중에 천추의 유한을 남기고 쫓겨날 테니 아예 생각도 말게. 하나는 안주인과 친하는 것이고, 둘째는 하인을 잘 사귀어 두는 것이지. 위로 주인, 아래로 하인을 잘 사귄 다음에는 한두 달 식대 밀리는 것쯤은 문제도 아니오. 나중엔 넘고처져서 한집안 식구가 되고 마는 거지."

모세의 10계명 아니 5계명은 예상대로 벌써 처참해지고 있었다. 도시생활을 위해 필요한 사기의 기술쯤이 그의 계명이었다. 더 이상 토를 달고 말고 할 것도 없이 계속해서 3조를 들어본다.

"제 삼조. 동거자나 친구들 앞에서는 자기의 소지품을 천대하여야 하느니라. 마상살림(떠돌이살림)과 같은 제군들의 생활에 별반 값나가는 소지품이 있을 리가 없지 않은가? 입은 양복은 단벌이오, 구두가 한 켤레, 와이셔츠 하나, 넥타이 하나 이렇게 모두가 단수품뿐이 아니냐. 잃어버려야 아까울 것도 조금도 없는 대수롭지 않은 물건인 바에야 자잘하게 아끼면 또 뭘 하느냐 말이다. 그러므로 여관방 동거자나 친구들 앞에서는 도무지 소유물에 등한하며 무관심한 태도를 보여서 점차로 그들의 소유심을 해이시켜서 나중에는 소지품 공산共産 심리에까지 끌고 가는 것이다. 어떠냐?"

"……"

좌중은 말이 없다. 아까부터 말이 없던 조만 연거푸 술잔을 들이키며 듣는 둥 마는 둥 하고 모세는 틈새를 살펴 가며 연신 술을 퍼 담고 있었다. 하지만 그는 말을 토막 내는 법이 없었다. 청산유수, 모세가 안주 하나를 입에 넣으며 말을 잇는다.

"또 한 가지 주의할 것은 아무리 궁하더라도 노상 늠름한 태도로 대하고 행할지니 몽매간에라도 자기 인격을 굽히거나 가유(아첨)의 태도를 보여서는 안 된다. 오직 자기의 고결청렴한 인격의 원심력에 그들이 끌려서 떠나지 못하고 옹호하게 되는 것처럼 만들어야 그러한 공산관계가 오래 계속할 수 있다는 것. 이걸 명심할 것!"

역시 모세는 품위를 생명으로 아는 우리시대의 신사벌이

다. 비록 없이 살더라도 인품만은 유지해야 한다는 그의 철학이 갑자기 고결해 보이기까지 한다. 이점에서 선지자는 당당했다.

"제 사조. 연애의 승리는 먼저 여자를 육체적으로 점령하는 데 있느니라."

좌중이야 듣건 말건 이윽고 모세는 계명의 하이라이트에 오르고 있었다. 연애에 관한 것이라면 그를 따라올 자가 없을 것이다. 말이 그렇다는 것뿐인 것이, 우리 중 아무도 그의 연애질을 생생히 목격한 자는 없었다. 그의 모든 이야기가 매번 연애담으로 끝을 맺으니 그저 그렇게 생각하는 것뿐이다.

그가 하는 말이 시중잡배들의 연애타령과 다를 바는 없었으되, 그가 말하면 어느새 세계의 문화사조에 부응하는 시대정신이 되고 절체의 담론이 되어 버렸다. 하긴 모세의 십계명이 뭐 다를 게 있을까. 간음하지 말라. 도둑질하지 말라. 그런 말인들 누군 못할까? 그저 그가 시나위산인가 어딘가에서 받아 왔다고 하니 그럴듯하게 들리는 것에 불과하지 않은가?

모세의 율법은 계속된다.

"사랑이란 정신적으로부터 시작되어 육체적으로 들어가는 수도 있고 육체적으로 시작되어 다시 정신적으로 되는 수도 있다. 그러나 결과에 있어서 마찬가지라. 오직 연애의 신성이란 정신적임에 있는 것이 아니라, 사랑하는 두 사람의 애정과 인격에 있는 것이다. 육체적 관계가 속히 시작되었다고 결코 신성치 못한 이유는 되지 않는다. 피차 사랑이 있고 인격상 이해가 있은 다음에는 일개 정조쯤이야 활활 타오르는 사랑의 불길에 타 버릴 마른 풀과도 같은 것. 발육할 대로 다 발육한 어글어글한 육체를 가진 현대의 청춘남녀들이 어찌 그러한 추상적 사랑에 만족하리. 플라토닉한 사랑관을 쥔 채, 자기 무릎에서 몸을 부비는 처녀의 거룩한 욕구와 육향肉香을 헤아리지 못하는 천치의 눈에는 몇 날을 못 가서 실연의 눈물이 염소 똥 같이 방울방울 떨어질 게다. 그러니 제군들이여! 먼저 육체적으로 점령하라."

경성의 사내들이 죄 이런 생각을 가졌대도 그렇게 드러내 놓고 자신의 말을 설파하는 친구는 아마 모세밖에 없을 것이다. 모세가 모세인 까닭이 여기 있었다. 계율은 언제나 통념에서 시작되는 것. 위대한 법칙이란 가장 보편적인 원칙일 뿐이다. 그러니 이쯤해서 엄숙한 율법은 간 데 없고 발랄한 연애기술이 펼쳐진다고 해도 누가 뭐랄 것도 없었다. 좌중들 역시 병적 자극을 어쩌지 못하는 현대의 남성들인 바 어찌 연애의 기술에 귀를 달을 수 있을까? 모세는 연애의 고수—무릇 연애의 지름길이란 얼마나 통속적일 수 있는가에 달려 있는 법—로서 누릴 수 있는 온갖 특권을 다 누리고 있었다.

그의 술잔이 빌세라 연신 잔을 채워 주는 자는 아직 여자의 손목 한 번 잡아 보지 못한 박이었다. 모세는 넘치는 잔에 얼른 입을 대고는 박에게 슬쩍 눈치를 주기까지 한다.

"자! 연애는 그만하고 마지막으로, 제 오조. 긴밀하지 않은 친구에게 주소를 알리지 말지니라. '여보게 급한 일이 있으니 돈 얼마만 꾸어 주게나. 이삼 일 후에는 틀림없이 돌려보내겠네'라든가 '책 좀 빌려 주게', '자네 외투 좀 빌리게', '오래간만에 찾아왔는데 술이나 한턱 내게' 한다면 이건 정말 질색이다."

뭐 어쩌고 어째? 동무가 빌붙을까 주소를 알리지 말라고?

마지막 제 오조쯤에서 모세가 거나하게 술기가 오른 것이 틀림없었다. 그렇지 않다면 천연스럽게 제 속을 드러낸 줄도 모르고 장광설을 쏟아부을 리 있을까? 그날 모세는 술에 취해 '제 주소를 동무에게 알리지 마라!'라는 마지막 말을 남기고 모로 쓰러졌다. 모세가 그런 적은 처음이었다. 하지만 문제는 우리의 선지자가 어디 사는지 아무도 모른다는 사실이었다. 다들 우물쭈물 눈치를 보고 있어 하는 수없이 모세를 들쳐업고는 하필 내 하숙집으로 데려 가야 했다.

아침에 일어나 보니 모세는 언제 일어났는지 벌써 사라지고 없었다. 필경 한밤중에 깨어나 어딘지 모를 곳에서 두리번거리다 짐짓 상황을 파악하고 줄행랑을 쳤을 그를 생각하자 슬며시 웃음부터 나왔다. 아침에 일어나 해장을 하며 무장해제된 그와 스스럼없이 가까워지고 싶었건만 인사도 없이 사라진 모세가 섭섭하기도 했다. 딴은 그런 행동이 모세에게는 더 어울리는 것이었다. 모세는 모든 면에서 나와 달랐다. 그의 이야기는 언제나 도무지 종잡을 수 없었고 터무니없었으니 그의 무책임하고 천연덕스러운 행동거지는 분명 나와는 달랐지만 끌리는 점이 없지 않았다. 아침 산책으로 동네를 한 바퀴 돌며 언젠가 모세를 주인공으로 글을 한 번 써 보리라고 생각했다. 한없이 심오하다가도 또 한없이 가벼워지지는 모세의 입놀림은 그의 말대로 우리네 모던 도회생활을 꼭 빼닮은 것이기도 했다.

　　모세야말로 이 시대를 살아가는 가장 적합한 인물이었다. 경박스럽고 나대기는 했지만 그는 언제나 제 생각과 감정에 충실한 인물이었다. 적어도 생각 따로 행동 따로 말 따로 살아가는 치들과는 달랐다. 모세의 지나치게 솔직한 태도는 궁핍한 모던의 세상, 지리멸렬한 땅에서 그나마 멀쩡한 정신으로 살아가는 자기만의 방편이었다. 모세가 말한 도회생활의 5계명은 경성의 그 어느 축에도 들지 못하는 우리 같은 치들에게 걸맞은 율법임에는 틀림없었다. 그러나 그 계율에 충실한 건 오직 모세뿐이었다. 나머지는 아직 모세의 율법을 이해조차 하지 못했다. 말하자면 우리들은 상투는 어찌 잘랐으되 머리는 왕조에 두고 있는 도시의 한심하고 열등한 종자들일지도 몰랐다. 물론 모세를 제외한 우리 모두는 모세를 더 한심한 신민으로 대했지만 말이다.

모세를 본 건 그날이 마지막이었다. 모세의 행로나 거취에 대해서는 도통 아무도 아는 바가 없었다. 모두들 궁금해 했지만 그가 걱정이 되어서는 아니었다. 모세의 장광설에 중독된 우리들의 금단증세일 뿐이었다. 모세가 우리 모두의 모세일 수는 없었지만 모세가 말도 없이 사라지자 그 모임도 뜸해지고 말았다. 몇 차례 술자리에서 그를 만났을 뿐이었는데도 나 역시 모세가 그리웠다. 어느 날 갑자기 듣도 보도 못한 물건들이 우리 손에 쥐어지고 생각지도 못했던 말들이 거리를 활보하는 세상이 된 것처럼, 모세는 얼마 뒤면 새로운 10계명 아니 5계명을 들고 나타날 것이다. 바야흐로 고난과 혼란의 세월에서 젖과 꿀이 흐르는 낙원으로 이끌 진정한 선구자가 모세밖에 더 있겠는가?

하지만 그 후로 모세는 어디로 사라졌는지 코빼기도 보이지 않았다.

* * *

모세를 만나고 나서 며칠 뒤였다. 그날 모처럼 서촌에서 북촌을 돌아 나와 창덕궁을 지나 종로까지 산책을 하면서 마침 수은동에 있던 김의 사무실 앞을 지나던 길이었다. 잠깐 들러 볼까

하여 계단을 올라 문을 열려는데 김이 외투에 팔을 꿰고 모자를 눌러 쓰며 허둥지둥 사무실 밖으로 나오고 있었다. 급한 용무로 외출하려던 모양이었다.

"어디 나가나?"

"어! 마침 잘 왔네. 같이 가세. 자네도 소식 듣고 달려온 것이구면."

"무슨 소식? 무슨 일이 있나?"

"듣지 못했나? 경천이 소식? 나도 오늘 아침에야 알았네만, 그저께 그에 일을 벌였더군. 아무래도 자살한 것 같아."

경천이 자살을 했다니, 경천이 죽다니, 도무지 믿을 수가 없었다. 나는 김과 함께 계단을 내려가다 하마터면 발을 헛디뎌 구를 뻔했다. 와이엠시에이 앞에서 전차를 기다렸지만 좀처럼 올 생각을 하지 않았다. 걷기로 했다. 경천이 집을 하나 사들여 살고 있는 서대문까지 서둘러 걸으면 전차보다 몇 걸음 늦을 뿐이다.

"내 그럴 줄 알았다니까. 그 친구 그럴 줄 알았어."

김은 발을 옮기면서 똑같은 말을 되풀이했다. 나는 그가 죽었다는 말을 들은 이후부터 자꾸 다리가 풀려 걷기조차 힘들었다. 경천과 마지막으로 만났던 때가 불과 일주일 전이었다. 그날 내가 던졌던 비난이 비수가 되어 경천의 가슴에 꽂혔던 게 아닌가 하는 자책을 떨쳐 버릴 수 없었다. 갑자기 내가 싫었고 죽은 경천이 미웠다.

경천의 집은 서대문 전차 역 근처의 한옥이었다. 상가喪家라고 할 수 없을 만큼 조용하고 그 흔한 조등조차 내걸리지 않았다. 대문을 두드리자 아무런 반응이 없었다.

"이 집이 맞나?"

"맞을 거야. 나도 한 번밖에 와 보지 않았지만."

한참 뒤에야 노파 하나가 나왔는데 그는 우리를 멀뚱히 보고 말이 없었다.

"여기 상가가 아니던가요?"

"내려갔네."

"내려가다니 어디를요?"

"어디긴 집으로 갔어."

"어느 집으로요? 언제요?"

"어저께. 본가에서 데리고 갔어."

그리고 노파는 대문을 서둘러 닫아 버렸고 빗장을 거는 소리가 들렸다. 더 이상 아무것도 물을 수 없었다. 아마 대구인가 경산인가 하는 그의 본가로 서둘러 시신을 옮긴 모양이었다. 그가 어떻게 죽었는지 남겨진 유품은 어떻게 되었는지 알아볼 기회도 없었다. 우리는 망연히 서 있다가 그대로 발길을 돌렸다.

거기서 북촌까지 되돌아오면서 우리는 아무 말도 하지 않았다. 김 역시 평소 같았으면 장황하게 말을 이었겠지만 묵묵히 걸음만 옮길 뿐이었다.

총독부 앞을 돌아 북촌에서 요즘 우후죽순으로 생기는 선술집에 들어가자 김이 뜻밖의 말을 꺼냈다.

"내가 경천에게 몹쓸 짓을 했네."

"무슨?"

"며칠 전 우연히 길에서 경천을 보았거든. 나도 본 지 오래라 반가웠지. 그런데 경천은 그때 술에 잔뜩 취해 있었어."

"경천이? 그 친구 술을 못하지 않았는가?"

"그랬을 거야. 아무튼 나를 보자마자 따지기 시작하는 거였지."

"무슨 일로?"

"대뜸 화중선이를 찾아 내라는 거였어. 나는 짐짓 화중선인가, 이화중선인가 하고 물었지. 그런데 경천은 화중선은 이화중선이 틀림없다는 거야. 물론 나는 아니라고 말했지. 자네도 알다시피 화중선이 이화중선일 리는 없지 않은가. 정색하고 아니라고 하는데도 부득불 화중선이 이화중선이라면서 나에게 찾아 내라고 우기는 건 또 뭔가? 그래서 나는 화가 나서 이화중선에게나 가 보라고 그랬지."

나는 김이 내 말을 하고 있다고 생각했다. 경천은 이화중선에 대해 나와 이야기한 이후로 예의 그 화중선의 글을 찾아보았음에 틀림없었다.

"경천의 표정이 굳어지더군. 그리곤 혼잣말처럼 중얼거리기 시작했지. 그날은 경천이 이상했어. 경천이 그렇게 술을 먹은 적도 없었고 또 함부로 객기를 부리는 친구도 아니지 않은가?"

"그런 친구는 아니지."

"나는 그가 무슨 말을 지껄이는지 도무지 알 수 없었어. 경천이 횡설수설하면서 그렇게 말하더군. 세상 사람들이 둘로 나뉘어 버렸다고. 처음엔 무슨 말인지 몰랐네. 가만 들어 보니 대충 자신의 말을 하는 자와 남의 말을 들어야 하는 사람들로 나뉘어 버렸다는 그런 뜻이었네. 그리고 세상은 오직 자신의 말을 하는 사람만이 살 가치가 있는 세상으로 바뀌어 버렸다는 거였지. 말을 듣는 사람은 말하는 자들의 포로가 될 뿐이라고."

"틀린 말은 아니지 않은가?"

"말이야 그렇게 할 수 있지만 그런 따위의 말이 무슨 의미가 있을까? 나는 그런 경천을 이해할 수 없었네. 그래서 화를 냈지, 정신 차리라고."

"나라도 그랬었을 거야. 아마 이화중선의 소리에 빠져 있는 경천이 자신이 화중선의 독설에 다시 내몰린 처지를 비유하려는 것이 아니었을까?"

"그런데 지금 생각해 보니 경천은 이런 말을 하고 싶었던 거 같아. 말하는 자들과 듣는 자들로 나누어진 세상은 더 이상 희망이 없다고. 식민의 땅 아닌가? 이곳에서 우리는 모두 듣는 자들일 뿐이지. 벗어날 길이 없다는 건 누구나 알고 있어. 모른 척할 뿐이지. 모두들 그걸 알면서도 표독스럽게 날을 세워 자신의 말을 집어던지지, 아무 말이나 주워섬기면서.……하지만 그렇게 말하는 자들도 자신의 말을 하지는 못해. 모두들 새로운 사조입네 새로운 사상입네 하고 떠들어 대지만 서로가 서로에게 상처를 주기 위해 무슨 말인지 알지도 못한 채 내뱉고 있을 뿐이지. 모던의 세상에선 더 그래. 누구나 어떤 말도 할 수 있지만 더 이상 아무도 자신이 무슨 말을 하는지조차 알지 못하지. 그럴 필요도 없게 되었어. 나 역시 거기서 한 치도 벗어나지 못했네. 자네는 그렇지 않은가?"

김이 그런 말을 할 줄은 몰랐다. 그 스스로 부끄러움에 사로잡혀 자신의 행태를 비꼬는 게 틀림없었지만 나 역시 그의 처지에서 비껴갈 수는 없었다.

"경천에게 그렇게 말했어. 자네도 말을 하게나. 듣는 자들이 말하는 자일 수도 있지 않은가 하고 말이야. 경천이 그건 불가능하다고 그러더군. 이 시대는 오직 듣는 자로서 비참하게 살

272

아가야 할 뿐이라고. 그렇게 소멸하는 방법뿐이라고. 그 말을 듣자 더 화가 났어. 자네도 알다시피 경천의 그 지나치게 여린 심성이 우리를 당혹케 한 경우가 한두 번이 아니잖나?"

나 역시 경천의 세상사와 사물에 대한 그 단순하고 섬약한 구분법을 마음에 들지 않아 했고 그런 단순한 논리에 쉽게 몰입해 버리는 경천을 무시했었다.

"그가 보기 싫었네. 우리가 다들 알지도 못하면서 떠들어대는 이유를 난들 모르겠나? 열등감에 시달리는 게 경천뿐이겠나. 자괴감에 시달리는 게 그뿐이겠나. 그가 미웠네. 그래서 말끝에 다시는 내 앞에 나타나지 말라고 소리를 질렀어. 그러곤 헤어졌지. 그런데 정말 그가 이런 식으로 사라져 버릴 줄은 몰랐네."

김의 눈은 회오와 자책으로 젖어 있었다. 나는 그를 위로해야 할지 그와 다를 바 없는 나를 자책해야 할지 알지 못했다.

"아무도 경천을 죽음으로 내몬 사람은 없어. 그 자신 말고는……."

그를 죽게 한 것은 이화중선의 소리도 아니었으며 화중선의 독설도 아니었으며 김과 나의 냉소도 아니었다. 그렇게 말했고 그렇게 믿고 싶었지만 나 역시 절벽 아래로 그의 등을 떠다민 손을 감출 수는 없었다. 그날 오후 내내 김과 나는 한숨과 원망을 번갈아 안주 삼으며 술이 떡이 되도록 마셨지만 모든 걸 망각의 늪으로 집어던질 수는 없었다. 선술집을 나와 길을 내려오며 나와 김은 몸을 가누기조차 힘들었다. 나는 그에게 기대며 말했다.

"그런데 화중선이 정말 누군가?"

김 역시 나에게 기대며 바라보더니 갑자기 큰 소리를 내며 웃기 시작했다.

"자네는 알고 있는 줄 알았는데?"

"화홍인가?"

그는 다시 소리를 내며 웃었다.

"그게 무슨 상관인가? 그럴 수도 있고 아닐 수도 있지. 자네는 경천과 다를 바 없어. 나 역시 마찬가지고. 아니 여기 살아 있는 모든 사내들이 다 마찬가지지. 화홍이 보았나? 어떻든가? 예쁘지 않은가? 그것으로 충분하지 않은가? 그날 화홍을 부른 건 나였네, 그녀가 보고 싶어서. 하지만 화홍은 자네를 마음에 두고 있더군. 화홍이? 자네가 본 모습 그대로야. 그녀를 처음 보았을 때, 그때가 아마 그 무식한 김환인가 하는 놈이 기생들을 불러 놓고 매읍녀니 하며 떠들어 대던 날이었을 거야. 사실은 거기에 나도 있었지. 그날 밤 그녀는 분노에 떨더군. 그 이야기를 들었어, 밤새. 그녀는 자신의 말을 하고 있었지. 그리고 며칠 뒤에 편지를 하나 받게 되었어. 화중선에게서 온 편지. 나도 모르겠네, 그녀가 누군지. 나 역시 화중선을 찾아서 대동권번에 간 적이 있었어. 물론 그런 기생은 없었지. 아마 세상에는 없을 거야."

종로의 밤이 깊어 가고 있었다.

밤안개가 내려앉는지 거리의 전등불이 부옇게 번지고 있었다. 김은 갈지자 걸음에 맞추어 횡설수설하며 아무 말이나 내뱉고 있었고 나는 머리가 어지러워 그의 말을 따라가지 못했다. 그보다 끝없이 올라오는 구토 증세로 열 걸음을 옮기지 못하고 무릎을 꺾어야 했다. 내 등을 두드리며 김이 뭐라고 한참을 더 말한 것 같았지만 나는 화홍을 아니 화중선을 다시 찾아야 한다는 생각 외에는 아무것도 떠올릴 수가 없었다.

에로 그로의 사회

벌써 몇 년 전 일이었다. 생각해 보면 어리석었던 때였고 다시 생각하면 알지 못할 열정으로 들떠 있던 순간들이었다. 누군가에 대한 막연한 분노, 도무지 어찌할 수 없는 막막함, 될 대로 되라는 무책임한 낙관과 그만큼의 무게로 똑같이 밀려오는 회오가 뒤섞이던 나날들이었다.

그날, 경천이 그렇게 아무 의미 없이 사라졌을 때, 나는 세상의 누구에게도 가까이 다가갈 순간은 영원히 오지 않을 것이라는 이상한 예감에 사로잡혀 있었다. 그것은 말하자면 인간에 대한 혹은 삶에 대한 매우 근원적인 회의라고도 할 수 있었다. 세상에 대해 가졌던 호기심도 더 이상 가질 수 없었다. 죽은 경천이 버거워 했던 삶이나 모세의 한없이 가벼운 일상의 무게는 달라 보였지만 결국 똑같이 그들을 짓누르고 있었다. 나의 삶도 다를 건 없었다.

그 무렵 청년의 나는 더 이상 존재하지 않았다. 청년으로서 가져야 할 열정을 거세당한 채 젊음을 지나쳐 버렸다는 자괴감으로 괴로워할 뿐 어떻게 뜻을 펼쳐야 하는지 도무지 갈피를 잡을 수 없었던 시절이었다. 어릴 적 품었던 모든 이상과 가치들은 어둠의 그늘 아래 사라져 버렸고 한때 세상의 전부일 것 같았던 이념이나 사상도 냉소의 칼이 되어 나에게 되돌아왔다. 그런 처지에 한갓 기생을 대하는 감정이 제대로 박혔을 리도 없었다.

화홍에 대해서도 그랬다. 지난 몇 년 동안 끊임없이 화홍을 찾고 있었다. 화홍이 아닐지도 몰랐다. 그녀가 기생이었건 아니건 그녀는, 이렇게 말할 수 있다면, 나의 첫사랑이었다. 나는 그때 그걸 알지 못했다. 화홍이 나에게 다가왔던 그 순간만큼은 그녀 또한 나에 대한 연모의 마음을 품고 있었던 것이 분명했다. 그녀가 기생이 아니었다면 내가 그녀의 사랑을 알아채지 못했을 리 없었으며 그녀 또한 나에게 주저하며 다가오지 않았을 것이 틀림없었다. 화홍이 기생이 아니었다면 그녀에 대한 나의 이율배반적인 생각들, 나 스스로 부끄러울 만큼 앞과 뒤가, 겉과 속이 다른 행동을 하지는 않았을 것이다. 그러나 나는 기생을 아니 화홍을 여인으로서 그리고 인간으로서 어떻게 대해야 하는지 알지 못했다.

그 뒤로 다시 화홍을 찾은 적은 없었지만 마음먹기로 했다면 언제든 관철동에 있던 그녀의 집을 다시 찾을 수도 있었고 돈을 마련하여 짐짓 모른 척하고 요릿집에서 그녀를 부를 수도 있었다. 그녀가 화류계 여자였기 때문이었을까? 누구나 그렇게 이야기하곤 했다. "화류계 여자란 일정한 사랑이 없고 돈만 주면 장삼이사張三李四 누구를 막론하고 가면이나마 정을 주고 사랑하는 척하는 것이 상례"라고. 그렇더라도 그때의 나 역시 누구처럼 가정 형편과 직업상 사정이 허락했다면 다만 한 달을 살다 헤어진다 하더라도 낙점을 시켜 같이 살고[178] 싶은 심정이었다.

하지만 나는 화홍을 마주할 자신이 없었다. 김의 말대로 화홍이 나를 마음에 두고 있었을지도 몰랐지만 그녀를 만나면서 오게 되는 당혹스러울 만큼 복잡한 감정의 속내를 펼쳐 보일 수도 없었고 그 어떤 결정을 하든, 그녀에게 진심어린 사랑을 약속하거나 아니면 하룻밤 돈을 주고 산 여인으로 대하든, 그녀를 내 곁에 둘 수 없다는 사실만큼은 달라질 수 없었다. 나에게는 그런 결정을 밀어붙일 수 있을 만큼의 재력도 없었고 또 그런 일을 저지르면서 마주칠 시선들을 감당할 자신도 없었다.

그 후로도 기생들에 대해 남들이 하는 이야기를 떠올릴 때마다 화홍과의 일들이 겹치며 알 수 없는 부끄러움에 빠져야 했다. 말하자면 기생들에 대해서는 남들 이야기하듯 그저 그렇게 아무렇지 않은 듯 지나칠 수는 없었다.

그 다음 해 나는 집에서 정해준 여인을 아내로 맞았다. 아내는 나보다 넷이 아래였다. 그녀는 정주읍에서 초등학교를 나온 다소곳한 여인으로 언제나 나보다 어른스러웠다. 아내가 있은 뒤로 내 생활은 차츰 안정이 되었고 나는 아내를 실망시키지 않기 위해, 실은 사내로서의 위엄을 잃지 않기 위해, 쌀독을 채워 주는 일에 소홀하지 않으려 했다.

경천의 죽음 후로 친구들과의 사이도 소원해졌다. 가까이 지냈던 김과도 마찬가지였다. 김이 공부를 하겠다고 동경으로 떠난 때가 3년 전이었다. 그가 갑자기 유학을 핑계로 일본으로 떠날 무렵 남은 친구들 사이에서 김에 대한 뒷말이 많았다. 그가 상해의 정부와 끈이 닿아 있고 《시사평론》을 은신처 삼아 자신의 신분을 속인 채 활동을 벌였던 것이라는 이야기에서 그의 뒷배에는 총독부가 있었을 거라는 둥, 그게 아니라 이쪽저쪽에 두루 붙어 가며 지식인 행세를 하는 처세의 달인이었을 뿐이라는 이야기까지 추측이 난무했지만 아무도 김의 정체를 알지 못했다. 김이 떠난 뒤로 그로부터는 단 한 줄의 편지도 없었고 풍문조차 들리지 않았다. 그는 정말이지 바람처럼 사라져 버렸다.

그동안 나는 작은 잡지사의 편집장이 되었다. 많은 사람들과 만나야 했고 대부분은 예전에 소원하게 지냈던, 내가 싫어했던 먹물들일 수밖에 없었지만 그들과 어울리지 않으며 살아갈 수 있는 방법은 나에게 없었다. 내게는 그 어느 때보다 평온한 시기였다. 쥐꼬리만큼의 월급이지만 그나마 생활은 안정되었고 아내와의 사이는 더없이 좋았으며 하루하루의 일상은 행복하다고 말할 수도 있었다.

사회의 겉모습은 하루가 다르게 변하고 있었다. 자본주의가 자리 잡기 시작하면서 생산과 소비가 늘고 서비스 산업이 발달하면서 자연 유행과 향락의 물결이 거리를 휩쓸고 있었다. '기업가는 발호하며 뿌로카는 횡행하고 거리에 나타나는 정경은 가치가 싸지는 까닭으로 사치가 늘고 카페가 늘고 무도장이 생기고 자동차가 늘고 파라솔, 고운 치마의 행진이 있고 밤에는 붉은 등 푸른 등불 아래에서 키쓰의 레뷰가 일어날 것이다.'[179] 어제 뱉은 이런 말은 오늘이면 눈앞에서 일어났다. 도덕과 윤리가 곤두박질치는 것처럼 보였고 실제로도 그랬다. 그러나 눈을 뜨면 보이는 세상의 화려한 풍경 속에는 도무지 걷어낼 수 없는 불안의 그림자가 언제나 짙게 깔려 있었다. 불안의 시선은 냉소와 무관심으로 드러나거나 의미도 모른 채 퍼붓는 독설과 알지 못할 분노로 표출되곤 했다. 나만 그랬던 것은 아니다. 너나 할 것 없이 뼛속까지 파고든 좌절을 어찌지 못해 전전긍긍하고 있음은 분명했다.

모두들 표독스럽게 날을 세워 서로를 저주하는 사회, 그게 우리의 현실이었다. 경천이 죽은 이유가 그 때문일지도 몰랐다. 그 옛날 김이 나에게 말했던 대로 모두들 새로운 사조입네 새로운 사상입네 하고 떠들어 대지만 무슨 말인지 알지도 못한 채 서로가 서로에게 상처를 주기 위해 아무 말이나 집어던지는 세상이었다.

잡지사에 있게 되자 기생은 나에게 더 익숙한 존재가 되었다. 청탁을 한 글에는 전보다 많은 기생에 대한 이야기가 실렸으며 필자들을 대접—대접이라기보다는 함께 어울리는 편이었지만—할 때 요릿집을 가면 언제나 기생 한둘은 당연히 달려 나왔다. 그때마다 나는 혹시 우연한 기회라도 화홍과 마주칠까 걱정하기도 하고 또 그러기를 은근히 기대했지만 나에게 모습을 보인 적은 한 번도 없었다. 혹시 그가 기생을 그만두었는가 하는 생각도 해 보았고 그녀의 신상에 무슨 변고가 있을까 내심 걱정이 되기도 했지만 나는 모르쇠로 일관했다. 어쩌면 그건 그녀에 대한, 그녀가 나에게 보여 준 호의에 대한 최소한의 예의였을지도 몰랐다. 그녀가 기생인 한 내가 그녀를 기생으로 대하지 않을 자신은 여전히 없었기 때문이었다.

여름이 시작되고 있었다. 아침 안개가 걷히기 무섭게 아스팔트는 후끈 달아오르기 시작했고 가로수의 쓰르라미들이 맹렬히 울어 댔다. 삐걱거리는 계단을 올라 문을 열자 그나마 사무실에는 아직 아침의 서늘한 기운이 남아 상쾌한 기분이 들었다. 직원들은 넓은 탁자가 있는 한쪽 자리에 모여 있었다. 직원을 다 합쳐야 나 말고 취재기자 둘과 편집기자 하나, 이제 막 수습을 시작한 사환 하나가 전부였다. 편집회의가 열리는 날이다.

전날, 다음 달 호를 채울 기삿거리를 만들어 두어야 했지만 그러지 못했다. 출근길 전차를 타고 오면서 이달의 기사를 무엇으로 채울지 골몰했지만 생각나는 것은 없었다. 사무실에 모여 앉은 편집국 직원들은 탁자에 마주 앉아서도 다들 눈치를 보느라 내 얼굴만 빤히 보고 있다. 다들 말이 없었지만 언제나 편집회의 주제는 한 가지였다. 어떻게 하면 사람들의 눈에 띄는 기사를 찾을 것인가? 〈구라파 각국의 남녀 성생활〉, 〈가을철 화장법〉, 〈여배우의 직업관〉, 〈에로 그로 박람회〉 등등 지난달 나온 일본 잡지 몇 개를 들춰 보며 그중 쓸 만한 기사를 골라 내 번역—번안이지만—을 하거나 기사 방식을 그대로 옮겨 취재하는 것이 가장 안전한 방법이긴 했다.

탁자 위에는 지난달 나온 잡지 몇 개가 놓여 있었고 각자 앞에는 조그만 수첩이 놓여 있었지만 아마 그 안은 비어 있을 게 틀림없었다.

"일요일은 다들 잘 쉬었나요? 기삿거리는 좀 생각해 보았고?"

묵묵부답. 예상했던 대로다. 수석기자이자 나보다 한 살이 많은 조가 눈치를 보다 겨우 입을 연다.

"아편굴 한 번 취재해 볼까요. 얼마 전 경찰이 중국인촌 근처를 급습해 몇 사람 잡아 넣었다는데…….."

"이야깃거리가 되겠어요? 그거 어디서 한번 나온 거 같은데."

"잡지 기사야 뭐. 언제나 거기서 거기 아닌가요. 이야기야 만들면 되죠. 에로와 그로를 발산하는 아편굴 잠행기 쯤으로 해서…….."

닳고 단 조의 입에서 나올 수 있는 말이었다. 경력으로 보자면 그가 편집장이 되어야 했지만 깜냥이 되지 못한다는 이유로 대신 들어앉은 나에 대해 그는 처음엔 노골적으로 적대적인 내색을 감추지 않았으나 이제는 그나마 고분고분한 태도를 보였다. 하지만 세상 별 것 있겠냐는 투의 말버릇은 여전했다. 하긴 뭐 새로운 기사가 있을 턱이 없었다. 적당히 사람의 입맛을 끌 주제를 바꿔 가며 다람쥐 쳇바퀴 돌 듯 번갈아 돌리는 게 상책이었다.

창 밖의 더운 바람이 밀려들자 그만 지겨운 생각이 들어 탁자 위에 늘어 놓은 잡지 하나를 무심코 들춰 보다 글이 한 편 눈에 잡혔다. 제목이 독특했다. 〈불도 나지 안엇소, 도적도 나지 안엇소, 아무 일도 없소〉. 지난달치《동광》에 실린 이태준의 글이었다. 도입부의 대화가 눈에 들어와 잠깐 건성건성 건너뛰며 몇 줄 읽어 보다가 얼굴이 그만 화끈 달아오르지 않을 수 없었다.

A: 에로가 빠져서는 안 될 터인데.……

B: 그럼요, 이번《XX》를 봐요. 그렇게 크게 취급한 〈재만 동포문제〉니 〈신간회 해소문제〉니 하는 것은 성명이 없어도 〈침실박람회〉는 가는 데마다 야단들입디다.

C: 참《XX》이번 호는 그 제목 하나로 천 부는 더 팔았을.……그렇지만 너무 노골적입니다.

D: 그래도 글쎄 그렇게 안 하곤 안 돼요. 잡지란 무엇으로든지 여러 사람 화두에 오르내릴 기사가 있어야 그거 어느 잡지에서 보았느냐 어쨌느냐 하고 그 책을 찾게 되지…….

E: 사실이야 아무래도 번쩍 띄는 큰 '에로' 제목이 하나 있어야 돼. 더구나 봄인데.

이것은 M잡지사의 편집회의였었다. 그네들은 이와 같이 에로에 치중하자는 데 의견이 일치하였다. 그래서 한편 구석에서 약간 얼굴이 붉어진 여기자만이 입을 다물고 앉았을 뿐이오, 그 외에는 저마다 우쭐하여 다투어 가며 '에로'짜리 제목을 주워섬기었다. 그러나 이번에도 결국 예정 목차에 오른

것은 역시 눈을 딱 감고 남의 말은 못 들은 체하고 앉아 있다
가 제일 나중에 자신이 있게 내어놓은 편집국장의 것이 되고
말았으니 그것은 〈신춘 에로백경집新春好色百景集〉이란, 그
들의 용어를 빌려 말한다면, 과연 '센세이션 백 퍼센트'짜리
제목이었다.[180]

글은 그렇게 시작되고 있었다. 첫 대목을 읽자마자 나는 얼
굴이 붉어졌다. 타임머신이라도 타고 이 자리에 왔다갔는지 이
건 꼭 지금 막 시작하는 우리 잡지사의 편집회의 장면을 그대로
옮겨 놓은 것 같지 않은가? 편집국장은 나를 말함이고. 우연의
일치겠지만 글을 읽으며 당혹스럽지 않았다면 거짓이었다. 이태
준, 이 친구는 언제나 사람의 폐부를 콕 찌르는 글을 써 놓곤 했
다. 지난달 《동광》에 그가 쓴 글의 도입부와 똑같은 장면이 지금
펼쳐질 참이었다. 나 역시 아침 출근하던 전차에서 광희문에서
올라탄 요란한 복장의 기생의 모습을 보고 '에로'도 참 가지가지
네, 하다가 에로 백경이나 그려 볼까 하는 생각을 얼핏 했기 때
문이었다.

나는 회의를 조금 늦추자고 말해 놓고는 망할, 이태준의 소
설을 처음부터 다시 읽기 시작했다. 대강의 줄거리는 이랬다.

신참기자 K는 편집국장이 시키는 대로 〈에로백경〉을 찾

아 나선다. 그는 잡지사 기자로서 붓이 칼이 되기를 꿈꾸었지만 기껏 '에로의 재료'를 찾아 나서는 자신에게 잠깐 자괴감을 느낀다. 그러나 그의 '델리케이트 한 번민'은 월세를 내야 하는 자신의 초라한 현실 앞에서 무너진다.

K가 전차에서 내린 곳은 병목정. 2, 3층의 일식집이 늘어서 있는 유곽은 '집집마다 으슥하게 들어설 곳을 만들어 놓고 마치 활동사진관 문 앞에 배우들의 브로마이드를 걸어 놓듯 창기들의 인형 같은 사진을 진열'해 놓았다. 그는 좁은 골목으로 되돌아와 노랫가락을 흥얼거리며 추파를 보내는 계집을 따라간다. K는 그 계집애의 벗은 몸을 보고 놀란다. 열 대여섯밖에 안 되어 보이는 그의 젖가슴이 스무 살도 훨씬 넘어 보이기 때문이다. K는 귀신에게 홀린 것 같다. 앳된 얼굴을 보고 불쌍하게만 생각한 K는 그 아이의 몸을 보고 마음이 흔들리지만 그 계집애가 '치마 끈까지 끌며 정식으로 흥정을 걸려 할 때 1원짜리 지전 한 장을 빼어 놓고' 그대로 나오고 만다.

K는 어두운 골목 담장 밑에서 새로운 '에로' 하나를 발견한다. 그는 그녀를 쫓아 다 쓰러져 가는 오막집까지 간다. 방안은 촛불만 켜 놓아 '그로테스크'하였다. 경대 하나 없었고 그 값싼 인조견 이불 한 채 놓이지 않았다. 그녀는 막상 K를 끌어들이고는 자신에게 병이 있으니 그대로 돌아가라고 한다. 그리고 자신

의 이야기를 들려준다. 그녀의 아버지가 만세 때 대동단에 끼어서 해외로 간 이후로 십여 년 소식이 끊겨 생계가 막막했다. 그러던 차에 싸전 하는 사내에게 의지하려 했는데 자신에게 못된 병을 옮겨 주고는 발을 끊어 버렸다. 약값을 달래도 못 들은 척하기에 고소를 하려 경찰서에 갔더니 그녀를 유치장에 가두어 버렸다. '밀매음을 하고 돈을 못 받았다고 고소하러 왔다가 도리어 잡힌 뱃심 좋은 밀매음녀'라고 신문에도 났다고 한다. 그녀가 일주일 만에 유치장을 나와 보니 어머니인 육십 노인이 며칠을 굶었는지 누워 있다. 생각다 못해 이 일에 나섰는데, 사내 하나를 데리고 방으로 들어오는 것을 본 노인이 그만 양잿물을 마셔 버렸다. 그리고 시신이 바로 지금 저 방에 있단다. 그녀 역시 배가 고파 '아랫배를 움켜쥐고 입술을 바르르 떨면서 쓰러지려' 하였다.

　　K는 울음이 터져 나오려 한다. 그 여자는 "이런 놈의 세상을 그래 당신 같은 사내들은 계집청에나 다니면서……" 하고 말끝도 맺지 못하면서 쓰러져 운다. K는 얼굴이 화끈거린다. K는 자신의 신분을 밝히려 하다가 자신이 이런 곳에 드나드는 인간보다 더 한심한 인간이라는 것을 안다. 그는 얼마 안 되는 시재를 털어 놓고 사람 살리라고 소리라도 지를 것처럼 주먹을 쥐고 서둘러 그 집을 뛰쳐나왔다.

신참기자 K가 '에로'를 찾으려 나섰다가 '그로'만 잔뜩 보고 온 경험을 그린 작품이었다. 나 역시 이 글을 읽고 부끄러움을 느끼지 않았다면 그 역시 거짓말이다. K의 심정과 다를 바 없었다. 아니 K보다 참담함은 더 했다. 모던이니 에로니 그로니 하는 껍데기뿐인 유행과 취향을 주워섬기기엔 조선의 현실이 너무 비참하다는 걸 누구나 알고 있었다. 제목의 '불도 나지 않았소, 도적도 나지 않았소, 아무 일도 없소'는 바로 아무 일도 일어나지 않았지만 비참한 일상을 살아야 하는 조선의 현실을 말하는 것이었다. 하지만 어느 누구도 현실의 이면을 들여다보려 하지 않았다. 세태의 표피 위에서 백짓장같이 닳아진 삶을 들춰보아야 자신만 더 괴로울 뿐이라는 걸 모두가 아는 까닭이었다. 권번의 기생들이나 카페의 여급, 유곽의 창기들이 에로의 대명사인지 몰라도 그들에게 욕망을 투사하기 위해서는 그들과 똑같은 무게의 슬픔을, 비참함을 감당할 수 있어야 했다. 조선에서 사는 한 누구도 여기에서 벗어날 길은 없었다. 고작 몇 십 부, 몇 백부의 판매고를 올리기 위해 알지도 못하고 있지도 않은 에로와 그로를 잡지에 올리려는 우리들과 몇 푼의 돈을 위해 밀매음을 나서야 하는 그들의 처지는 한 치도 다를 게 없었다.

그날 아침 편집회의를 끝내지 못했다. 아침부터 시작된 우울은 오후가 되어도 사라지지 않았다.

카페의 밤

밤 열한 시. 종로 네거리 서편 정류장에서 멍하고 서 있으려니 서대문에서 전차가 으르렁거리고 달려든다. 동대문행이다. 두엇쯤 내리고 서넛쯤 탄다. 전차는 땡땡 소리를 내며 스르릉 달아난다. 이번은 황금정행이다. 또 떠난다. 다음은 동대문행. 그다음은 황금정……

전차를 탈까? 아니면 어디로 걸어가 볼까? Baron으로 갈까? クチヾ ヤク로나 갈까?

동대문행이 온다. 올라탔다. 길에는 오고가는 사람들이 아직도 많다. 무슨 일이 그렇게들 있는지 밤이나 낮이나 분주하게 돌아다닌다. 전차는 동대문에서 잠깐 쉬고 광희정을 돌아 황금정 네거리로 가다가 방향을 바꾸어 다시 종로로 간다. 늙수그레한 호인상의 차장이 한 번 나를 쳐다본다. 5전 한 푼을 주니 표를 떼어 들고 가위로 겨누며 "어디로 가나?" 하고 웃는다.

"어디로?……글쎄요?……아무데나 가는 대로 갑시다."

차장은 한 번 마주쳐 보고는 피식 웃더니 구멍을 뚫어 준다. 광화문 앞을 지나 서문으로 해서 봉래교蓬萊橋로 경성역 앞까지 가서는 모두 내리라고 한다. 섭섭하지만 내려서 저 편 정류장으로 간다.

한강 다리로 가는 차가 온다. 집어 탔다. 시간이 갈수록 전차는 점점 속력이 빨라진다. 강 다리 위에서 차를 돌린다. 그대로 앉아 있으니 차장이 다 왔다고 주의를 준다. 아무 말도 없이 앉았다. 전차는 드르렁거리며 다시 문 안을 향해 돌아온다. 종로 네거리 아까 그 자리에서 다시 내렸다. 차장이 내리는 나의 뒤통수에다 대고 "싱거운 친구구먼" 한다. 마음이 내키지 않지만 발길을 바론으로 향해 옮기기 시작했다.[181]

영락정에 있는 '카페 바론의 하룻밤'. 축음기에서 재즈가 황소 소리 같이 흘러나온다. 웨이트리스들의 어깨가 실룩실룩하고 엉덩이가 꿈틀꿈틀한다. 전기 장치를 한 인형처럼 보기 싫은 몸뚱아리의 율동이 이곳저곳에서 벌어진다.

'오-라잇 사-오도리마쇼-' 반질반질하게 머리를 갈라 붙이고 말쑥하게 차린 양복 청년 하나가 돌연히 일어서며 두 팔을 벌리고 웨이트리스한테 달려들더니 허리를 껴안는다.

"아라! 쫏도맛테 쫏도맛테 아다시 혼또 오도레 나이와요!"

몸을 비틀며 숨찬 듯이 피뱃는 계집애의 고양이 목소리에 녹아 버릴 듯한 교태가 흐른다.[182]

모던의 사회가 어떤 것인지 모르겠으되 세상은 어디나 더 혼잡해지고 더 난삽한 풍경으로 채워졌다. 생각해 보면 현대라는 사회는 이상향도 유토피아도 아니다. 달라진 것 없이 겉만 화려해진 모습이 현대라면 그렇게 애써 좇아갈 이유가 없다.

경성의 밤을 이끄는 것은 욕망이다. 불을 좇는 부나방처럼 도시는 환한 불빛을 밝히고 사람들이 휩쓸려 모여든다. 낯설지만 어느 새 익숙한 풍경이 되어 버린 도시는 얼핏 코스모폴리턴의 그것과 닮았다. 도대체 이런 모습은 어디에서 온 것일까?

누구나 말하듯 서울은 식민본국 일본 동경 긴자 거리의 축소판이었다. 지난해 가 본 동경은 바와 카페와 극장 그리고 댄스장 등 온갖 환락의 세계가 전개되고 있었다. 성적인 유혹이 노골적인 상품으로 등장하는 현대 도시의 뒷골목을 긴자만큼 잘 드러내는 곳은 없었다. 긴자 거리는 말 그대로 새로운 유행을 낳는 모던의 집합지였다.

"밤의 은좌는 네온싸인과 레코-드 소리가 대표한다. 대은좌大銀座 적옥회관赤玉會館 은좌회관銀座會館 등 눈이 부실 듯한 전장電裝 경쟁이다. 유행가가 흘러 나아오고 분 냄새가 넘친다. 큰 상점 뒷골목에는 무수한 소카페, 소요리점이 있다. 에로 서-

291

비스의 정도를 미리 헤아리기 어려우나 시골뜨기가 들어섰다가는 창자까지 빼줄 만한 접대는 구태여 사양치 않는 곳이 곳곳에 끼워 있다."

"은좌는 그야말마다나 모던 인종의 집산시이오. 연애취인所戀愛取引所이며 신유행의 발상지인 동시에 동반 만보자同伴漫步者의 품평회장이다.……은좌 불량소녀단 간부銀座不良少女團幹部이나 요코하마橫濱에서 원정 온 본목매춘부本牧賣春婦들이 활개 치는 은좌 거리의 여자들은 이름하야 '스텍', '스트리드껄' 또는 거리의 천사라고 한다."[183]

일본이 그러한데 그 문화를 고스란히 베껴 채우고 있는 서울이 다를 바 없었다. 다르다면 제국의 문화가 식민지의 그것보다 더 화려하다는 점일 것이다. 어디나 거리의 여인들이 세상의 풍경을 바꿔 놓고 있었다. 명월관 식도원을 비롯하여 각종 요릿집과 색주가까지 술을 찾아서 왔다가 '병목정의 은군자의 맛'을 찾는 이들, '모던 껄의 치맛자락, 카페의 홍등녹주, 진고개 산보. 이 같은 것이 그들을 서울로 이끌어'[184] 들이고 있었다. 종로에 나가면 단박에 바뀐 세상을 실감할 수 있었다.

"네온싸인에 눈이 부시고 레코-드 소리에 귀가 발광할 종로가 아니다. 회중전등으로 길을 찾고 〈장타령〉 소리에 귀를 막을 종로이다! 낙원회관에서 흘러 나아오는 웃음소리! 노래 소리! 카페의 광시대[185]이다. 여급의 황금시대이다. 그 총본영은 종로의 낙원회관이다. 기생도 이곳으로 밀리고 여배우도 밀리고 실연한 작은아씨도 몰려들어 밤의 천국! 그늘에 피는 꽃빛을 자랑키로 된다."[186]

카페는 이국적인 이름만큼 새로운 풍경을 선사했다. 경성 거리에도 어느새 카페가 하나둘 생기더니 어느 순간부터 급격히 늘기 시작했다. 카페는 이전의 끽다점이나 다방과는 조금, 아니 많이 달랐다. 카페는 '술과 계집 그리고 엽기'가 잠재해 있는 곳이다. 무겁게 떠도는 공기 속에서 밤이 늦어도 '입술의 접촉하는 소리와 한 가지로 화려한 흥분'은 어느 때까지든지 계속된다. 거기엔 '눈물도 없고 슬픔도 없고 고민도 없는 행복한 인간들만 모이는' 장소같이 보인다.[187]

종로를 중심하야 그 근방에만 있는 카페 수효만 해도 십여 곳이 되었다. 카페가 끽다점과 달랐던 이유는 거기에 카페 걸, 즉 여급이 있는 까닭이다. 분명 1930년대 세간의 관심은 기생에서 카페 여급으로 옮겨 가고 있었다. 카페들마다 일하는 웨이트리스는 한둘이 아니었다. 목단에 스물하나, 낙원에 쉰셋, 평화에 스물넷. 이렇게만 쳐도 그 수는 역시 수백 명이다. 규모가 가장 컸던 낙원회관이 성공하자 뒤를 이어 경성, 왕관, 킹홀, 목단, 엔젤, 태평양 등등 카페는 날로 늘었다. 이제 경성의 밤은 카페 행진곡 속에 저물고 있었다.

　카페에 가면 만날 수 있는 웨이트리스, 바로 여급은 모던 세상의 기생이었다. 기생은 여전히 요릿집에서 부르면 달려오거나 돈으로 하룻밤을 살 수 있는 존재였으나 '시간비 주고 불러모셔야 하는 거북한 기생 아씨보다 일 원 한 장만 내놓으면 몇 시간씩 손목도 잡히고 뺨도 대어 주며 신식 창가, 사교댄스까지 흥을 모두워 주는 미인이 칠팔 명, 십여 명씩 들끓는 카페'[188]가 세월을 맞고 있었다. 여급은 기생과는 달랐다. 더 이상 어두운 음지로 스며들기만 하는 존재들이 아니었다. 모던 기생이야말로 이들이 아닌가? 실제로 여급의 대부분은 그 출신이 기생이었다. 기생은 새로운 직업군에 의해 밀려나고 있었으니 바로 여배우들이다. 물론 여배우들조차 그 출신이 기생이 많았으니 결국 마찬가지였다. 카페에서도 여배우 출신의 여급을 초빙하는 게 유행이 되어 가는 곳마다 여배우 출신의 여급을 만나지 못 하는 곳이 없었다. 목단 카페의 김보신을 비롯, 조경희, 김명순(마리꼬), 김일송(김메리) 등등. '서울의 카페라는 곳은 몰락한 여배우의 수용소'[189]가 되고 말 것이라는 말도 들렸다.

　겉으로 보기에 기생은 분명 여급에게 자리를 내어준 것처럼 보였다. 공식적인 사교모임이면 으레 등장했던 기생이 이제는 여급으로 바뀌어 시중을 들게 되었다. 조선주조조합酒造組合

대회가 경복궁 안 경회루에서 열렸을 때 서울 안 카페에서 '요염을 다한 여급들'[190] 수백 명이 접대했다고 한다. 그 자리에는 정무총감도 참석했는데 그에게 술시중을 들었던 여급이 가십으로 오르내리기도 했다.

이제 '팔리지 않은 기생이나 지방으로 떠도는 색주가댁'들의 뚜쟁이 영업은 열두 시 넘은 종로 뒷골목에서 이루어졌다. 자정이 넘으면 자동차는 동분서주! 모두가 기생을 태운 자동차들이었다. "열한 시가 넘어 극장이 손님을 토해 놓으면 어쨌든 모두가 종로바닥으로 퍼진다. 일남일녀의 소근소근 노는 패는 제일루第一樓(종로 2가에 있던 중국집) 지점이나 백합원百合園 이층으로 사라진다. 작란차들은 시퉁그러진 작은아씨 뒤나 따르고 모뽀, 모껄들은 차점으로 사라진다."[191] 하지만 종로 네거리에 불 밝혀지기가 무섭게 '반달 같은 눈썹을 그리고 입술에 연지 찍고 인력거에 올라 명월관이나 식도원으로 분주히 출입하는 기생들'은 여전히 있었고 그 수효도 또한 천여 명이나 된다고 했다.[192]

카페에 드나드는 치들이 핸섬하게 차려입은 모던 보이들만은 아니다. 시인이나 작가, 영화배우나 가수들? 그런 모던 보이들이 얼마나 되겠는가. 카페를 점령한 건 학생들이었다. '자정 가까운 때 시내의 음풍淫風이 미미靡靡한 카페의 문을 열고 들어서면 이마에 피도 마르지 않은 중학생을 발견하지 않은 곳이 없다'[193]고 했던가.

'중학생의 환락경歡樂境(?)'이라는 말을 듣는 종로 우미관 옆 카페 아까다마의 밤.

시간은 새벽 두시 반. '푸른 연기, 붉은 술, 새빨간 연지, 창백한 백분白粉, 고꾸라(무명천) 양복의 교복 정모'를 쓴 중학생이 여급과 자리를 잡고 앉아 있다. 그들 옆에는 '금단추 단 교복을 입은 칼네지 뽀이와 루바시카(러시아풍 상의) 군'이 있다. 그들은 각각 정종과 맥주 그리고 와인을 마시고 있다. 이들 앞에 'Meiji 라는 마-크를 부친 중절모자'를 쓴 명치대생이 들어온다. 웨이트리스가 정종 한 병과 잔 한 개를 가져다 놓는다. 술만 주고 웨이트리스가 오지 않자 명치 군은 대노를 한 모양이다. 술잔을 깨뜨리고 술병을 내던지고 욕을 하고 소리를 지른다. 양장한 웨이트리스 하나가 중학생에서 빠져 나가서 명치 군에게 사죄하니까 다짜고짜 그녀를 후려 때린다. 처음 몇 번은 온순하게 맞고 있다가 웨이트리스는 필경 마주 달려들어 물고 뜯고 발악을 하고 옷을 찢고 일대 난투가 일어난다. 장내는 전부 일어서서 혹은 명치 군을 혹은 낭자 군을 응원하며 공기는 매우 불온해진다. 일본인 주인이 나와서 싸움을 말린다. 기세를 얻은 명치 군은 웨이트리스들을 닥치는 대로 때리고 그야말로 범과 같이 날뛴다. 여러 사람의 중재로 활극의 1막은 끝이 난다. 아직도 환락경의 밤은 얕다. 방 안에 남은 다른 패들은 웨이트리스를 많이 차지하고 느긋이 앉아 술을 마신다. 때는 세 시가 훨씬 지난 뒤다.[194]

하루 일과가 끝나면 카페에서 위안을 구하는 이들이 또 있었으니 경성의전 학생들이다. '번잡하던 뇌수腦髓, 병자를 대하던 우울한 그 심정. 이러한 공기에 씌었던 기분을 바꾸어 쾌활하고 신선한 공기를 흡수할 수 있는 곳은 다만 카페뿐'[195]이란다.

카페의 밤은 경성을 잠들지 못하게 한다.

기
생
을

철
폐
하
라

기생의 변모. 대중스타. 기생을 철폐하라

기생의 변모

현대가 만들어 낸 새로운 인간은 퇴폐와 향락에 물든 채 모던 걸로 다가왔지만 그들은 모던으로 투사된 기생의 다른 모습이기도 했다. 새로운 기생들이 등장하고 있었다. 가수, 배우, 여급, 마담이란 이름으로 불린 이들을 더 이상 기생이라고 부를 수는 없는 일이었다. 노래를 부르고 얼굴을 보이고 시중을 드는 일은 분명 엇비슷해 보였지만 서로 가야 할 경로가 달랐다.

모던의 풍조가 퇴폐적으로 보일수록 기생의 입지는 점점 더 좁아졌다. 카페의 여급들이 기생의 지위를 넘보고 있던 차에 기생은 여전히 과거에 발목을 잡힌 존재들이었기 때문이다. 고유한 직업(?)으로서 기생은 여전히 있었지만 그들의 모습도 달라지기 시작했다.

기생이야말로 세상의 변화에 가장 민감하게 반응하는 존재들이다. 그들은 앞을 다투어 새로운 문화를 흡수하려 했다. 세상이 모두 변하는데 기생이라고 마냥 장타령만 하고 있을 수는 없는 노릇 아닌가? 일본노래를 배우고 서양식 춤을 추어야 그나마 영업의 끈을 잃지 않을 수 있었기 때문이다. 요릿집을 드나들 수 있는 치들은 부와 권력을 쥐고 있거나 그들로부터 무언가를 얻어 내려는 사람들일 수밖에 없다. 세태의 흐름에 민감해야 자본과 권력을 얻을 수 있는 법이다. 그들이 술집과 요릿집을 점령하고 기생들에게 여흥과 향락을 요구했다면 그 내용이야 알 만했다. 기생이 일본노래나 서양춤을 배우지 않고는 그 자리에 있지도 못했을 것이다.

식민구조의 강제된 억압은 경제적인 핍박이나 정치적인 불평등에 머물지 않는다. 오히려 문화적인 영역에서의 침탈은 사회의 계급구조와 맞물려 중층적으로 왜곡된다. 그나마 전통적인 문화를 유지하는 계층이 기생들이었고, 또 터무니없게도 기생들에게 전통의 문화를 담지해 줄 것을 요구하는 식자들의 주장이 없었던 것은 아니었지만, 식민의 지배 아래에서는 조선의 전통문화란 한낱 향토색을 지닌 지방의 문화일 수밖에 없었다.

조선의 향토색은 이국적이란 의미에서 색다른 문화적 취향으로 받아들여졌다. 거기가 식민 본국이라면 더 말할 것도 없었다. 조선기생이야말로 이국적 취향을 위해 찾는 문화적 상품이었다. 동경에 진출한 명월관. '건물도 조선식의 주란화벽朱欄

畵壁(붉은 기둥과 그림이 그려진 벽)이오, 음식도 신선로에 김치 깍두기, 음악은 3현 6각, 노래도 수심가, 육자박이'를 제공했던 명월관은 '화용월태花容月態의 치마저고리 입은 기생' 십여 명이 서비스를 하고 있는 곳이었다. 영업은 성공적이었다. 손님의 대부분은 일본인들로 하루 매상이 5천 원을 넘었고 그렇지 못한 날도 2, 3천 원이 보통이라는데 '조선기생의 요염한 자태에다가 조선의 독특한 음식이 그네의 호기심을 끄는 까닭'[196]이었다. 아마 식민의 시간이 지난 뒤에도 꽤 오랫동안 이 땅의 문화가 타국(서구 제국이라면 더 말할 것도 없이)에서 자리 잡는 경향을 보이기만 하면 제국의 시선으로 바라보며 이를 민족적 자부심으로 뿌듯해 하는 이들이 많을 것이다. 타자의 시선으로 민족의 동질감을 확인하거나 우월함을 느끼는 기이한 현상이야말로 식민의 경험이 가져다 준 열패감이었다.

이미 일본에 진출한 조선기생도 없지 않았다. 동경에는 벌써부터 조선기생, 창기들이 진출하여 '값싸게 에로'를 산매한다는 소문이 돌고 있었으며 이들은 카페에까지 진출했다 한다.[197]

기생의 변모가 모던인지 서구풍인지 일본풍인지 알 수 없는 뒤죽박죽 풍조이긴 했지만 그런 문화에 먼저 익숙했던 치들은 단연 먹물들이었다. 그러나 기생을 바라보는 시각은 여전히 과거의 그늘을 벗어나지 못하고 있었다. 첨단의식을 지니고 있다고 자부하면서 동시에 과거를 들먹이며 오늘을 한탄하는 걸 업으로 삼는 이들은 모두들 약속이나 한 듯 기생을 비난하기 시작했다. 문화계나 예술계 인사일수록 더했다.

"딴띄 딴따라를 부르고 오록고부시,[198] 서양춤이니 하며 벌쭉거리고 다녀야만 행세를 하고 잘 불려 먹는다는 것이 요새 조선기생네들이다. 그야 물론 요새 이르는 바 신청년(모던 보이)들이 요구하는 것이 그것이니까 그렇겠지만 스스로 나아가서 모던식을 즐기는 것이 또한 요새의 조선기생이다. 조선기생이면 조선 맛이 있어야지 일본기생도 아니고 서양기생도 아니고 어떤 것이 정체인지 알 수가 없으며 솜버선을 신은 꼴에 서양춤(?)을 춘다고 푹적대이고 비녀 꽂은 대가리를 휘저으며 '구라이 요미찌'를 부르고 앉아 있는 꼴이야."[199]

모던과 더불어 급격히 밀려드는 식민 본국의 문화에 대한 거부감을 표출한 것이었을까? 그럼에도 기생들에게 옛날의 품위를 유지하라는 요구는 터무니없었다. 있지도 않은 전통을 들먹이는 건 아무래도 어불성설이었다. 급기야는 죽은 황진이와 논개를 불러 내어 오늘날의 기생을 탓하는 글도 부지기수였다.

"지금의 기생은 그저 돈만 주면 웃음도 팔고 절개도 팔 뿐이다. 임진란 때에 왜장 청정의 목을 안고 진주 남강 물에 떨어져 죽은 논개라거나 평양 의열사에 천추만대로 향불을 받고 있는 계월향桂月香[200]이라거나 함흥기 소춘풍咸興妓 笑春風[201]이라 거나 개성 명기 황진이라든가 서도기 부용西道妓 芙蓉[202] 등의 재조와 절개를 금세 기생에게는 터럭 끝만큼이라도 찾을 길 없는 것이 슬프구나. 조선기생이 비록 쓰러져 가는 조선의 고유한 노래와 춤을 보존하여 주고 조선광대가 거문고, 생황, 장고, 북젓대, 해금, 피리, 소고, 날라리 등 고유한 음악과 악기를 보존하여 주는 점에는 크게 감사할 바이지만 승무 대신에 촬튼 딴스(찰스턴 댄스)를 하고 백구사, 어부사를 하는 대신에 낭킹 마찌요, 오료꼬를 하는 것을 볼 때 장태식長太息(장탄식)을 금할 수 없다."[203]

황진이와 논개는 이들이 즐겨 찾는 기생의 표상이었지만 그들을 현실 속에서 찾을 수는 없었다. 죽은 춘향이도 불려와 한마디 거든다.

"오늘날 조선의 기생들이라는 것을 내려다보면 우습기도 하려니와 측은한 때도 있습니다. 얼굴이 잘나고 못난 것은 탓할 바 없거니와 옷치장 하나 왜 기생답게 못하여 입습니까. 홀떡 하면 일본여자들의 고시마끼(허리에 두르는 예장용·禮裝用 의복) 끈으로 중둥매기를 하고 가죽으로 만든 오페라 빽(오페라 백)을 들고 나서는 꼴이나 소리라고는 아노어료꼬나 찾고 앉아 있는 꼴이란 도리어 측은한 생각이 앞섭니다. 조선엔 기생이 없어진 지도 오래라고 생각합니다. 기생뿐이 아니라 풍류협객은 그만두고 건

달 하나 건달 같은 것이 없다고 생각합니다. 명월관이니 식도원이니 하고 찾아 든다는 것들이 모두 일본집 상점에서 반또(상점지배인) 노릇만 하다 나왔는지 웬 오료꼬부시는 그리 즐겨하는지요……"[204]

일본의 복장에 구라이 요미찌, 낭깅마찌요, 아노어료코, 오료꼬부시와 같은 일본노래를 부르며 찰스턴 댄스와 같은 서양춤을 추는 기생. 이들에 대한 시각이 곱지 않았던 것은 전통에 대한 막연한 향수이거나 아니면 민족적인 정체성을 상실해 가는 현실에 대한 초조감 때문이었다. 식민의 세월이 길어질수록 걷잡을 수 없이 밀려오는 이질적인 문화에 대한 거부감과 흐릿해진 정체성에 대한 불안은 점점 커져 갔다.

사회에 민감하게 반응하며 세태를 따라가는 기생들의 모습이 안타까웠던 것은 기생을 바라보는 그들 자신의 시대착오적이고 이율배반적인 시선 때문이었다. 개인의 욕망이 투사된 존재일 수밖에 없는 기생에게 사회적으로 요구되는 상을 들이대면 언제나 어긋난 자리에 놓여 있게 마련이었다. 하지만 그 이유가 기생이 아니라 기생을 바라보는 자신들의 시선 때문이라는 사실은 언제나 간과되기 일쑤였다.

그렇다면 같은 여성들은 어땠을까? 여성들은 기생을 좀 다르게 보지 않았을까? 여자들을 일일이 찾아다니며 물어볼 수도 없고……. 방법이 없는 건 아니었다. 별 볼 일은 없지만 그래도 내가 한 잡지사의 편집장 아닌가? 여성 인사들을 불러 잡지에 싣는다는 평계로 좌담회를 열고 물어보면 될 터였다. 아는 여성들이라야 지인들을 통해 건너 알고 있는 여류작가들이 대부분이었지만 그들로도 충분할 터였다. 나는 우선《삼천리》사의 기자로 있는 최정희에게 연락했다. 아무래도 또래의 젊은 여류 문인들을 꾀어 내는 데 그녀를 앞세우는 것이 나을 것 같았기 때문이다. 오기로 한 사람은 넷. 모윤숙, 노천명, 이선희, 최정희. 그만하면 충분했다. 모처럼 식도원에 예약을 하고 '여류작가회의'란 거창한 이름을 내걸고 좌담을 열기로 했다.

서로 낯은 익었지만 오랜만에 만나는지 하하 호호 여자들끼리의 잡담이 하염없이 이어진 뒤에 시작된 좌담은 점심 무렵부터 저녁까지 이어졌다. 하지만 나는 사회를 맡아 이야기를 이끌면서도 내심 실망감을 감출 수 없었다. 기생을 바라보는 이들의 시각은 다를 게 없었기 때문이었다. 아니 그들 시선의 왜곡은 대체로 더 심했다. 처음부터 내 의도를 알아차리고 말을 아꼈던 최정희를 제외하면 모두 비난 일색이었다. 스스로 인텔리를 자부하는 여류작가들의 눈에 보인 기생은 여전히 정신생활조차 없이 요염한 육체로 악마적인 유혹을 일삼는 천박한 여성이었다.

이선희-옛날엔 설도薛濤(당나라의 여시인)나, 황진이나 모두 시조 짓고 사군자 치고, 가야금 고르고 거문고 뜯어 그윽한 향기가 얼굴과 마음에 흐르고 있더라지만 근래엔 기생은 있어도 명기는 없다 할 것 같아요. 요염한 육체는 있어도 풍취를 이해하는 정신은 정말 없는 듯해요. 그러니 그렇게 높이 평가가 되지 않으니 찾아가고 싶지도 않고…….

노천명-그네들과 마주 앉아 더불어 이야기하려는 욕망이 애초에 일어나지 않아요. 어쩐지 기분적이고, 데카당이고, 안다 하는 그 신문화란 것도 설익은 듯하여서, 그저 남성들의 농완물弄玩物 노릇이나 하는 것 같아요. 정말 그네들에게 정신생활이 있을까요. 종교나 예술에 반해 사는……. 그네들의 생활부터가 호감이 가지지 않으니깐 이해하려고도 싶어지지 않아요.

최정희-창부생활이란 심각할 것 같아요. 되고 싶어 된 것이 아니라 현실의 여러 가지 사정으로 말미암아 아프고도 괴로움의 심연인 줄 알면서도 그런 윤락의 시장으로 매녀가 되어 탕아의 품에, 몸을 던지는 것이 아닌가요? 그러기에 그네들의 가슴속엔 무엇인가 깊고 넓은 일면이 있을 것 같아요. 기생도 정도의 차는 있겠지만, 그 속에 순정한 분도 있겠지요. 눈물도 한숨도 남달리 가진 그런 이가 없을 수 있나요.

이선희-있다손 치더라도 현미경적 극소수의 존재겠지요.

모윤숙-나는 악마적인 창부의 그 뇌수를 해부하여서 인도적 감정으로서 그래서 사회제도의 비판에까지 그 결론이 한번 미치게 생각하여 보고 싶어요. 얼굴과 태도가 아름다우니까 남성을 유혹하는 것인지 선천적으로 그런 악마성을 띠고 낳으니까 그런 탕아의 사회에 어울리는 것인지요.

이선희-어쨌든 지금 경박한 이 사회에선 미녀도, 또 그를 치켜올리는 남성도 모다 천박한 것 같아요. 우리 집 근방에 있는 어떤 기생도 예전은 장안 명기라더니 늙으니, 찾는 사람 없습디다. 남성들의 즉물주의에도 놀라지만 기녀의 무자각도 또 놀랄 일 아녜요?[205]

* * *

새로운 기생의 풍조를 말하는 데 동인이 빠질 수 없었다. 세태를 감지하는 동인의 민감한 촉각이야 말할 필요도 없었다. 그는 〈논개의 환생〉이란 이야기를 들고 나왔다. 진주성이 함락되고 진주목사 서원례의 애첩인 논개가 일본 장수를 껴안고 촉석루 바위에서 강으로 뛰어드는 시점부터 이야기는 시작된다.

300년 동안 '어둑컴컴, 퍼러둥둥, 지극히 미약한 푸른 빛'

이 떠도는 유명계를 헤매고 있던 논개. 그녀는 끊임없이 다시 인간세계로 환생시켜 줄 것을 옥황상제에게 요구한다. 논개의 성화에 견디다 못한 옥황상제가 마침내 이렇게 말한다. "이 계집애를 인간세계에다 내다 버리라고 좀 그래줘. 만날 양양 조르는 소리에, 귀찮아 못 견디겠어."

그리하여 논개는 20세기의 요란하고 번잡한 세상에, 경성 다방골의 어떤 집에, 한 모던 기생으로 환생하였다. '나이는 스물하나, 키는 후리후리 크고, 흰 살결과 광채 나고 큰 두 눈과 비교적 좁고도 애교가 늘 흐르는 입과, 뺨의 네 군데의 우물과 기다란 눈썹과 풍부한 성량의 주인 리패연의 몸집을 쓰고' 이 눈이 뒤집힐 듯한 세상에 뛰쳐나온 것이었다.[206]

환생한 논개이자 패연이는 한 몸을 가진 두 성격이 오전과 오후에 서로 번갈아 나타나는 '이중의 성격, 이중의 이성, 이중의 사상, 이중의 눈을 가진 기이한 사람의 이중의 생활'을 시작하게 된다. 논개는 놀랄 만큼 변한 세태를 보게 된다. '약을 넣은 투명한 병, 머리맡에 걸려 있는 커다란 거울, 화장하는 약품을 넣었다는 아름다운 그릇들, 시계라는 오묘한 기계, 천하고 천하여져서 행랑아범의 이빨에까지 붙은 황금, 양복이라 하는 옷— 변한 풍속, 변한 제도, 변한 습관, 변한 문화'[207] 이런 것들을 처음 볼 때마다 논개는 놀라지 않을 수 없었다.

패연은 장안의 인기를 얻는다. '풍부한 성량으로 육자배기를 냅다 뽑으면서도 수심가도 제법 꺾어 넘기며 샤미센조차도 웬만치 짐작하고 유행노래도 웨이트리스에게 지지 않도록 하는' 모던 기생 리패연은 화류계에서는 얻지 못할 든든한 자리를 잡았다.

당연히 패연에게 장안의 남정네들이 꼬여든다. '나팔바지, 칠피구두, 지팡이, 도금 시계줄, 안경 등으로 장식한 모던 보이들'뿐 아니라, '에보나이트 안경 안에서 허연 눈썹을 껌벅거리는 대학교수, 교사의 행한 일의 좋지 못한 방면은 반드시 본받는 학생들, 예수교의 장로들, 중들, 예수교인 등등 종교가, 학생, 교수, 실업가, 배우, 부랑자, 가지각색의 계급의 사람'이 패연이를 보려 하였다. '제집 서방, 여관 서방, 요릿집 서방, 절간 서방, 자동차 서방, 벌판 서방' 등등 패연이의 서방은 손으로 꼽기가 힘들었다.

그러던 차에 과거와 현재의 인물, 두 가지 인성을 가진 패연이는 300년 전 논개가 되어 시대착오의 광태를 한바탕 연출한다. '논개를 패연화化 하려고 애썼지만 그 결과는 오히려 패연이가 논개화' 하여 간 것이었다. 무시로 출몰하고 서로 충돌하는 두 가지 인격 때문에 패연의 행동은 점점 발광한 듯하였다.

동인은 패연의 행동으로 겉멋 든 유행의 양태를 보여 주고 논개의 눈을 통해 황금주의에 물든 세태를 바라본다. 논개로 상징되는 과거의 기생과 패연으로 대변되는 현재의 기생을 극명히 대비시킴으로써 세태를 풍자하고 기생의 정체성을 말하려고 했던 것으로 보인다. 그런데 4회까지 흥미진진하게 연재되던 〈논개의 환생〉은 돌연 중단되고 말았다. 그 다음 호에는 '논개의 환생을 중단하는 까닭'이라는 동인의 변이 실렸다. 그는 "환생한 논개로 하여금 조선의 정경을 보고 비판하려 했지만 도저히 활자화할 수 없었다"고 했다. 그동안 2회(7, 8월호) 썼던 것도 "지금의 이 제도制度 아래서도 넉넉히 활자화 할 수 있을 만한 피상적 관찰을 논개를 통하여 시험해 보려 했든 것인데 그 글 역시 취소한다"고 했다.

동인이 연재를 중단한 진짜 이유는 무엇이었을까? 사실 이야기가 어떻게 전개될지 나 역시 자못 궁금했지만 동인으로서도 환생한 논개의 시각으로 바라본 세상을 어떻게 그려야 할지 그리고 어떤 결론으로 끝을 맺어야 할지 난감했을 것이다. 그나저나 한 번 발표한 글을 취소한다고 취소가 될지도 모르겠지만 시작한 원고를 마음에 들지 않는다고 중단해 버린 동인의 무책임도 대단했다.

대중스타

1936년 2월 17일 정오부터 오후 4시까지. 서울 종로그릴 이층 누상에서는 기생·여배우·여급이 한 자리에 모였다. 좌담회를 연다는 것이다. 어느 때부터인가 기생과 여배우, 가수 그리고 여급은 같은 부류의 계급으로 간주되었다. 동일한 계급이 이상하다면 비슷한 유형의 직업군이라고 말해도 좋을 것이다. 그 시작이야 어찌되었든 그들은 이제 대중들의 관심을 받는 이른바 대중문화의 중심에 있는 사람들이었다. 그들이 한자리에 모여 잡지사의 좌담을 하는 것 자체가 그들이 대중문화 속에서 차지하는 위상을 보여 준다. 그들이 모여 무슨 이야기를 했는지를 이 자리에서 말하는 건 그렇게 중요해 보이지 않는다. 그 자리에 소개되었던 그들의 프로필을 살펴보는 것으로 충분하다.

끽다점 매담 복혜숙(경성 이화녀자고보를 삼년까지 마치고 요코하마로 들어가서 고등여자기예학교 졸업. 그동안 토월회의 멤버로 신극운동에 십 년 간을 종사하다가 최근은 영화 여배우로서도 활동. 연 29)

여배우 신은봉(평양 여자고등보통학교 졸업, 청춘좌 등 여러 연극단체 멤버로서 연극운동에 분주한 지 장근 십 년에 미치며 유행가수로도 명성이 높다. 연 27)

기생 김한숙(X명녀자고등보통학교를 마친 후 수원 모교의 여교원으로 다년 교편을 잡고 있었다. 그동안 여러 운동에도 분주한 적이 있었는데.……방기芳紀 25)

딴사-김설봉(XX녀자고보 졸업, 대련에 들어가서 XX딴스홀의 딴사-, 그동안 봉천, 상해, 천진 등 유력遊歷. 연 24)

여급 정수군(XX녀학교를 졸업 후 천진녀자학당과 북경고등녀학당을 졸업. 현재는 시내 낙원카페의 여급. 연 23)

끽다점 여마담 이광숙(경성 관립녀자고등보통학교 졸업, 현재 서울 수송동에서 끽다점 은령銀鈴을 경영)

여급 정정화(大X녀자고등보통학교 졸업, 현재 서울 낙원카페의 여급으로 직업선에서 활약. 연 19)

여급 조은자(XX녀학교 졸업, 서울 빠고다공원 부근 쯔바메 끽다점에 재근. 연 19)[208]

    기생과 배우, 마담과 여급, 댄서들이 취재 대상이 아니라 좌담의 주인공이 되어 등장했다. 어쩌다가 '천한 직업'에 속하게 된 이들에 대한 대중의 호기심을 채우는 자리이기도 했다. 그러나 여기에 등장한 이들은 모두 여고 출신 '인텔리들'로 선정되었다. 이들 모두를 여고 출신으로 채운 것은 적어도 저급한 향락문화의 종사자들을 전면에 부상시키는 부담에서 벗어나 문화적으로 포장하려는 의도였을 것이다. 이전의 기생들이 대개 자신의 처지를 말하며 양반 가문이나 버젓한 집안의 출신이라는 걸 애써 강조한 시각과 크게 다르지 않다. 좌담에 앞서 《삼천리》사의 주간인 파인巴人 김동환이 이점을 분명히 밝힌다.

    "여러분들은 모다 서울이나 동경, 상해 등지에서 고등교육을 받은 인텔리 여성들로서 어째서 '거리의 천사'라고나 부를 이러한 염정艶情 방면의 직업선상에 나섰으며 또한 고등여학교를 다닐 때에 생각하여 오던 것과 지금 현재에 있어 우리 사회를 보는 방법이라든지 남성을 평가하는 표준이 많이 달라졌을 줄을 압니다. 우리들 남성과 사회에서는 '고등여학교 마친 기생', '고등여학교 나온 녀급', '고등여학교 나온 배우'들인 여러분의 연애관, 결혼관, 사회관, 인생관을 몹시 듣고 싶어 합니다."

    이어진 좌담은 시시콜콜한 신변잡기에 가까운 것으로 남성을 어떻게 보는가? 돈을 잘 쓰는 손님은 어떤 종류인가? 어떤 사내가 기질에 맞는가? 수입은 얼마나 되나? 정조의 위기를 어떻게 물리쳤는가? 등등. 다분히 자극적인 내용으로 채우려는 의도가 보이지만 언제나 그렇듯이 그 내용은 독자들에게 감질만 나는 이야기들뿐이다. 마지막으로 취미와 독서를 물으며 문화적 포장도 빼놓지 않는다. 인텔리 여성답게 그들은 거의 모두 다양한 잡지나 신문을 읽고 있었는데《개조改造》,《부인공론婦人公論》,《주부지우主婦之友》,《부인구락부》,《킹그》,《동아일보》,《삼천리》, 개조사의《문예文藝》,《조선일보》,《신청년》,《대판매일신문大阪每日新聞》,《중앙일보》,《부사富士》등등이 그들이 읽은 매체들이었다.

이듬해인 1937년 1월《삼천리》잡지는〈서울에 딴스홀을 허하라 ─경무국장게 보내는 아등我等의 서書〉를 싣는다. 그 글에 연명으로 실린 사람들은 대일본 레코-드 회사 문예부장 이서구를 제외하고는 모두 다방의 마담이나 여급, 영화배우 그리고 기생들이다. 끽다점 '비-너스' 매담 복혜숙, 조선권번 기생 오은희, 한성권번 기생 최옥진, 종로권번 기생 박금도, 빠-'멕시코' 여급 김은희, 영화녀우 오도실, 동양극장 여우 최선화 등이다. 이들이 청원하는 내용은 단순하다. "동경 갔다가 '후로리다 홀'이나 '제도帝都', '일광日米' 홀 등에 가서 놀고 오는 것 같은 유쾌한 기분을, 60만 서울 시민들로 하여 맛보게" 서울에 댄스홀을 허락해 달라는 것이다.

새로운 모던 사회, 대중문화의 중심인물들이 식민 정책자에게 '문화적 요구'를 하고 있다. 사실 이 글 하나로 식민지하의 대중문화가 어떻게 정착될 수 있었으며 어떤 상황에 놓여 있었는지를 가늠할 수 있다. 첫째, 대중문화가 형성하는 과정에서 기생과 마담, 여급, 배우들이 그 중심에 있었다는 것. 둘째, 서구나 일본에서 향유하는 문화와 동일한 문화적 내용을 갈망했다는 것. 셋째, 그런 문화는 자연발생적으로 형성되는 것이 아니라 식민 정책자의 통제 아래 있었으며 그것은 권력의 허용과 배려에 기대서 얻어질 수 있다는 것. 이런 상황은 식민을 벗어난 이후 오랫동안 변하지 않았다. 대중문화는 정치권력 아래 놓여 있는 통제와 배려의 대상이었으며 그 수위를 조절함으로써 사회를 제어하려는 권력의 자장 속에 들어 있었기 때문이다.

댄스홀은 끝내 허락되지 않았다.

* * *

잡지사에 출근했을 때 수석기자인 조와 한창 이야기 중인 인물이 있었다. 이서구[209]였다. 예전 같으면 도무지 가까워질 수 없는 인사이긴 했지만 시절이 시절이니만큼 그를 모르고 지낼 수는 없었다. 그를 만난 적은 없었지만 그의 이름은 익히 알고 있는 터였다. 잡지를 들추면 그의 글이 실리지 않은 때가 없었고 그럴듯한 회합이 있을 때면 빠지지 않는 인물이 그였다. 한때 동아, 조선, 매일신보의 신문기자를 두루 지내고 연극, 영화각본 100여 편을 썼으며 레코드 가요 300여 편을 쓰기도 한 다변다재한 인물이었다. 그는 시쳇말로 잘나가는 문화계의 중심인물이었으며 '장안의 인구 40만 중 만 명은 서로 인사하고 지내는 광면廣面'이라고 스스로도 말할 만큼 넓은 발을 자랑하였다.

그의 글이란 게 신통할 건 없었다. 다만 그 엄청난 분량의 원고를 생산해 내는 능력만큼은 가히 그를 독보적인 존재로 만들었으니 누군가 말하기를 "입을 열면 험구요 버나드 쇼-류의 해학과 피륙皮肉이 쏟아져 나오는 매일 3만 어 이상을 말하는 괴재怪才"[210]라는 말이 허튼 소리는 아니었다.

조가 그에게 원고청탁을 했던 모양인데 넓은 이마에 이목구비가 훤칠하고 굵은 목소리의 달변으로 이어 가던 그는 나를 보자마자 일어서서 악수를 청했다. 대강의 수인사가 끝나고 "마저 말씀하시지요" 하는 내 말이 떨어지기가 무섭게 그는 또 이야기를 이어 갔다. 나는 창가의 내 자리로 가 마감된 원고들을 읽는 척했으나 열 걸음도 안 되는 편집실 안에서 그의 말이 들리지 않을 수는 없었다.

"아무튼 이를 두고 저급하니 천박하니 그리들 이야기하나 본데 물정 모르는 말들이지요. 한번 따져 볼까요. 도대체 기생이 아니라면 우리가 세상을 살아가며 얻을 수 있는 즐거움이 있기나 할까요? 누구나 예술이네 문학이네 하고들 있지만 이건 취향의 문제란 말입니다. 소위 예술이라는 것도 그래요. 성악이니 피아노니 바이올린이니 하는 그 세련된 서양음악을 하는 이들은 돈푼이나 있는 인텔리 여성들입니다. 서양미술도 마찬가집니다. 이걸 하자면 적어도 구라파나 일본에서 미술학교를 나와야 하는데 거기를 갈 수 있는 작자들이 관료나 부호의 자제가 아니면 가능하겠습니까?"

그가 잠시 말을 끊은 사이 조가 거들었다.

"그러니까 고급과 저급을 나누는 것은 계급의 문제라는 것인가요?"

"그렇죠. 배우란 것도 그렇습니다. 영화는 현대예술의 총아라고 할 수 있는데 처음 영화를 만들 때만 해도 점잖은 집안의 아녀자나 배웠다는 여성이 배우를 하려 하지 않았지요. 그 자리를 메운 게 기생이 아니면 누구였겠습니까? 신가요를 부를 수 있는 가수는 육자배기를 불렀던 기생일 수밖에 없었으며 남들 앞에 거리낌 없이 나서야 할 여배우들이 기생이 아니면 누구였겠습니까."

"보통 조선 사람들은 여배우라면 정조를 판매하는 절조 없는 계집이라고 생각하지 않습니까? 사실이 안 그런가요?"

"순서가 뒤바뀐 것이지요. 배우가 되어서 그런 게 아니라 기생이었기에 그런 거지요. 물론 극단의 선배 노릇을 해야 할 리월화, 복혜숙 양 군이 기생 노릇을 한 것만이 불명예긴 합니다. 하지만 이들이 기생 노릇을 공명 정당히 한 만큼 문제 삼을 일은 없을 거 아닙니까? 나는 이제까지 돈에 눈이 어두워 이른바 외투 한 개, 구두 한 켤레에 몸을 파는 여배우는 본 일이 없습니다. 문제는 사람들의 시선입니다. 조선의 최고학부라는 이화학당에서는 매년 연극제를 열고 있고 또 그네들이 연극에 취미와 소질이 있는 것도 사실입니다. 그러나 학교를 졸업하고 여배우가 되겠다는 사람이 하나도 없어요. 말씀하신 대로 여배우를 하면 세상이 비웃는다는 거죠. 또 배우 노릇을 하면 고생이 된다고요. 나는 그렇게 말합니다. 세상이 웃을 만한 사람밖에 없으니까 세상이 웃는 거라고. 당신네가 크게 깨닫고 팔을 걷고 나서서 여배우의 사회적 지위를 올려 놓아야 하는 거 아니냐고요. 더 큰 문제는 그네들이 조선의 극단에 있는 여배우들을 멸시하고 있다는 것입니다. 어느 점으로 보든지 지금의 여배우들이 전문학교에 있는 그네들만 못하겠지요. 하지만 지금의 여배우들이 결코 조선의 극단을 독점하고자 존재하는 건 아니라는 겁니다. 그네들이 나서서 지위를 향상시키고, 내용을 혁신하는 이상적인 무대를 세워야 하는 것이지요. 여배우를 두고 정조를 파는 계집이라고 생각하는 이런 기막힌 현실에서 훌륭한 배우가 나올 수는 없는 일이지요."[211]

"어디 이런 현실이 그들뿐이겠습니까?"

"물론 소위 고급예술을 지향했던 이들에게도 고난이 없었던 것은 아니지요. 그들 역시 또 다른 면에서 대중의 천박한 시선과 싸워야 했기 때문입니다. 혹여 여학생이 무대에 올라가 양산도와 방아타령을 부르면 '여학생이 기생들처럼 소리를 하다니, 학교에 보낼 수 없군' 하는 말을 듣기도 했으니까요, 이화여전에서 서양의 성악이 아닌 민요를 무대에 올렸을 때는 이화권번이라는 말까지 듣게 되었다는군요."[212]

그는 굳이 편을 나누자면 기생들이 담당했던 '저급한' 문화에 속하는 자신을 변명하려는 말인 듯했지만 그의 말에 틀린 건 없었다. 소위 말하는 고급예술의 영역, 서양음악이나 서양미술은 문화적이거나 지적인 이유 때문이 아니라 그들이 누리고 있던 물질적인 풍요 덕이었으며 서양미술을 전공할 수 있었던 화가들은 대개 식민 관료의 자제들이었거나 부호의 자식들이었던 것도 사실이었다. 이들 고급예술의 종사자들, 그리고 그 후로 오랫동안 그들과 함께했던 지식인들은 저급한 대중예술과 거리를 둠으로써 그들만의 고급한 예술적 지위를 고수해 왔다. 이럴 때 예술은 문화적 계층 상승의 욕구를 만족시키는 역할에 충실한 배타적 예술관을 고수하게 되며, 그것은 오랫동안 미술이나 음악 등의 고급예술이 일상의 삶과 유리되고 현실과 괴리를 가져온 이유가 되기도 했다. 내가 그의 말을 곱씹고 있을 때 그의 이야기는 어느새 저간의 시시콜콜한 풍류계의 세태로 이어지고 있었다.

"새로운 문화의 풍속도가 그려지고 있으니 뛰어난 스타들은 전속료나 출연료를 받으며 생활하는 시대가 되었지요. 조선극장이나 단성사에서 가끔 명창대회가 열리는데 그때에 초빙을 받아 하룻밤 출연하는 일류 명창들, 이를테면 이동백, 송만갑, 김창환, 김창룡, 박록주, 김초선 같은 이들에게는 보통 10원에서 20원까지의 출연료가 주어집니다. 경성방송국에서 명사를 초빙하여 라디오 방송을 하는 데는 대개 한 번에 2, 3원짜리 과자상자를 보내 주는 것이 예의였지만, 조금 힘든 강연엔 1회 5원 정도의 현금을 주고, 또 명창들은 한 회에 10원씩 주는데 그중에 3, 4원은 고수에게 돌아가지요. 박록주나 김초선 같은 명류名流 기생들에게는 6, 7원 정도의 수입을 준다더군요."[213]

"요즘 가수들은 레코드사의 전속가수가 되어 노래를 취입하는 모양인데 빅타니 포리돌이니 하는 레코드사들은 모두 일본

회사들이지요?"

조가 알은 체를 했다.

"그렇습니다. 컬럼비아는 주식회사 일본축음기상회 경성 지점을 말하고, 빅타는 일본 빅타축음기주식회사 경성지점, 포리돌은 일본 포리돌축음기주식회사 경성지점, 오케는 제국축음기주식회사 경성지점을 말하죠."

"어떤 가수들이 잘나갑니까. 왕수복이 단연 최고 아닙니까?"

"포리돌레코드회사의 전속가수 왕수복이 혜성같이 나타난 뒤 선우일선이 뛰어나와 인기를 독점하는 판입니다. 선우일선은 '성량이 좋고 반쯤 콧노래 섞인 것이 민요 정조'를 띠는 신예로 '조선의 승태랑勝太郞이오, 시환市丸'이라는 칭송이 자자합니다. 이제는 레코드회사마다 신인가수를 발굴하기에 혈안이 되었습니다. 빅타 문예부가 독립되면서 강호에 무섭게 진출하여 기성권번의 기생 김복희를 뽑아 갔고, 컬럼비아에서는 진남포 출생의 윤니아 양을 뽑아 갔다고 하더군요. 요즘 인기 있는 가수들은 모두 레코드사에 전속되어 있습니다. 성악가 홍난파는 빅타에, 현제명 씨는 컬럼비아에, 그리고 오-케-에는 정훈모, 신불출, 포리돌에 선우일선, 시에론, 태평에도 모두 유력한 제씨가 전속되어 있지요."[214]

"전속료라는 게 만만치 않다면서요?"

"회사에 따라 다르지만 매월 20원 내지 200원씩 전속료를 받는답니다."

"그런데 왜 새로운 여가수들은 죄다 평양 출신들입니까?"

새로운 가수들에는 유독 평양 출신 기생들이 많았다는 사실을 나는 모르고 있었다. 아무래도 조가 나보다는 세상 물정에 밝은 건 틀림없었다.

"색향이라고 하지 않습니까. 평양이 레코드계를 점령하고 있는 건 이상한 일이 아니지요. 물론 한두 번 노래를 취입한 가수들의 수만 보면 단연 경성이 많지만 전속가수의 수는 평양에 미치지 못하지요.[215] 다른 지방보다 평양 출신의 가수가 많은 이유는 평양이 기생의 발상지였고 옛날부터 풍류객이 많았기 때문이 아닐까요. 정확히 말하면 평양에서 음악으로 일상화된 생활을 해 온 기생들이 중류 이하의 대중적-보편적인 정서와 맞는다는 것이겠지요. 자본주의적 상품으로서 가수를 시장에 내놓으면서 음악적 전통까지 가지고 있을 뿐만 아니라, 얼굴까지 예쁘다면 그야말로 금상첨화일 것입니다. 더구나 사람들이 평양기생이란 말만 들어도 노래 하나는 잘 부를 걸로 상상한다면 더 말할 것도 없지요. 그러니 기업가적 안목에 제일 선착으로 꼽을 수 있는 대상이 바로 평양기생들인 것입니다. '오늘날 자본주의 사회에 있어서 한 개의 상품은 그 상품을 종으로 횡으로 연관돼 있는 사물과 밀접한 관계가 있다는 것'[216]은 틀림없는 일이지요."

그가 떠나고 난 그날 오후 나는 한참을 기생과 문화의 관계에 대해 생각해 보았지만 누구처럼 명쾌하게 정리할 수는 없었다. 기생은 자본주의 사회에서 정말 하나의 상품에 불과한 것일까? 기생을 향한 욕망이 상품이 된다는 말일까? 그렇다면 그 옛날 화홍을 향한 욕망은 뭐였지. 뜬금없이 화홍이 떠올랐던 것처럼 머릿속은 뒤죽박죽이었다. 어쩌면 내가 알지도 못하는 세계가 밖에는 펼쳐지고 있는데 나는 고루한 시각에 사로잡혀 한 발자국도 나아가지 못하고 있는 것일지도 몰랐다.

기생은 오랫동안 사회의 한 계층으로 존재했지만 현대에 들어 일종의 직업적 영역으로 분류될 수 있었다. 기생이란 독특한 직업은 사적인 영역의 접근을 전제하고 이루어지는 욕망의 대상이었다. 그러나 표면적으로는 육체를 제공함으로써 개인적 욕망에 대한 금전적 대가를 얻는, 창기로 불리는 매음녀들과 구분된다. 기생에 있어서 육체는 원칙적으로 '관계'가 아닌 '시선'의 대상이기 때문이다.

반면에 새롭게 등장한 현대의 기생들—이를테면 배우와 가수와 같은—은 사적인 욕망의 가능성이 극히 제한적이다. 그들은 이전의 기생들처럼 일시적으로도 개인이 소유할 수 있는 대상이 아니기 때문이다. 개인이 아니라 대중이라는 불특정 다수에게 소구하는 대상이었다. 대중들이 그들에게 갖는 욕망은 기생의 경우와 다르지 않을 수 있지만 그것은 환상으로 머물러야 할 욕망이다. 하룻밤 만날 수 있는 대상인 기생과 달리 새로운 대중스타는 영원한 하룻밤을 꿈꾸는 대상으로 존재한다. 바로 그들을 바라보는 시선들과 일정한 거리를 유지할 수 있는 직업으로서의 위상을 얻기 시작한 것이다. 이 지점에서 대중문화가 탄생한다. 그 과정에서 새로운 대중문화의 주인공들은 기생을 바라보는 시각의 연장선에서 저급한 문화의 담당자로 인식되는 상황을 맞게 된다. 어찌 보면 기생을 한 계층으로 두고 있었던 사회가 현대로 진입하면서 겪게 되는 당연한 현상이었다.

* * *

잡지사에서는 인기가수와 배우를 찾기 시작했고 그들의 일상과 취향을 낱낱이 전해 주는 기사로 채워 나갔다. '인기가수의 생활과 예술 연애', '인기가수 선우일선은 누구하고 연애하나'와 같은 자극적인 제목의 기사들이었다. 《삼천리》가 실시한 '레코드 가수 인기투표'에서 왕수복은 최고표를 얻었고, 선우일선이 여가수 2위였다.[217] '가희의 예술 연애생활'은 인기투표에서 1, 2위를 한 왕수복과 선우일선에 대한 취재 기사다. 잡지사의 편집장으로서 이런 이벤트를 벌이고 이를 재빨리 기사화하는 《삼천리》의 발 빠른 행보가 내심 부럽지 않을 수는 없었다. 《삼천리》사 특파원 김여산이 그들이 사는 평양에까지 찾아가 전하는 시시콜콜한 연예인의 이야기를 들어보자.

삼월이라 초칠일, 평양성에는 아직 봄빛이 이르다. 그러나 얼었던 대동강물이 어느덧 풀리어 기름같이 윤기 있는 푸른 물결이 부벽루 그림자를 안고 우쭐우쭐 춤을 추면서 연광정이라 대동문 아래로 시름없이 흘러내린다.……서도의 봄은 이 대동강에 가장 먼저 찾아오는 듯 이제 조금만 더 있으면 초록 빛깔에 젖은 수양버들이 삼단 같은 머리를 훨-훨- 풀어 곱다랗게 물 위에 띄우고 봄바람에 가벼이 날릴 것이다. 그때가 되면 멀리 선교리 너머 보리빗 위로는 종달새가 재잘거리는 울음을 울겠고 대동강 물가에는 물 찬 제비가 시름없이 날릴 것이다. 봄이다. 봄! 춘삼월이라 봄이다. 나는 무엇인가 소리 높이 부르짖고 싶은 충동을 느꼈다. 몸에 날개가 도처 마치 새 모양으로 푸른 하늘에 이리저리 달리고 싶다.

풍광부터 읊조리는 그의 시선은 기생을 찾아 가는 풍류객의 그것과 닮아 있다. 도착한 곳은 평안백화점 앞을 지나 광명서관을 뒤로 두고 종로 큰 거리를 도로 올라가면 나오는 일신인쇄소 옆 골목. 거기에는 '왕수복이라고 사기문패 위에다가 분명히 반초서로 흘려 쓴 아리따운 이름'이 있다. 왕수복은 정오가 되도록 일어나지 않았다. 그녀의 방은 눈이 부시다. '인도 나일강가에 유객선을 띄워 놓고 사현금 타고 앉았던 클레오파트라의 침실같이 온 벽을 차지한 큰 체경이 있는데다가 조그마한 겨울 4, 5개가 있고 방 한쪽으로 자개를 물린 삼층 화초衣襪, 까맣게 윤이 흐르게 칠한 양복장 그리고 좋은 산수화, 뭐라 말할 수 없는 아름다운 향기……' 그는 '화려한 생활과 아름다운 여왕'을 여기에서 발견한다. 인터뷰가 시작된다.

왕수복의 나이는 현재 열아홉. 출생 배경과 어린 시절이 들 춰진다. 그녀는 '호화로운 웃음 속에 사는 듯하지만' 아버지를 여의고 슬픔과 외로움과 탄식으로 어린 시절을 보냈다. 보통학교 시절 학비가 없어 퇴학을 하지 않았다면 "미국에서 공부하고 지금쯤은 이화전문학교 여교수쯤이 되고 그리고 무슨 박사쯤 되었을지도 모른다"고 그녀는 말한다. 평양 기생학교에 들어간 왕수복은 열세 살 때에 우등으로 졸업한 뒤 기생이 되었다. 이듬해 서울 컬럼비아사에 입사하여 처음으로 레코드 다섯 장을 취입하고 포리돌사와 계약을 맺은 뒤 서른 장이 넘는 레코드를 취입한다. 그녀가 좋아하는 곡은 〈고아의 정한〉과 〈청춘을 찾아〉.

그녀는 아침 열한 시나 열두 시에 일어나 피아노 연습을 하고 권번에 갈 준비를 한다. 그리고 그를 부르는 손님을 따라 밤 열두 시나 새벽 한 시까지 이곳저곳 요정에서 '노동'을 한단다. 노동이라고? 조선에서 가장 인기 있는 가수이지만 여전히 기생으로서 '오락이 아니라 노동'을 하고 있다는 것이다. 그녀의 한 달 수입은 많으면 700~800원 적으면 300~400원 정도. 적지 않은 돈이다. 하지만 그는 어서 이 '추하고 남의 노리갯감 같은 기생 직업'을 떠나고 싶다고 말한다. 그는 여전히 기생이었다.

두 번째 만난 선우일선은 왕수복과 조금 다른 캐릭터이다. 왕수복이 문사文士 부인을 꿈꾸었다면 선우일선은 농촌생활을 동경한단다.

'가을밤 옥퉁소 소리같이, 길게, 가늘게, 연연하게, 애닯게, 구슬프게 흘러흘러 삼천리 넓은 들에 흘러 내려 젊은이의 가슴을 안타깝게도 뜯어 내리는 천재 성악가 선우일선'은 '늘어지는 능라도 실버들 모양으로 끊어질 듯 잇고, 잇는 듯 끊어지면서 애달픈' 노래로 주목을 받았다. 모란봉 밑 전재리錢齋里가 그의 집. 선우일선은 '퍽으나 아담하게 학두루미같이 청아한 자태'를 지녔지만 몹시 검소한 듯이 보였고, '마치 어느 여학생 모양으로 검정 치마 흰 저고리를 받쳐 입었다. 방 안도 왕수복과는 딴판이다. '포장 친 윗방에 두닙층의 의롱과 조그마한 거울 세 개가 있고 축음기가 있고 화장하는 경대가 놓여 있을 뿐 화분이나 어항이나 서양그림 같은 것도 없다.' 왕수복의 생활이 부화미려浮華美麗하다면 선우일선은 질소아담質素雅淡하다고 했다.

그녀 역시 평안도의 유명한 선비의 후손이라는데 어릴 적 가산이 파산되어 열두 살에는 양말공장 여직공이 되어 일하기도 했다. 그러던 중 기생들의 춤과 노래를 보고 반하여 평양으로 와 낮에는 일하고 밤에 야학을 다니어 겨우 기생학교에 입학했다. 열여섯에 졸업한 다음 해 포리돌레코드사에 발탁되어 스무 장의 레코드를 만든다. 그녀 나이 역시 열아홉. 그 역시 기생생활에 대해 부정적이다. '칠, 팔십 원 생활비만 있으면 기생을 그만두겠노라'고 한다. 그는 '기생이 아니 되고 레코-드 가수만 되었더라면 좋았을 터'라고 하면서 가수생활도 그렇게 좋아하는 것도 아니라고 한다. '상품 모양으로 노래와 춤을 파는 몸'으로 '무능자'가 된 느낌이라고 한다. 왕수복과 마찬가지로 그녀 역시 조만간 기생을 그만두려 한다고 했다.[218]

이들 새로운 대중스타에게도 기생이란 정체성은 발목의 족쇄와 같은 것이었다.

* * *

　대중매체는 불특정 다수인 대중의 취향과 정서에 반응하면서 그들의 잠재된 욕망을 부추기며 확산된다. 거기서 기생은 욕망의 아이템으로서 대중들에게 소비된다. 기생은 현대사회로 진입하는 식민지 조선에서 거의 유일하게 대중사회를 떠받치는 계층이기도 했고 대중의 호기심과 욕망을 자극하는 가장 손쉬운 수단이었다. 이들에 대한 세간의 화제 역시 미디어의 발달과 궤를 같이한다. 현대가 시작될 무렵, 대중매체에 등장한 기생의 기사가 그토록 많았던 이유이다.

　기생은 봉건적인 계급이 현대의 직업적 계층으로 전이되는 과정을 보여 주는 바로미터이다. 또한 현대사회로 진입하면서 필연적으로 등장하는, 그리고 이후의 대중문화 형성과정에서 존재했던 최초의 주체이기도 하다. 기생을 통해 그 과정을 낱낱이 볼 수 있다면 기생은 희미한 과거의 궤적을 다양한 빛의 스펙트럼으로 보여 주는 역사의 프리즘으로 손색이 없다.

　기생의 스펙트럼은 어느 순간 급격하게 넓어지기 시작했다. 그들은 여전히 기생으로 불렸지만 가수, 배우, 웨이트리스, 모던 걸, 작부, 갈보의 모습으로 나타났다. 여기에 현대적인 직업의 스펙트럼을 겹치면 스크린의 속의 여배우, 가수, 탤런트에서 다방의 마담과 레지, 룸살롱의 호스티스, 기지촌의 양공주, 창녀촌의 여성에 이르기까지 오버랩 된다. 이들은 모두 달랐지만 한때는 그들 스스로 화류계라고 불렀듯이 기생의 그늘을 벗어날 수 없었던 시절이 있었던 것은 분명했다.

기생을 말하면서 우리는 더 깊은 곳까지 들어가야 한다. 더 은밀하고, 더 솔직한 그리고 더 치명적인 지점이 기생의 치마폭에 가려져 있다. 바로 현재 우리의 의식과 생각과 사고와 정서와 감정 속에 내재해 있는, 도무지 설명할 수 없고 도무지 해소되지 않는, 이중적이고 서로 겹도는, 개인적이며 사회적인 일탈 혹은 제도적 폭력의 근원이다.

남성성으로 표상되는 모든 권력은 언제나 성을 지배하는 힘을 포함해 왔다. 성에 대한 지배는 권력의 시작부터 오늘날까지 권력을 표상하는 하나의 매개물이었다. 전통적인 가부장적 제도 아래서 남성의 성적인 욕망은 공공연하게 유포되었다. 식민시기 기생을 끼고 공개석상에 나타나는 관료들과 지난밤 기생과의 정사를 대화의 주제로 삼는 남성들은 권력의 욕망을 기생을 통해 표출하고 싶어 했다. 오늘날 권력—정치권력이든 경제권력이든 아니면 그것을 내면화한 일상의 권력이든—이 여기서 얼마나 멀어져 있을까?

권력은 부패를 예비한다. 그리고 부패란 집단적 이익을 공유하려는 사적인 욕망이 결합할 때 벌어지는 사회적 현상이다. 사회적 부패의 고리에는 늘 쾌락과 욕망의 분배의식이 자리 잡고 있다. 룸살롱 문화가 말해 주듯이 성적인 접대의 공간은 은밀하고 사적인 영역을 공유함으로써 공동의 이익을 전유하려는 '배타적인 사회적 절차', 즉 부패를 형성하는 공간이다. 집단적 동질감을 본능적인 욕망을 공유함으로써 지속시킬 수 있다는 오래된 믿음, 쾌락의 공유를 통해 이익을 나누어 가질 수 있다는 동물적 본능이야말로 여전히 사라지지 않는 남성주의의 관습이며 권력의 습성이기도 하다.

쾌락의 분배의식이 언제나 은밀하고 사적으로만 드러나는 것은 아니다. 정서와 감정의 표현은 지극히 개인적인 차원에서 발산되는 욕구지만 사회적으로 표출되는 순간 하나의 문화적 현상으로 발현된다. 쾌락과 욕망의 분배의식이 공개적으로 이루어지는 장소가 대중문화이다. 그것은 비사회적인 일탈(살인, 강간, 폭력, 도박)을 끊임없이 사회적 일탈(오락, 게임, 스포츠, 예술)로 수용하고 그것을 산업과 문화로 포장해 거대한 문화를 이루어 내는 현대사회의 속성 그 자체이기도 하다.

다른 한편 대중문화의 주역들은 권력의 필요에 따라 사회의 퇴폐와 타락의 징후로 낙인찍히고 제거되는 정치적 희생의 과정을 겪어야 했다. 때가 되면 풍기 문란의 주역으로 지목되어 대마초를 구실삼고 퇴폐를 빌미삼아 구속하다가도 권력을 찬양하기 위해 가장 먼저 동원되는 이들이 바로 그들이었다. 억압과 통제의 빌미는 언제나 퇴폐와 사회적 혼란을 내세우지만 이는 표현의 자유라는 기본적인 권리와 충돌하게 된다. 그 출발이 식민지의 상황이었음은 두말할 필요도 없다.

기생을 철폐하라

1931년 《동광》지 12월호에는 느닷없이 〈기생철폐론〉이 실렸다. 느닷없이는 아니었다. 사회의 변화와 함께 기생에 대한 시각도 조금씩 변하고 있었지만 기생에 대한 부정적인 시각이 등장했던 게 어제 오늘 일은 아니었기 때문이다. 계급으로서 기생은 존재하지 않았지만 기생은 사회의 한 축에 엄연히 존재하는 제도적인 직업의 이름이기도 했다. 기생은 필연 매춘과 공창에 대한 사회적 문제를 비롯한 성 담론의 중심에 놓여 있는 민감한 주제이기도 했다.

나름의 논리를 전개하며 기생의 철폐를 주장하는 한청산의 말을 들어 보면 기생을 바라보는 시각이 사회적 욕망과 어떻게 결합되어 있는지 알 수 있다.

"지금은 민중화의 시대"라는 말로 시작하는 그는 "옛날은 관기라 하야 군수 사또가 아니면 데리고 놀지 못하든 기생이 일조에 양반 정치가 무너지고 섬 건너 양반 정치가 된 뒤로 아주 철저히 민중화가 되어 이제는 개쌍놈의 아들이라도 황금만 가졌으면 일류 명기를 하룻밤에 다 데리고 놀 수 있게 되었다"고 말한다. 성을 향유할 수 있는 정치권력이 자본의 권력으로 뒤바뀐 세태를 말하는 것이지만 말인즉 기생을 향유할 수 있는 계급이 무너진 데 대한 불만을 토로하는 것처럼 들리기도 한다. 그가 말하는 기생이 철폐되어야 하는 이유는 세 가지다.

첫째는 그것이 노예매매제의 유물이기 때문이다. 기생은 봉건귀족의 노예로서 발생한 것이며 근대에 와서는 자본주의적 노예가 되었다는 것이다. 그들은 임금노동자와도 달라 이중의 주인을 섬기는 노예이며 '손님의 노예일 뿐 아니라 포주의 착취 대상물'이기 때문이다. 계약의 자유도 없고 폐업의 자유도 없는 완전한 노예인 기생의 철폐는 기생 자신의 인권을 옹호하기 위한 것이다.

둘째는 기생의 존재가 가정평화에 위협을 주는, 가정의 파괴자이기 때문이다. '축첩제와 강제 결혼과 이혼의 부자유와 편무적片務的 정조관과 공창제도와 재산권 기타 모든 남성본위적 제도와 마찬가지로 가정을 파멸에서 구하기 위하여 단연 절개수술을 해야 될 물건' 중의 하나가 바로 기생이기 때문이다.

셋째는 사회적 원동력의 소모자이기 때문이다. "상거래를 하려고 해도 기생, 학교 입학운동을 하려고 해도 기생, 이권운동 취직운동에도 기생, 학생의 송별회도 기생, 신년에 기생, 꽃 피었다고 기생, 뱃놀이에 기생, 약수터에 기생, 달 구경 하자고 기생, 망년하자고 기생, 사시장철 기생을 찾는" 이 사회에서 기생은 모든 사회적인 활동, 즉 사교의 수단이 되어 버렸기 때문이다.

그런데 그 뒤로 이어지는 말이 어째 좀 이상하다. "기생이 없어져도 내외 술집이 있고 카페가 있고 은군자가 있고 유랑이 있고 무엇이야 없으랴." 이 말을 그대로 받아들이면 기생 말고도 술과 여자를 즐길 수 있는 수단이 많으니 기생은 없애도 좋다는 것이다. "남들도 공창도 있고 사창도 있고 카페도 있고 별 것 다 있으나 기생만은 우리 사회가 남달리 가지고 있는 것"이란 말에서 그의 생각은 좀 더 분명해진다. 기생은 다른 사회와 달리 조선사회만 지니고 있는 특수한 계층이며 바로 그 존재 자체가 모든 사회적인 문제를 일으키는 동인이라는 것이다. 이런 이유로 기생 타도를 부르짖는다고?

어쨌든 그가 말하는 기생 폐지의 방법은 '기생 보이콧운동'이다. 첫째는 '이 사회를 뜯어서 고치는 것.' 모든 노예제도가 존재할 수 없는 문명세상을 만드는 것이다. 방법치고 너무 명쾌하고 단순해서 마치 진리처럼 보인다. 이런 논리에 힘입어

제시한 두 번째 방법도 명쾌하다. 바로 '법률상으로 그 제도를 부인'하는 것이다. 기생의 영업을 허가해 주지 아니하면 그만이라는 것이다. 기생을 없애고 싶은 건지 기생제도를 없애고 싶은 것인지 헷갈린다. 그리하면 밀매음과 공창이 더 많아질 것은 물론이다. 그러나 적어도 공공연한 기생제도의 존재만은 없어질 것이다.

그가 제안하는 기생 철폐의 '소극적인 방법'은 기생 보이콧운동이다. 기생 있는 자리에 점잖은 사람은 가지 말자는 것이다. 그리고 동부인 연회를 장려하는 것이다. 또 비슷한 묘안으로 남녀교제를 장려하는 것이다. 이를 위해 그는 "남녀지간의 야간 산보에 독행獨行을 경찰법으로 금하고 오후 9시 이후 가상에 독행하는 남녀는 다 일주일 이상 구류에 처하자"거나 "공원과 극장과 음식점에는 독신으로 오는 남녀를 입장 거절할 것"을 주장한다. 이쯤 되면 막가자는 말이다. 그의 〈기생철폐론〉이 자신의 주장을 펼친 논리적인 글인지 아니면 기생이 가득한 사회를 비판하려는 풍자의 글인지 헷갈린다.

기생을 철폐하자는 주장의 속을 들여다보면 기생의 인권 옹호를 말하면서도 다른 한편으로 그 목적이 가정으로 표상되는 사회의 질서를 지키기 위한 것이라는 것을 알 수 있다. 공창과 사창이 있는데 왜 기생이 필요한가, 라는 그의 의문 속에는 적어도 유곽의 창기들이 가정을 파괴하지는 않을 것이라는 기대가 숨겨져 있다. 그는 기생을 사회질서에 위협이 되는, 즉 가정을 파괴하는 존재로 인식하고 있다. 이와 달리 밀매음이나 공창은 사회의 바깥에 존재하는, 그래서 사회질서에 위협이 될 수 없는 존재라는 인식이 있다. 따라서 기생을 제도의 바깥으로 내쫓으면 자연 기생의 철폐가 이루어질 것이라고 생각하고 있는 것이다. 그가 제시하는 기생 보이콧운동이나 남녀 독행 금지와 같은 제안들은 차라리 농담과 같은 것이다.

기생과 공창의 창기들이 다르다고 말하지만 이는 말일 뿐 실제 현실은 그렇지 않았다. 제도적인 허가의 유무를 떠나 기생 문제를 유곽의 창기들과 구분하여 다룬다는 것 자체가 이미 비현실적이다. 유독 권번의 기생만이 문제가 된다면 그 이유는 한청산 자신이 말한 대로 기생에게 있는 것이 아니라 기생과 더불어 있는 사람들의 문제이다. 그가 휘두른 철폐의 칼날은 방향이 엉뚱한 곳을 향하고 있는 셈이었다. 사실 이런 칼은 너무 허술하고 무뎌 무 하나도 베지 못할 것 같지만 주변의 식자들이 쉽게 빠지는 논리의 함정이었다.

여기에서 한 걸음 더 나아가 그는 더 근본적인 대안을 제시한다. 기생이 가정의 질서를 무너뜨리는 것은 그들이 부인보다 더 섹시하고 매력적이기 때문이 아닌가? 그러니 모든 부인들로

하여금 교제와 교양과 취미에서 기생을 능가하도록 하자는 것이다. "가정에 섹스어필을 주어라. 가정을 오락화 하라. 가정을 음악화 하라. 가정을 사교화 하라." 그리고 여기에 이르지 못한 "모든 책임은 특히 부인에게 있다."[219]

한청산의 글을 보자 한숨부터 나오지 않을 수 없었다.

* * *

성의 문제와 기생의 문제는 떼어 놓고 생각할 수 없다. 그래서였는지 같은 호에서 《동광》은 '성性에 관한 제 문제'를 특집으로 싣고 있다. 그중 한 편은 주요한이 쓴 글이다. 주요한의 논리는 어쩌 위의 한청산의 논리와 흡사하다.

그는 '현대의 성 도덕의 특색은 그것이 남성본위라는 것, 또는 기업본위라는 것, 그리고 가식적'이라는 것을 꼽으며 결혼, 이혼, 재산권, 축첩, 아동소유권 등은 다 남성본위의 특징을 나타낸다고 하였다. 그리고 공창, 사창, 예기 등의 제도는 그 기업본위의 표상이라고 하였다.

일부일처제는 인류의 사회적 균형의 유지와 인류문화의 향상에 가장 적합한 제도라고 주장하는 그는 공창, 사창의 제도가 일부일처제를 일종의 웃음거리로 만들고 말았다면서 "최근에 이르러서는 직업부인의 진출과 동시에 웃음을 파는 여성이 대량으로 산출되고 소위 여자 사무원, 여비서의 지위도 가정파괴의 현상을 가속하는 원인이 된다"고 말한다. 그는 '도회는 마굴화하고 암흑의 여자가 거리에 범람'하고 농어촌에 '홍등의 노래'가 퍼져 나가는 현실을 개탄하고 있는데 이러한 현상의 근본원인에는 자본주의 세상의 재산관계와 남성 지배라는 사실이 잠재해 있다는 것이다. 이런 남녀문제를 해결하기 위해 제안한 것은 위의 글과 크게 다르지 않다. 첫째, 가식적 일부일처제에서 진정한 일부일처제로 둘째, 남성본위에서 남녀동권으로 셋째, 도덕문제로보다도 경제문제로 이런 문제들을 바라보아야 한다는 하나마나한 주장을 하고 있다.[220]

이 글을 쓴 주요한이 바로 앞의 글을 쓴 한청산과 비슷했던 이유는 그 둘이 동일 인물이기 때문이다. 한청산은 한꺼번에 같은 이름으로 두 개의 글을 싣는 부담을 피하기 위해 사용한 주요한의 필명이었다.

몇 년 전에도 기생 철폐는 아니지만 공창 폐지에 대한 논의가 없지 않았다. 1924년쯤《개벽》에 실린 글인데 다시 찾아 보니 제목은 〈공창폐지운동과 사회제도〉. 정백[221]의 글이다.

공창제도가 있게 된 이유는 '남자가 여자를 경제적으로 정복하야 여자를 남자에게 노예화한 까닭'이며 그 제도가 유지되는 것은 사회생활의 빈부차가 현격하기 때문이다. 가난한 계급의 부녀는 '노동력을 자본가에게 파는 외에 일종의 경제행위'로 성을 매매하는 매음의 길을 가게 된다. 동시에 유산계급은 '아내와 첩 외에 또 첩을 축蓄하야 그의 방종한 욕구를 충족'하기 위해, 무산계급은 '생활난으로 인하야 결혼치 못하고 성욕 만족의 대상을 유곽에 가서' 구하게 되기 때문에 공창이 있게 된다는 것이다.

이런 사회를 만든 건 일본이다. 그들은 수십 년간 '제국주의와 자본주의를 현해탄을 넘어 연락선으로 실어 나르는 동시에 공창까지 수출'하여 이전에 없었던 공창제도를 도시마다 설치해 놓았으며 부르주아들은 이 공창을 '일본의 자본주의의 선구대'로 이용했다고 그는 말한다. 식민 이후 일본이 공창과 사창을 조선에 심어 놓은 것은 사실이었다.

"공창제도를 지지하는 죄는 공창 그 자신에게 있는 것이 아니오, 공창을 찾아 가는 성욕에 주린 노동자에게 있는 것도 아니오, 그 죄는 불로소득의 약탈자인 유곽주인에게 있는 것이오, 그 현상을 보호하는 관료에게 있는 것이오, 동시에 빈부 대립인 사회제도에 있는 것"이라고 말하는 그는 자본주의를 근간으로 하는 사회제도를 말하지 않고 공창 폐지를 말하는 것은 어리석은 일이라고 글을 맺는다.[222]

적어도 이 글은 공창이 보이는 피상적인 사회적 현상이 아니라 공창이 있게 된 제도와 사회구조를 말함으로써 논의의 방향을 더 근본적인 방향으로 이끌고 있다. 기생문제도 다르지 않을 것이다.

앞서 주요한의 글과 함께 〈성에 관한 토론〉이라고 이름을 붙인 몇 사람의 기생 철폐에 관한 짧은 코멘트가 함께 실려 있었다. 질문은 '기생제도 철폐의 가부와 그 이유.' 질의에 응답한 사람들은 학교 선생이나 변호사, 화가, 소설가, 그리고 여사라고 호칭할 만한 여류인사들이었다. 놀랍게도 그리고 당연하게도 상당히 많은 인사들이 주요한과 비슷한 이유로 기생 철폐를 옹호하고 있다.

기생은 천한 것을 연상케 하고 생활에 유익도 없으며 봉건적 유물의 존재이기에(협성실업協成實業 김여식金麗植), 풍기 위생의 유독물이며 개인 가정을 파괴하고 정조를 염매廉賣하는 가증할 노릇을 방지하기 위해서(변호사 이인李仁), 인격 균등의 광명한 사회를 만들기 위하여(이화전문 윤성덕尹聖德), 부도덕한 향락적 현상은 없어야 하기 때문에(계명구락부 백남규白南奎), 기생은 남자의 일종 완롱물이며 사소한 금전에 팔려 여권 유린을 당할 이유도 없고 이 제도로 무수한 파산자와 불량배가 산출되기 때문에(함흥 이순기李舜基), 부랑배의 오락기구이기 때문에(평양 조신성趙信聖 여사) 등등이다.

　이외에 화가인 안석주는 '현하 사회제도 밑에서는 아직 방관할 뿐'이라며 판단을 유보하고 있고 현진건은 '현대 부르주아 사회의 가정, 즉 일녀가 일남을 위하야 종생의 매춘'하는 것이며 기생은 일시적 매춘으로 간주할 수 있으니 이는 남성 전제왕국이 붕괴될 때 자연 소멸할 것이라며 슬쩍 논의를 피하고 있다.

　문제의 핵심을 지적하는 시각도 없지 않다. 평양의 여순옥呂順玉은 이렇게 말한다. "기생 철폐문제는 그 존재의 사회적 조건과 기초를 개혁하기 전에는 탁상공론 같습니다. 그것은 마치 공창제도를 사회정책적으로 음미하지 않고 막연한 풍기 인도문제로 폐지코자 하는 공상과 일반입니다. 가사 기생을 폐지한대도 제 이, 제 삼의 기생이 이름만 바꾸어 출현할 것은 필연적입니다. 여하간 '무엇이 그 여자를 그렇게 하였는가?' 문제는 이것입니다."

　여순옥만은 기생 철폐의 문제를 풍기 문란이나 인도주의적 관점으로 바라보는 시각을 비판하고 있으며 사회적 조건과 제도적인 접근이 필요하다고 말하고 있다. 여순옥이 누구더라. 아마 내 기억이 틀림없다면 양주동223 군의 부인일 것이다.

　배상하裵相河224는 부르주아 사회가 있는 한 기생문제는 작은 문제일 뿐이라고 말한다. "부르주아 사회가 몰락하면 그들의 향락기관—기생제도도 이의 하나—도 없어질 것이다. 부르주아 사회는 몰락하여야만 한다. 따라서 기생제도는 폐지되어야 하는 것이다. 그러나 기생제도는 기생의 생활을 지지하는 직업이다. 직업 없이 그들은 어떻게 살까? 이는 기우이다. 새로운 사회는 새로운 얼마든지 많은 직업을 예비하고 있기 때문이다. 부르주아 사회가 그대로 존속할진대 기생문제는 문제도 되지 않는 작은 문제"[225]라고 했다.

대개의 지식인들은 1920년대를 휩쓸고 간 사회주의적인 태도나 맑시즘의 제스처를 취하고 있었다. 자본주의와 부르주아를 언급하면서 모든 문제의 원인을 여기에서 비롯된 사회구조의 모순으로 바라보려는 시각은 상투적이기까지 했다.

아니나 다를까? 그다음 호에 주요한의 〈기생철폐론〉을 반박하는 두 개의 글이 한꺼번에 실린다.

〈동방원탁회의〉에서 김휘는 "나는 그 논論을 읽을 때에 과연 현 사회의 충복자忠僕者의 논으로 알았다"고 말하면서 한청산을 정면으로 비판하고 있다. 기생철폐론자들의 주장은 시기상조의 잠꼬대라고 말하는 그의 주장을 요약하면 기생을 철폐한다면 '수만의 기생과 일반 화류계 여성들이 생활난, 가정난으로 자살 내지 병살환자가 부지기수'라는 것이다. 기생의 생산은 제도의 산물이며 그 사회제도를 '운전運轉하는 자者'는 자본가들이니

제도개선운동이 먼저라는 것이다.[226]

비교적 소략한 김휘의 주장과 달리 오기영[227]은 조목조목 논의를 펼치며 꽤 긴 글을 쓰고 있다. 그는 먼저 "자본주의 경제 조직을 비판치 않고 이 사회조직 아래서도 기생이 되는 그 자신과 기생을 따르는 남성의 양심에 호소함으로써 이 제도를 철폐할 수 있을 것처럼 의견을 발표한 이들"의 피상적 시각을 한심하게 바라본다. 한청산에 대해서는 그가 "세계의 독재자가 된다면 지구상의 모든 남녀학생은 '야간 독행 산보 자유권 획득'이란 슬로건을 걸고 단연 동맹휴학을 단행할 것임에 틀림없을 것"이라고 조롱하고 있다.

그는 기생제도 철폐만이 문제가 아니라 매음제도 전체의 본질적인 구명이 필요하다고 말한다. 그는 오늘날 매음이란 '금전적 보수를 얻고자 무한정의 고객(남성)에게 일시적 성적 쾌락을 주는' 근로행위로 정의한다. '산업혁명 이래로 발달되는 기계는 공장에서 남자를 몰아내고 유약한 부녀와 유년의 노동을 강요'했으며 자본계급은 기계의 발명 이후로 값싼 '부녀와 유년의 노동력을 구입함으로써 더 많은 부를 축적할 수 있었다.' 여기서 벗어나려는 여자에게 '정조의 상품화'는 효과적인 수단이었다. 또 생활고에 시달리는 고아, 빈민굴의 소녀 등이 자라서는 매음의 직업을 얻게 되고 빈민들은 딸을 매음부로 만들었다. 그리하여 "기생학교를 다니고 그 졸업장을 들고 나오면 고급 매음자가 될 수 있고 그렇지 못한 자는 유곽과 주점에 팔리고 또는 밀매음이 된다"고 하였다.

정조가 상품화되면 그 수요자가 있을 것은 물론이다. 매음부가 되는 똑같은 경제적 이유로 매음자가 있게 되는데 산업혁명 이후 공업의 발달과 함께 급증한 노동계층 빈민들이다. 그들이 '일시적 적은 돈으로써 폭발할 듯한 성욕의 만족을 구하는 것'은 당연한 일이다. 또한 결혼의 어려움으로 금욕생활을 강제받고 일시적 매음행동에 의하여 겨우 만족을 삼는 독신자가 있으며, 다른 한편에는 화폐의 위력을 빌린 '부르주아의 변태성욕적 성교 유희'가 있다.

그는 매음녀들이 정조를 상품화하지 않으면 '기사飢死와 자살의 자유'만 있을 뿐이라고 말한다. 그러니 가정의 주부들은 "그대의 남편을 빼앗는 매음부를 구적시하지 말고 그대의 남편이 매음할 자력이 있음과 자본주의의 가식적 일부일처제 그리고 그 말기의 향락사상을 미워해야 한다"고 주장한다.

매음제도가 가정의 파괴자인 것은 그도 인정하고 그 철폐를 쌍수를 들어 찬성한다. 그러나 이 제도를 발생케 한 자본주의 경제조직을 비판함이 없이 다만 매음부 되는 자와 그를 따르는 매음자의 양심에 호소함으로써 매음제도를 박멸할 수 있다는 생각은 무식을 폭로하는 것뿐이다. 그는 자본주의제도가 붕괴되는 전야까지는 이 매음제도의 철폐는 보류치 않을 수 없다는 것으로 글의 결론을 맺는다.[228]

철폐를 주장한다고 철폐될 것이 아니라면 문제는 기생에게 있는 것이 아니라는 건 당연했다. 논의는 논의를 위한 것일 뿐. 기생을 보는 남성들의 시각이 갈팡질팡이었던 것처럼 기생 철폐를 둘러싼 논의 역시 피상적인 수준에 그치고 있을 뿐이었다.

* * *

기생과 공창, 성과 연애. 1920, 30년대 유독 이런 논의가 등장했던 까닭은 자유연애를 현대의 풍속처럼 받아들였기 때문이었다. 그것은 개인의 행위와 사회의 제도 사이에서 발생하는 혼란된 성의식을 반영하고 있다. 성을 하나의 사회적 담론으로 끌어들여 공론화하는 현상은 봉건사회에서는 상상할 수 없는 일이었다. 그즈음 발표된 윤형식의 〈푸로레타리아 연애관〉[229]은 성을 바라보는 시각을 계급의 차원에서 구분하고 그 사회적 현상을 분석하는 글이었다.

그가 보기에 조선은 연애의 방종기이다. 봉건주의적 의식과 근대 자본주의적 의식과 신흥계급의 계급적 의식이 교체되면서 착잡한 혼란을 일으키게 되는 이 시기의 성적 위기의 심각화는 "콜론타이를 가장한 모던 걸도 배회하고 있고 마이젤 헤스를 모방한 개인주의적인 연애 유희배도 횡행하고 있다"는 말에서 알 수 있다. 즉 '성적 심리, 성적 관계, 성적 도덕 등에 대한 문제는 일정한 지표가 없이 혼돈'되어 있거나 '물질적 허영에 제 몸을 팔아먹는 위기에 빠져 있는 것'처럼 보였다. 그런데 그가 들먹이는 콜론타이는 누구고 헤스는 또 누군가?

콜론타이는 레닌, 트로츠키와 함께 볼셰비키 혁명에 참여한 여성정치가이다. 그녀는 혁명과 함께 여성혁명이 이루어져야 할 것을 주장하며 급진적인 정책을 수립한 여성이었다. 자유연애에 의한 여성 해방을 주창하는 사상을 콜론타이즘kollontaiizm이라고 불렀다. 헤스는 아마 '놀이로서의 사랑' 또는 '에로틱 우정'을 말했던 그레타 마이젤-헤스Greta Meisel-Hess일 것이다. 이런 자유주의 연애관은 그들의 사회문화적 배경과는 관계없이 이름만으로 유행되곤 했다.

그가 보기에 연애문제에 있어서 경제관계가 가장 중요하다. 자본주의 사회에서 연애지상주의를 부르짖고 성생활에 개인주의적 방종에 이르는 자는 물질생활에 아무런 장애가 없는 유한계급들일 뿐이며, 프롤레타리아에게는 한 끼의 밥과 함께 성에까지 주림을 받는 처지에 놓여 있다는 것이다.

그의 주장을 좀 더 자세히 살펴보자. 그는 조선사회의 성에 대한 시각 혹은 결혼과 연애를 바라보는 시각을 계급으로 분류하며 지적하고 있다.

현재 조선에서 성생활 혹은 연애생활은 세 부류로 나눌 수 있다. 첫째는 봉건적 인습을 벗어나지 못하면서 전근대적 성 도덕 그대로를 고수하는 유한계급, 둘째는 근대적 자본주의의 색채를 지닌 부르주아나 소小부르주아적 의식을 가지고 외래사상을 그대로 모방하는 신흥부르주아, 셋째는 빈곤과 함께 성적 생활에 있어서도 원한과 고민에 넘치는 최하층계급에 속하는 도시의 하층 소시민과 노동자와 농촌의 빈농층이다.

먼저 봉건적 인습에서 한 발자국도 더 나아가지 못한 유한계급은 '여성을 일종의 산아産兒 기관이나 노예'로 바라볼 뿐이다. 외적 생활과 가정생활이 조화되지 아니함으로써 그 '모순과 무지로 가정 불만이 생기게 되어 결국 성적으로 봉쇄를 당하게 되는' 수가 많다.

두 번째 부류는 반쯤 자본주의적 자유사상을 가지고 있는 자들로 '근대적 문화생활을 동경하면서 소위 신사적 의식을 고수하려는 경향'을 가지고 있다. 저들은 "종교적 의식이나 봉건적 인습에 잠겨서 유희적 기분에 흐르고 있는 성생활을 '염기厭棄'하면서도 강한 소유관념으로 '여자를 미화'"시키려는 부류이다. '성모 마리아나 춘향이 식의 정조관과 신성과 미'를 표면으로는 내세우지만 자유주의적 사상에 감염되어 '미래의 개인주의적 자유연애를 동경'하고 있는 부류들이다.

세 번째 자본주의적 사상에 침윤된 부류들은 에로티즘, 즉 순간적인 성적 향락을 연애의 진리로 알고 '극장, 카페, 사교기관, 환락장, 온천장, 해수욕장, 사찰, 음악회와 교회당'까지 이러한 데 이용하고 있는 이들이다. 이 소시민들은 인텔리층을 중심으로 개인주의적 자유주의 사상에 물들어 자유연애를 절대 신성한 것으로 인식하지만 그들은 '부르주아의 모든 의식을 그대로 모방하는 것으로 만족하는 것'뿐이다. 이들에 의해 소위 '첨단적인 모던 연애란 변태적 성 형식'이 생겨나고 '염세와 타락의 길로 미끄러지게 되어 찰나적 흥분에 넘치는 쟈스적 생활'에 빠지고 마는 것이다.

이에 반하여 프롤레타리아 계급의 연애생활은 어떤가?

노동자·농민 그리고 소시민의 하층 부대의 대부분은 '계급적 의식보다도 봉건적 의식에 잠기어 있거나 부르주아적 의식을 모방하고 있는 고로 더욱더 비참한 극적 장면을 연출하게' 된다. 단순하기 짝이 없는 그들의 사상은 '순진과 본능에서 흘러나오는 정서적인 성적 생활에 잠겨' 있다. 무산계급은 근대적 문화생활을 따를 만한 자료와 교양을 구비하고 있지 못하기 때문에 생활의 가치를 발휘하기보다는 생존을 겨우 지속할 따름으로 '성적 관계라는 본능적 발동에서 억지로 한 의식을 흉내 내는' 것 외에 아무것도 없다는 것이다.

공장노동자나 도시 하층 소시민들 역시 경제적으로 시달리는 한편 '자본주의화한 성적 오락기관의 줄을 타고 극장, 유희장, 카페, 공창 등으로 이끌려 들어가서 일시적 만족에 괴로운 감정을 어루만지고' 있을 뿐이다. 뿐만 아니라 무산계급에 속한 여성은 생활고에 시달리면서 '한 술의 밥을 얻어먹기 위하여 자기가 요구하지 아니하는 성적 생활을 하게 되는 한편, 인간다운 생활의 영역을 떠나서 창기, 하녀, 매춘부, 여급 등의 생활환경 속에 빠져 참다운 인간생활은 일종의 구경거리로만 알고 있게 된다'는 것이다.

부르주아들과 인텔리 계층은 서구의 개인주의와 자유주의의 영향으로 변태적인 성의식을 지니게 되고 하층민들은 생존을 위해 왜곡된 성의식을 지니게 된다는 그의 주장은 부르주아 연애관이든 프롤레타리아 연애관이든 그들의 성에 대한 관념은 계급에서 비롯되며 자본주의 구조에 종속되어 있다는 결론으로 귀결된다.

서구사회의 개인주의적인 성향과 자유로운 성의식은 현대로 막 진입하는 식민지 조선의 인텔리 계층에 큰 영향을 미친 것은 사실이었다. 서구의 성문화는 봉건적인 의식에 머물러 있는 조선사회의 보편적 성의식에서 오는 질곡과 답답함을 해소할 수 있는 대안으로 보였다. 나혜석과 같은 여성은 그 문화를 적극적으로 표명함으로써 기존 사회의 가치관과 충돌하기도 했다. 〈독신여성의 정조론〉에서 보이듯이 서구에 대한 막연한 동경에 머물러 있는 한계를 드러내 보이지만 나혜석의 성에 대한 서구 지향적인 가치관은 우리의 현대성이 지니고 있는, 피상적이면서 본질적인 내용을 보여 주기에 충분하다.

대화체로 쓰인 〈독신여성의 정조론〉에서 나혜석은 성욕으로 '자기 몸을 구속할 필요가 없을' 것이며 따라서 "여자 공창뿐 아니라 남자 공창도 필요하다"고 말하기도 하고, "정조관념을 지키기 위하여 신경쇠약에 들어 히스테리가 되는 것보다 돈을 주고 성욕을 풀고 명랑한 기분으로 살아가는 것이 사교상으로도 필요할 것"이라고 주장하기도 한다. 그는 인문人文이 발달해질수록 독신자가 많아지는데, "성욕이 해결만 된다면 가정이 필요 없이, 될 수 있는 대로 독신 시기를 늘리게 되는 것"이라고 말하기까지 한다. 평화스러운 가정을 위해서는 자유로운 남녀교제가 필요한데, 그가 보기에 서양의 가정이 바로 그렇다.

"서양사람의 스윗홈이 결코 그 남편이나 아내의 힘으로만 된 것이 아니라 남녀교제의 자유에 있습니다. 한 남편이나 한 아내가 날마다 조석으로 대면하니 싫증이 나기 쉽습니다. 그러기 전에 동부인을 해 가지고 나가서 남편은 다른 집 아내, 아내는 다른 집 남편과 춤을 추든지 대화를 하든지 하면 기분이 새로워 집니다. 그러기에 어느 좌석에 가든지 자기 부부끼리 춤을 추든지 대화를 하는 것은 실례가 되는 것입니다."[230]

이 말이 어디까지 맞는 말인지는 모르겠으되 철저하게 '개인주의적 자유주의 사상'에 물들어 있었고 선각자를 자처했던 이 여성의 진정한 바람은 '조선도 차차 그렇게(서양처럼) 되는 것'이었다. 앞의 윤형식이 나혜석의 연애론을 보았다면 그녀는 인텔리 계층으로 개인주의적 자유주의 사상에 물들어 자유연애를 신성화하는 두 번째 부류에 속한다고 말했을 것이다.

재회, 그 후

평양에서. 에필로그를 대신하여

평양에서

차창 밖으로 봄빛이 무르익고 있었다. 논과 밭들이 두터운 겨울 외투를 벗어 버리고 한결 가벼워 보이는 푸른 옷으로 갈아 입기 시작했다. 사리원 정거장에서 올라 맞은편에 앉은 아낙이 피곤에 지쳤는지 앉자마자 정신없이 졸고 있고 여인이 가까스로 끌어안고 있는 포대기 속의 아기만이 눈을 또록또록 굴리며 신기한 듯 자리를 찾아 오가는 사람들을 바라보고 있다. 20여 년 전 고향을 떠나올 때 나의 표정이 그랬을 것이다. 사방을 두리번거리며 두려움으로 가득한 눈을 한 아이. 기차는 언제나 과거를 향해 달린다. 이따금 벅벅거리는 기적 소리와 함께 상기되는 기억의 끝자락을 쫓아 나는 자꾸 과거 속으로 빠져들어 갔다.

한때 어울렸던 친구들의 치기 어린 글을 둘러싸고 열띤 설전을 벌였던 기억이 새록하다. 오래전 사라진 김의 얼굴도 떠올랐고 쉴 새 없이 떠들며 세태를 묘파하는 모세의 장광설이 귀에 쟁쟁하기도 했으며, 죽은 경천이 파리한 얼굴을 한 채로 나를 바라보던 우울한 눈빛도 생각났다. 경천을 떠올릴 때면 언제나 화홍이 함께 그려지며 얼굴이 달아올랐다. 경천과 화홍이 아무 관련도 없는데 굳이 둘이 한꺼번에 생각나는 이유를 나조차 알 수 없었다. 경천과 내가 똑같이 찾아 헤매던 여인이 우연히 동명의 화중선이었기 때문이었을까? 아니면 경천과 화홍에게 몹쓸 짓을 했다는 자책감 때문이었을까? 그저 내 곁에서 사라져 버린 이들에 대한 막연한 그리움일지도 몰랐다. 화홍을 생각할 때마다 그녀가 정말 화중선이었을까, 라는 의문이 다시 들었지만 이제는 한때 거기에 집착했던 나 자신이 낯설게 느껴지기까지 했다. 하지만 여전히 그녀를 떠올릴 때마다 가슴 한쪽에서 덜컹거리는 소리가 나는 것은 어쩔 수 없었다. 나는 흔들리는 기차의 리듬에 몸을 맡긴 채 그녀와의 기억을 어디로든 흐르게 내버려두었다.

평양을 다녀오기로 한 것은 기자들의 성화 때문이기도 했지만 모처럼의 나들이를 기꺼이 받아들여서였다. 명목상은 취재였지만 딱히 목적이 있는 것도 아니었다. 단지 달라진 평양의 모습을 스케치할 수 있으면 좋겠다는 생각이었다. 이왕이면 기생학교도 좀 들러보시지요, 라고 누군가 말했지만 평양 기생학교에 대한 기사야 신문이나 다른 잡지에서 몇 번씩이나 다루었던 터였다. 평양 출신의 가수들이 인기를 독점하자 기생학교에 대한 관심이 부쩍 많아진 것은 사실이었다. 하지만 나는 더 이상 기생에 대한 기사를 잡지에 싣지 않겠다고 생각해 오던 터였다. 세태의 흐름에 민감할 수밖에 없는 잡지의 속성에서 벗어날 수는 없었지만 사람들의 욕망을 부추기며 겉만 그럴듯하게 포장하는 글에 신물이 났다. 더하여 그럴듯한 글 조각 하나 세상에 내밀지 못하고 너절한 잡문이나 생산하는 나의 생활에 염증이 난 터였다. 어쩌면 편집부원들이 점점 짜증을 내는 나에게 취재나 다녀오시지요, 라고 떠밀다시피 내쫓은 게 그 때문이었을 것이다. 이 자리를 내놓을 때가 되었다는 건 분명했다. 다시 경성으로 돌아갈 때면 아내와 짐을 꾸려 고향으로 가는 기차에 몸을 싣게 되는 순간을 맞게 될지도 모를 일이다. 그때는 제대로 된 글을 써 보리라 생각도 해 보고 아니면 농사나 짓든지 그도 아니면 탄광의 막장에서 석탄을 캐는 광부가 되어 있을지라도 이 생활보단 낫겠다 싶었다.

기차가 황주역을 지날 때 석탄이 무더기로 쌓여 있는 풍경을 보게 되었다. 새카만 탄부 하나가 홀로 화물차에서 석탄을 삽으로 퍼 내리고 있었다. 어느 잡지엔가 실렸던 시가 생각이 났다. 누가 썼는지는 기억이 없었지만 제목은 〈기차는 구을고 잇나니〉였을 것이다.

기차는 구르고 있나니

넓은 들 붉고 누르고 푸르른 빛을 뚫고서.

젊은 안해의 상여를 따르는 늙은이 같이

허득허득 산굽이를 추어 오르더니

이제는 성난 황소 같이 꼬리 벋고 내닫네.

넓은 들을 거침없이 산 넘어 하늘을 껴뚫을 듯이―

동무여!

닫는 기차와 뿜는 연기를 보니

그대들의 가쁜 숨결과 흐르는 피ㅅ땀.

하늘도 못 보는 그 질식할 굴갱중堀坑中

넘어도 눈앞에 또렷이 나타나

내닫는 기차를 부수고 싶다.

기차는 구르고 있나니

부풀은 발꿈치가 다시 굳어지도록

사자굴 같은 광산, 탄갱을 향하여

오늘도 감발짚신에 하루 200리

몸은 피곤하고 노자 없는 동무는

수없이 많은데

원수의 기차는 제대로 구르고 있구나.[231]

처음 들어본 시인의 글이었지만 내 마음을 흔드는 무언가 있었다. 탄광의 광부가 된다는 건 상상만으로도 끔찍한 일이다. 하지만 자신의 몸을 팔아 살아가는 삶이야말로 신산한 세상에 정면으로 맞서는 삶일지도 몰랐다. 하다못해 기생들의 삶조차 그들의 표피를 우려 내며 호들갑을 떠는 우리 같은 치들보다 더 고귀한 삶이라고 말해야 할지도 몰랐다.

10년 만에 가 보는 평양은 낯설었다.[232] 길은 더 넓어지고 보도가 생기고 집들이 모두 더 커졌다. 알아볼 수 없을 만큼 큰 변화는 신시가보다 구시가에서 더 많이 발견할 수 있었다. 정거장에서 평양부청까지는 변화가 별로 없다. 물론 쉐보레 특약점이니 동척東拓 지점이니 도서관 같은 신식 건물이 몇 개 들어선 것은 사실이다. 처음 들어서면서 가장 놀란 것은 서문통의 변화였다. 서문통이야말로 신시가라고 할 만했다. 평양의 종로도 10년 전에 비하면 알아볼 수 없을 만큼 번쩍거렸다.

평양은 조선의 유일한 공업도시라고 한다. 특히 조선인이 경영하는 공업이 장족으로 발전되었다는 게 놀랍고 흥미롭다. 초가집에서 직공 두서넛 데리고 일하던 양말공장들은 제법 큰 공장이 되어 있다. 고무공장들이 갑자기 일어나 졸부가 된 건 기적의 유물이다. 정미업도 진남포를 따라가려는 기세이다. 양조업은 가장 큰 공업이 되었다. 풍류를 좋아하는 평양 사람들이 술을 너무 많이 마시기 때문일지도 모른다.

요릿집은 일본인과 중국인이 독점하고 있다. 조선인이 경영하는 사립학교 교사보다 관공립 학교나 서양인이 경영하는 학교들이 모두 크다. 조선인의 상점은 10년 전에 비하면 큰 발전이 없던 것은 아니나 역시 조그만 목제 토옥이다. 조선인의 공장은 18세기 영국의 공장을 연상시키는 더러움의 구렁텅이다. 그 안에서 매일 13, 4시간씩 노동하는 부녀들과 아이들을 보면 마치 생지옥을 보는 듯하다.

커다란 신양옥들이 눈에 많이 띈다. 자동차 특약점, 요리점, 학교, 야소교회당이 낮고 조그만 주택 위에 압도하고 있다. 그 3층 양옥들은 조선인의 생활과는 아무런 관계가 없는 피안의 세계처럼 보인다. 아무래도 잘 조화가 되지 않는다. 다 해진 옷을 입고 모자만 반들반들한 하이햅을 쓴 사람처럼 격이 맞지 않는다.

조선인이 경영하는 기독교 교회만은 도처에서 웅자를 자랑하고 있다. 이것은 몇 가지 사실을 말해 준다. 첫째 평양에는 기독교인이 많다는 것, 둘째 평양인은 미신이 적다는 것, 셋째 평양의 기독교는 중산계급 이상 유산자계급의 전유물이라는 것, 넷째 평양 기독교인은 현실에는 눈이 어둡고 사후 신선될 몽상에만 급급하다는 것. 게딱지 같은 초가막살이 동네에 유독 교회만이 제왕처럼 군림하고 있는 것을 처음 본 순간 나도 모르게 불쾌감을 느끼는 건 어쩔 수 없었다.

이전에는 없던 새로운 것이 있다. 일본식 카페, '나까이'이다. 일본 하오리(짧은 겉옷)를 입고 평양까지 들어와 좌식 술집으로 연 카페를 보는 건 처음이다. 나까이仲居(요릿집, 유곽에서 손님을 접대하는 하녀)라는 말도 이번 처음 듣는 말인데 아직도 나는 그 뜻을 다 이해하지 못했다. 하녀를 나까이라고 하는지 또는 나까이라는 특별한 직업이 따로 있는지 모르겠다. 그런데 카페와 나까이는 재즈 세상에서 나온 것이라 한다. 재즈의 본향은 미국이다. 조선에도 재즈 생활이 있을까? 있기는 있는 모양이다. 양복 입고 감투 쓴 조선식 재즈라고나 할까?

하여간 이 카페와 나까이가 기생이 전유하던 직업을 얼마만큼 빼앗고 있는 모양이다. 평양에 기생이 200명이니 300명이니 하고 무던히 떠드는 모양이나 길에 나다니는 기생 수로 보면 10년 전이나 오늘이나 별로 차이가 나는 것 같지는 않다. 하지만 부벽루에 올라 대동강을 내려다보면 기생도 어지간히 많기는 하다는 생각이 들지 않을 수 없었다. 평양에 있는 기생학교는 요새 (1930년경) 새로 벽돌집을 짓는다고 한다. 사시사철 불경기를 모르는 곳이다. 기생이 있을 바에는 학교도 있는 것이 좋을 것이다. 그것도 일종의 직업인 이상 전문지식을 닦아 가지고 나와야 밥벌이하기 용이할 것이리라.

정거장, 부청, 우편국 등이 모두 아직 옛 껍질을 쓰고 앉아 있다. 조선 제2의 도시로 면목이 없는 일이라고 대화정大和町 양반들이 떠들 듯한데 가만히 있는 게 이상하다. 대신 경찰서만은 새 갑옷을 입고 우뚝 서 있다. 원래부터 평양 사람은 주먹이 세다니 아마 주먹 힘으로 좀 휘어잡아 볼 작정인가보다. 이제 형무소 담장까지 벽돌로 쌓으면 경성에 있는 서대문형무소보다 못할 것 없다. 그때에야 비로소 평양은 대도회지로 손색이 없을 것이다. 공업도시인 만큼 평양의 장래는 다사할 것이다. 그래서 육군만으로는 아무래도 마음이 놓이지 않아 항공대까지 두고 매일 작전비행을 대연습 중이니까.

여관에서 하룻밤을 묵고 이튿날 새벽에 일어나 서둘러 대동강변으로 나갔다. 강변의 정취야말로 평양을 가장 잘 느낄 수 있는 곳이기도 하다. 아침보다는 해 질 녘의 풍경이 더 그럴듯했지만 그때가 되면 놀이꾼들과 기생들이 꼬여 눈꼴사나운 작태를 벌일 게 뻔했다. 능라도며 모란봉, 을밀대와 청류벽이 한눈에 바라다 보이는 강변의 모래톱 위에 앉았을 때는 해가 막 솟아오르기 시작했고 옅은 물안개가 강물 위로 깔리고 있었다. 다시 강을 건너 대동강을 굽어보면서 청류벽을 끼고 부벽루에 이르렀을 때는 모처럼 몸을 쓴 탓인지 덥기까지 했다.

초라한 정자에 불과한 부벽루, 안에 들어가 보니 생각 없는 유객들의 묵흔墨痕이 난잡하게 쓰여 있고 전면의 방벽과 잡목에 가려 강상청파와 능라도의 버드나무가 제대로 보이도 않는다. 누상에 높이 걸린 '제일강산第一江山'이라고 쓴 편액이 무색할 지경이었다. 옛날에는 평안감사의 호화스러운 놀이터요 재자과객才子過客의 눈물을 자아 내는 휴식처였지만 이제는 그조차 '오마끼노쨔야お牧茶屋'의 유리문 달린 방에게 빼앗기고[233] 철없는 아이들과 손님을 기다리는 사진사들의 햇발을 피하는 자리만 되었다. 단청이 벗어진 기둥은 터진 자리에 먼지가 앉고 귀가 들린 돌바닥에는 과자껍질이 낭자할 뿐이었다.[234]

다시 모란봉을 거쳐 을밀대에 오르니 능라도와 굽이치는 대동강이 한눈에 보였다. 아래에서 보던 풍경과 사뭇 다르다. 을밀대에 앉아 가쁜 숨을 고르고 땀을 식히며 지붕의 서까래 끝을 보고 있자니 문득 그 지붕에 올라 앉았던 한 여인이 떠올랐다. 이름이 강주룡이었던가? 그녀는 왜 저 높은 을밀대 지붕 꼭대기에 올라갈 생각을 했을까? 바로 '을밀대 위의 체공녀'의 주인공 말이다. 그녀의 신산한 삶이 떠오르자 아래로 굽어보이는 그럴 듯한 풍경조차 사치스러운 호사일 뿐이라는 생각이 들었다. 누구에게는 기생과의 풍류를 떠올릴 을밀대였지만 누군가에게는 자신의 처절한 주장을 펼칠 장소였을 뿐이지 않은가?

평원平元고무 직공의 동맹파업은 '을밀대 위의 체공녀'로 더 유명했다. 몇 해 전(1931) 강주룡은 바로 이 지붕에 올라 앉아 이렇게 외쳤다. "2,300명 우리 동무의 살이 깎이지 않기 위하여 내 한몸이 죽는 것은 아깝지 않습니다. 나는 죽음을 각오하고 이 지붕 위에 올라왔습니다. 나는 평원고무 사장이 이 앞에 와서 임금 감하減下의 선언을 취소하기까지는 결코 내려가지 않겠습니다. 노동 대중을 대표하여 죽음을 명예로 알 뿐입니다."[235] 그해 어느 봄날 밤 12시. 강주룡이 을밀대 지붕 위에서 밤을 밝히고 이튿날 새벽 산보 왔다가 희한한 광경을 보고 모여든 100여 명 산보객 앞에서 한 일장연설이다. 그녀는 누구인가?

그녀의 고향은 평북 강계이다. 아버지의 실패로 가산을 탕진하여 그가 열네 살 적에 서간도로 이주해 농사하면서 7년 동안 살고 스무 살 나던 해에 시집갔다. 독립운동을 하던 남편이 백광운白狂雲[236]의 부대에 편입되었다 죽고 그녀 홀로 서간도에서 귀국한 것은 스물네 살 되던 해. 부모와 어린 동생을 데리고 평양에 와서 고무공장 직공으로 밥벌이를 시작했다. 그해 공장의 조합은 임금 삭감에 항의하는 단식동맹을 조직하고서 공장을 사수하기로 하고 공장을 점령하였다. 공장주는 경찰을 불러들여 노동자들을 공장 밖으로 내몰았고 그녀 역시 공장에서 쫓겨 나와 을밀대로 올라가 자살을 하려 했다. 그러다 이왕 죽을 바에는 평원고무 공장의 횡포나 실컷 호소하고 시원히 죽자고 맘을 돌렸다. 그런데 을밀대에 이르자 지붕 위에 올라갈 길이 망연했다. 궁리 끝에 그녀는 죽기 위해 가져간 일목 한 끝에 무거운 돌을 달아 지붕 건너편으로 넘겨 놓고 이 줄을 타고 지붕으로 올라갔던 것이다.

"그때가 아마 새벽 두 시는 되었을 것입니다. 사면이 고요한데 기생을 끼고 산보하는 잡놈을 두 개나 보았습니다. 아직 날이 밝기는 멀었는지라 일목日木을 걷어 올려 몸을 가리고 한참 잤습니다."[237]

지붕 위에 숨어 아침을 기다리는 그녀의 심정이 어땠을까? 기생을 끼고 산보하는 '잡놈들'을 그녀는 또 어떤 심정으로 내려다보았을까? 강주룡을 생각하며 을밀대 지붕 위를 넋 나간 듯이 바라보고 있는 그때, 한 여인이 언덕을 올라오고 있었다.

흰 저고리에 짙은 청색치마를 두른 평범한 차림의 여인이 날 듯이 올라와 맞은 편 숲길로 향했다. 그녀는 매일 아침 산보를 해 왔던 것처럼 가볍고 빠른 걸음을 옮기고 있었다. 반듯하게 빗어 올린 머리를 뒤로 말아 올린 서른 중반쯤 되어 보이는 여인. 어디서 본 듯한 느낌이 들었지만 누구인지를 떠올리기도 전에 그녀는 벌써 뒷모습을 보이고 있었다. 그리고 그녀가 내가 아는 바로 그녀일지도 모른다는 생각이 드는 순간 나도 모르게 벌떡 일어섰다. 그때 잠깐 내 쪽으로 눈길을 주고 지나치던 그녀가 걸음을 멈추고 고개를 갸웃하며 돌아서서 나를 바라보았다. 화홍이었다.

* * *

평양에서 그리고 을밀대에서 화홍을 만나리란 건 생각지도 못한 일이었다. 서로를 알아 본 우리는 마치 오래전에 헤어져 이제는 서먹해진 연인처럼 어색하게 손을 잠깐 마주 잡았지만 곧바로 예전의 모습으로 돌아갔다. 나를 대하는 그녀에게는 여전히 냉랭한 기품이 흘렀고 나는 짐짓 시큰둥한 말투로 그녀의 안부를 물었다. 하지만 둘 다 예상치 못한 곳에서 다시 만난 기쁨을 감추지는 못했다.

화홍은 예전의 모습과 조금 달라져 있었다. 세월의 흐름을 막을 수 없었던지 눈가에 작은 주름이 보였지만 그 때문은 아니었다. 도발적인 눈빛은 여전했지만 이전보다 훨씬 느긋하고 여유 있는 표정을 지어 보였고 고운 자태를 잃지 않았지만 기생에게서 느낄 수 있는 모습은 아니었다.

우리는 을밀대 누상에 나란히 걸터앉았다. 어쩐 일이냐는 그녀의 물음에 나는 평양의 기생학교를 취재하러 왔노라고 말했다. 절반의 거짓말이었지만 그녀와 연관된 무엇을 떠올린다는 게 그렇게 되었다. "그래요?" 하고 그녀는 조금 놀라는 기색을 보이며 말했다.

"저를 만나러 오신 거군요. 여기 있는지는 어찌 아시고?"

알고 찾아 왔다면 그녀는 10년 동안 오매불망 그녀를 잊지 못한 덜떨어진 사내를 마주하고 있는 셈이었다.

"아닐세, 몰랐네. 자네는 여기에 어떻게?"

"여기서 동기童妓들을 가르치고 있어요."

"그랬나? 마침 잘되었군. 그렇지 않아도 지금 막 그리로 내려가려던 참이었는데. 자네가 여기에 있었다니 잘되었어."

나는 기생학교를 취재하러 온 것이 사실인 것처럼 말했지만 그게 꼭 거짓만은 아닐 거라고 믿고 싶었다.

화홍이 안내하듯이 길 앞에 섰고 그녀의 뒤를 따라 언덕을 내려오며 나는 자꾸 과거의 한때로 돌아간 듯한 착각이 들었다. 그녀는 여전히 기생일까? 그녀에게서 도무지 기생의 면모를 발견할 수는 없었다. 얼굴에는 그린 듯한 옅은 화장기가 남아 있었지만 얼핏 보아서는 여느 아낙과 다를 바 없어 보였고 톡 쏘는 말투나 당돌한 자태는 예전 그대로였지만 그 모습은 훨씬 자연스러웠다. 그녀가 뭇 사내를 자신의 신발에 입을 맞추게 하겠다고 날 선 목소리를 내던 바로 그 화중선이었을까?

연광정煉光亭에서 대동강을 끼고 부벽루 있는 쪽으로 올라가면 기정장춘관旗亭長春館이 나오고 두어 집 더 올라가면 강물 위로 3층 다락이 가로눕고 있는 양식 절반, 조선식 절반의 커다란 건물이 바로 기생학교였다. 교사를 신축한 지 오래지 않아서인지 주홍 칠한 기둥에나 학과 용이 그려진 벽화는 티 하나 없이 깨끗했다. 이층의 응접실로 들어서자 동백기름 냄새가 코를 찔렀다. 어디서 간드러지는 젊은 여자의 웃음소리가 새어 나왔다. 마루에는 외씨 같은 조그만 하얀 갖신들이 짝을 지어 가지런히 놓여 있다. 응접실은 체경도 달려 있고 등의자도 갖추어 놓은 양실이었다.[238]

젊은 여사무원이 화홍을 보자 "산보를 다녀오셨나요" 하고 물으며 인사를 건넸다. 화홍이 나를 취재차 어제 서울서 온 양반이라고 소개하자 그녀는 마치 준비하고 있었다는 듯 대뜸 "저를 따라오시지요" 하고는 앞장섰다. 꼼짝없이 기생학교를 취재하게 생겼다. 그녀를 따라 복도를 나서며 엉거주춤 뒤돌아보니 화홍은 옅은 웃음을 띤 표정으로 나를 바라보고 있었다.

벽돌로 지어진 건물 삼층에 있는 큰 교실 안에서는 춤을 가르치고 있었다. 무용시간인 듯했다. 서울 종로 청년회관의 사교실을 연상할 만큼 이십여 평이나 되는 대광간으로 판장 널을 깐 바닥은 윤이 흐르도록 잘 닦아 놓았다. 이 무용교실과 이어져 기역자 형으로 아주 너른 강당은 아마 전 학생을 모아 놓고 훈시를 하거나 야회장 혹은 연주음악회장으로 쓰이는 듯했다.

무용교실에서는 왜청빛 장삼을 입은 학생 넷이 칼춤劍舞을 추고 있다. 박자 맞춰 쨀랑쨀랑 젓는 칼자루의 구슬방울이 울리는 소리가 들린다. 한쪽 높은 곳의 칠판에는 스텝 밟는 도해圖解를 기호로 그려 놓았다. 검무의 박자와 승무의 발자국 떼는 순서들인 듯하다. 그 옆에는 생황, 피리, 젓대 등을 갖춘 악사 몇이 삼현육각을 잡고 있다.

한참이나 곡조에 맞춰 나비같이 가볍게 춤추는 학생들을 물끄러미 바라보다가 안내자의 재촉에 못 이겨 맨 아래층으로 내려왔다. 그녀에게 예의로 몇 가지를 물었다.

"그래 여기선 무엇을 가르치죠?"

"일학년 아이들에게는 우조, 계면조 같은 가곡을 가르치죠. 평시조, 고조高調, 사설조들을요. 그밖에 사군자와 한문운자漢文韻字까지, 또 조선어, 산술 등도 가르치지요. 이학년 때에는 관산융마關山戎馬239나 백구사, 황계사, 어부사240와 같이 조금 높은 시조에다가 생황, 피리, 양금과 거문고, 젓대 같은 것을 가르친답니다."

그녀는 이렇게 말하면서 이곳 기성권번에서 만들었다는 노래 교과서를 내보인다.

"원래 몇 해 전만 해도 양산도나 방아타령 같은 것은 품위 깎인다 하여 기생들은 입에도 담지 않았답니다. 그게 어디 색주가들이나 할 소리들이지 기생이 부를 노래인가요. 그러나 손님들이 그를 청하기로 지금은 그것도 가르쳐 주긴 합니다만……. 그런 것은 모두 삼년급(삼학년)에 가서 알게 되지요. 춤은 삼학년부터 가르치는데 승무와 검무. 원래 조선의 기본 춤이라는 것이 승무와 검무 두 가지인데 이것이 여간 어렵지 않죠. 신식 딴스는 배우고 싶으면 배우라고 수의과(선택과목)로 넣었지요."

몇 해 전 서전瑞典(스웨덴) 황태자도 평양에 와서 이 승무를 보고 몹시 반하였다고 했다. 황태자 앞에서 춤춘 이가 명기 김옥란金玉蘭이었다던가.[241]

"그런데 화홍은 여기서 무엇을 가르칩니까?"

"화홍이라뇨. 누구를 말씀하시는 건지. 함께 계시던 이화선 선생님 말씀하시는 건가요?"

화홍이 이름을 화선으로 바꾸었던 것일까? 나는 고개를 끄덕였다.

"조선어와 산술을 가르쳐요."

뜻밖이었다. 하긴 화홍이 춤과 노래를 잘한다는 말은 들어보지 못했다. 그렇더라도 노래나 춤이 아니라 조선어와 산술이라니. 하지만 화홍이라면 그럴 수 있겠다 싶었다. 그녀가 화중선이라면 말이다. 화중선에서 가운데 자를 빼고 만든 이름이 화선이었을까?

아래층 교실도 역시 구조는 마찬가지였다. 서울에 있는 명월관처럼 호화롭게 꾸민 산수병풍이 둘러 있고 벽에는 소상팔경을 그린 남화들이 붙어 있다. 여기서는 가곡을 배운단다. 팔구십 명 학생이 전후좌우에 벌려 앉아 일제히 조그마한 입을 벌려 가며 "반 넘어 늙었으니 다시 젊든 못하리라" 하는 수심가 곡조도 외우고 또 한편에서는 "낙양성 십리허에 높고 낮은 저 무덤에" 하는 노랫소리도 들린다. 한편에서는 거문고를 가르치고 있다. 무딘 줄을 흰 손가락으로 누르며 박자에 맞춰 날쌔게 줄 위를 날릴 때는 엮음수심가도 나오고 단가별곡도 나온다. 기생들은 연지 찍고 뽀얗게 분 바르고 윤기 흐르는 머리를 내렸으니 붉은 치마에 흰 저고리를 받쳐 입은 이가 있는가 하면 또 한편에는 옥색 저고리에 초록 치마를 입은 이들도 있다. 풍류깨나 있는 자가 보았다면 아마 오색 병풍을 방 안에 펴 놓은 것 같다고 할 것이다. 아니면 누군가 쓴 대로 "겨울에 피는 동백꽃, 여름에 피는 해당화, 가을에 피는 국화, 봄에 피는 수선화 꽃송이를 한 아름 안아다가 와락 뿌려 놓은 것같이 모두 십칠팔 세 한창 피는 젊은 색시들의 어엽분 얼굴이 오골오골 모인 광경은 흡사 한빈유녀漢賓遊女가 놀던 신선 터전을 생각케 한다"[242]고 너스레를 떨지도 모르겠다.

취재를 빌미삼아 한 구경을 끝내고 학교 뒤편에 가 보니 바로 강변에 서 있는 학교의 삼층 난간이 푸른 대동강 물에 그림자를 던지고 있다. 돌각담에서 내려다보면 바로 아래가 대동강이다. 선교리 쪽으로 돛단배 두세 척이 꿈결같이 흘러가고 있다. 그때 난간 끝에 기대어 서 있는 화홍의 모습이 보였다. 나를 기다리고 있었는지 화홍이 옅은 웃음을 띠며 나에게 다가왔다.

"구경은 잘 하셨는지요?"

"듣던 것보다 훨씬 대단하네. 건물도 그렇고……. 그런데 여기서 조선어와 산술을 가르친다던데?"

나는 화홍이 어찌 우리말과 산수를 가르치게 되었는지 궁금해 물었던 것인데 그녀는 짐짓 다른 대답을 내놓았다.

"기생학교는 이제 평양의 명물이 되었지요. 상해나 남경 등지에서 오는 서양 사람이나 동경·대판 등에서 오는 일본 사람이나 서울 기타 각처로부터 구경 오는 손님들이 그칠 새가 없이 찾아오는 걸요."

화홍의 표정에는 자부심이 어려 있었다. 그동안 그녀에게 많은 변화가 있었음에 틀림없었다. 나는 그녀의 이야기를 듣는 내내 그녀에게 있었던 일들이 더 궁금했다. 언제 기적에서 벗어났는지 물어보려는데 화홍이 먼저 말을 가로챘다.

"나가시지요. 남은 이야기는 천천히 하시구요. 점심때가 되었으니 어디 가서 냉면이라도 드시면서. 여기 냉면이 먹을 만 하답니다."

* * *

"언제 올라가시는지요?"

길 양쪽으로 심어진 버드나무의 잎은 제법 푸른 기운이 올라와 옅은 그늘을 만들어 내고 있었다. 요리옥에서 대강 냉면 한 그릇씩 서둘러 먹고 나오는 길이었다.

"내일 아침 10시 기차로 올라갈까 하네."

화홍은 학교에서와 달리 점심을 하는 내내 말이 없었다. 왁자한 음식점의 분위기 탓은 아니었다. 그녀는 기생학교의 선생으로라면 몰라도 나와 개인적으로 마주하는 게 편하지 않았던 모양이었다. 그런 적도 없었지만, 화홍이 나에게 새삼스럽게 살가운 정을 내보일 수는 없었을 것이다. 그녀는 한때 뭇 사내들과 어울리던 기생이었다. 그들 중에 하나가 나였을 뿐이었다. 그녀가 나와 있었던 관계조차 기억하고 있을지 의문이었다. 우리가 한때 정말 연인 사이였다면 좀 달랐을까? 내가 화홍을 생각하고 있던 시간의 십분의 일만큼이라도 그녀가 나를 마음에 두고 있

377

었을까? 예전에 자신을 알고 있었다는 이유로 마주하고 있을지 언정 그럴 수 있다면 피하고 싶은 방문객일지도 몰랐다. 이름마 저 바꾸고 평양까지 온 그녀가 아닌가. 이런저런 생각이 봄바람 처럼 흩어져 머릿속은 버드나무 가지처럼 헝클어져 버렸다. 그 녀와 걷는 동안 이따금 그녀의 분 냄새가 코에 스쳤고 그때마다 그녀와 나누었던 열락의 순간이 떠올랐지만 그건 재빨리 버려야 할 미몽의 기억에 불과한 것이었다. 그녀와 함께 나란히 걷고 있 는 것조차 어쩐지 미안한 생각이 들었다.

"그만 들어가 보아야 하지 않는가? 내가 너무 시간을 빼앗 는 거 아닌지 모르겠네."

그렇게 말하며 화홍을 돌아보았을 때 그녀가 걸음을 주춤 하며 나를 바라보았다. 얼핏 그녀는 화난 표정을 지어 보였다.

"정말 그러길 바라시는지요?"

화홍은 그렇게 말하며 다시 앞서 걷기 시작했는데 나는 그 녀의 뒤를 따라가야 할지 아니면 여기서 작별의 말을 꺼내야 할 지 알 수 없었다. 화홍이 걸음을 멈춘 곳은 강물이 야트막한 둔 덕까지 올라와 찰랑거리는 강변이었다. 아름드리 버드나무 가지 들이 물 위로 늘어져 닿을 듯 말 듯 작은 물결을 만들고 있었다. 그녀가 작은 바위에 걸터앉았고 나는 그녀를 따라 두어 걸음 떨 어져 있는 약간 큰 바위에 기대앉았다.

"한때, 지금은 아득하게만 느껴지는 시간이 있었습니다. 대개 기생이 그렇듯이 살길을 찾아 내몰린 곳이 기생이라는 직업이었지요. 이왕 기생이 되었다면 남들과 다른 길을 걸어 보고 싶었습니다. 나에게 여인으로서의 삶이 주어져 있지 않다면 사람으로서의 삶을 살아 보자고요. 모두가 지리멸렬한 삶에서 헤매고 있을 때 그 안으로 들어가 당당히 세상과 맞서보자는 생각이었습니다. 그럴듯해 보였습니다. 비록 비참한 처지에 내몰린 나 자신을 합리화하는 수단이었지만 그렇게라도 견뎌 보자는 것이었죠. 물론 기생의 삶은 사람의 그것도 아니었지만 말입니다. 기생의 삶은 누구를 만나느냐에 따라 달라진다는 건 누구나 알고 있습니다. 더 그럴 듯한 사내를 상대하기 위해서는 기생의 격을 높여야 하는 것이지요. 타고난 미모가 아니라면 열심히 분도 바르고 기름도 칠하고 기예와 재주를 닦아야 하는 이유가 그것입니다.

장안의 이름깨나 있다는 숱한 명사들을 만나 보았습니다. 모두 사회에서 한다 하는 문인이요, 정치가요, 교육자요, 지도자로 행세하는 사람들이었죠. 그들을 대하면서 꿈이 없지 않았답니다. 적어도 그들과 자유롭게 교유하면서 세상의 이치를 얻어들을 수 있다는 것이야말로 기생의 특권이었죠. 하지만 그들을 가까이할수록, 그들의 이면을 보게 될수록 환멸을 아니 느낄 수 없었습니다. 다른 곳에서는 어떤지 몰라도 술자리에서만큼은 그들은 거침없이 말하고 무엇보다 자신의 욕망을 숨김없이 드러내 보였습니다. 그것 때문에 실망한 건 아니었습니다. 사람이란 그렇게 자신을 놓아 버릴 수 있는 시간이 필요할 거고 그 자리에 우리 같은 기생이 필요한 것이었으니까요. 하지만 그들이 한껏 자신을 드러내며 살아온 내력을 말할 때면 과장과 허풍이라도 숨겨진 진실 하나쯤은 나올 줄 알았지요. 아니더군요. 어떻게 하나같이 그렇게 거짓으로 살아올 수 있는지 놀라웠지요. 한때는 그들을 나의 발아래 무릎을 꿇려 나의 포로로 만들어 버리자는 생각이 없지 않았습니다. 그게 어려운 일은 아니었습니다. 아니 그럴 필요조차 없었습니다. 이미 그들은 아무 곳에서나 누구에게든 무릎을 꿇을 준비가 되어 있는 식민지 백성에 불과했으니까요."

화홍은 혼잣말처럼 이야기를 이어 가고 있었다. 그녀는 점점 더 예전의 화홍과 아니 화중선의 말투와 닮아 가고 있었다. 언젠가 화홍이 있는 자리에서 김이 기생들이란 식민지의 사내들이 만들어 낸 또 하나의 식민지라는 말이 떠올랐지만 나는 한동안 말없이 그녀를 바라보기만 했다. 그녀의 말이 틀린 건 없었다. 누구든 거짓과 위선, 과장과 허풍으로 치장한 채 냉소의 웃음을 흘리며 살아야 하는 게 이 땅에 사는 사람들의 조건이었을 터였다.

"모두 다 그런 건 아니잖소? 그래도 생각이 있는 인사들이 아주 없는 것도 아니고."

내가 변명하듯 말했을 때 화홍이 발끈하며 말을 받았다.

"조선에도 지식계급이니, 인텔리겐차니 하는 소리가 풀풀 날라 다녀서 나 역시도 귀가 젖도록 들었습니다. 지식계급이란 한심한 것이지요. 중학교나 졸업하고 《대판매일신문》이나 줄줄 읽을 줄 알고 일어 몇 마디나 하면 벌써 이는 신사외다. 그리고 조선의 지도자라고 자처하고 나서게 됩니다. 이들이 진정한 의식으로 좀 더 공부하고 조선 민중을 지도하였으면 그 얼마나 좋으리까마는 중학교쯤 졸업한 것을 가지고 무슨 굉장한 무엇이나 한 것같이 여기지요. 그러니 전문학교나 제국대학쯤 가면 그야말로 안하무인입니다. 이들이 무엇을 먹고, 무엇을 입고, 무엇을 가지고 공부하였는지는 조금치도 생각지 않고 그저 할아버지나 아버지가 벌어 놓은 재산으로 팔자 좋아서 공부만 한 것같이 여기고 있죠. 실상 그게 농민, 노동자의 피와 땀의 결정인 것은 조금도 모른단 말입니다. 중학교를 졸업하고는 첫 번째 가는 것이 무슨 회 무슨 모임하고 요릿집부터이지요.

조선의 지식계급이란 하나의 훌륭한 외입장이일 뿐입니다. 보십시오. 사회운동단체에도 그렇고 민족운동단체에도 그렇습니다. 양복이나 입고 슬금슬금 명예나 돋우고 요릿집이나 가는 이것이 조선의 지식계급이지요. 무슨 큰 일이 나면 가장 열심인 체 충성인 체 하고 앞으로 나서다가도 경찰 당국 같은 곳에서 잡는 눈치만 보이면 살살 피하여 벌써 어디로 도망가 버리고 없단 말이지요. 그리고 가끔가다가 모여 앉으면 그야말로 명론탁설名論卓說을 합니다. 손문은 어떻고, 레닌은 어떻고, 맑스는 어떻다고요. 이러니저러니 해도 이런 분들은 사상이 들어 있다고 할 수 있지만 제일 말째 가는 양반은 있는 집 지식청년이지요. 그들은 공부, 공부하고 미국이나 독일, 불란서, 영국 등지를 다녀와서는 첫째 이혼, 둘째 문화주택, 셋째 고등XX를 운동하기에 겨를이 없지요. 조선 지식계급은 두말할 것 없이 외입장이요. 이기주의자이요, 명예탐구자들 뿐입니다."243

　　화홍에게 이런 말을 평양에 와서까지, 게다가 십여 년 만에 만난 자리에서 듣게 될 줄은 몰랐다. 그녀의 말을 듣고 있는 동안 나는 시선을 어디에 두어야 할지 몰랐다. 그저 무심한 듯 찰랑거리는 잔물결 위로 반짝이는 햇살만 쫓고 있을 뿐이었다. 한때, 화홍이 그렇게 말했듯 이 땅의 먹물들에게 저주의 심정으로 퍼부어 댔던 나의 독설이 그녀의 입을 통해 고스란히 되돌아온 것 같았다. 그녀야말로 이런 말을 거침없이 뱉을 수 있었겠지만 하필 이런 자리에서 들어야 하는 건 불행이 아닐 수 없었다.

나는 화홍이 왜 그런 이야기를 나에게 하는지 정말 알 수 없었다. 그녀와의 재회의 자리가 조금 더 살가운 이야기로 채워질 수 있다면 좋지 않았을까? 나는 그녀와 우연한 만남에서 있을 수 있는 다른 인연을 꿈꾸고 있었지만 그녀는 그런 빌미를 조금도 주지 않으려 작정하고 있는 것인지도 몰랐다. 그녀가 나의 속마음을 알아차렸을까?

"생각이 있는 인사들이 없지는 않겠지요. 하긴 그들이 기생집을 드나들지는 않을 테니 내가 알 수는 없겠지요. 제가 만나 본 장안의 명사들이란 대개 일본말이나 영어를 좀 알던지 그렇지 않으면 한문 조각만 조금 알면서 행세를 하는 자들에 불과하더군요. 무슨 회든지 발기인 목록에는 꼭 빠지지 않고 끼어들고, 미국이나 일본에서 방문객이 오면 프록코트 같은 예복을 입고 정거장 출입도 하고 환영회 참석도 하고, 지방엘 가면 신문기자에게 한턱을 내고서라도 인사 소식에 빠지지 않고 넣게 하며 그럴듯한 명함을 박아들고 다니면 저절로 명사가 되더군요."

"그런 치들이야 언제나 그렇게 사는 것 아니겠소?"

내가 변명하듯 말했지만 그럴 이유도 나에겐 없었다.

"사회운동을 한다고 자처하는 이들의 내력은 어떤가요. 사회운동가가 되려면 고등보통학교 이삼학년쯤 되어 무슨 트집이든 트집을 잡고 학교에서 동맹퇴학을 벌인 다음 머리부터 길게 기르고 진고개 헌책사에서 남이 읽던《레닌 전집》이나 또는 동경에서 발행하는《전기戰旗인터내슈날》같은 잡지를 한두 권 사서 다른 사람의 눈에 보이도록 양복 포켓에 반쯤 내밀게 넣고 다녀야 한답니다. 레닌의 사진 한 장을 찾아 방에 걸어두고 신술어사전新術語辭典 한 권을 빌려다가 뿔쪼아니 푸로레타리아니 헤게모니 인터내셔날 등등의 말도 익혀 두고 선진 사회주의자를 따라 다니면서 무산자, 동무, 정통파, 좌익, 소뿔조아, 영도권, 자본주의, 제국주의 등등의 문자 쓰는 법을 알면 된다는 거지요."[244]

화홍은 작정이라도 한 듯이 말을 뱉고 있었다. 화홍의 말은 필경 과장되어 있었으나 그녀의 말이 그르다고 말할 수는 없었다. 하지만 그녀의 말투가 자신이 끔찍이 여기는 바로 그 사람들의 그것과 닮아 있다는 걸 그녀는 알고 있을까? 옳고 그름을 따지자는 게 아니다. 그녀는 어색하고 거북한 상황을 끊임없는 말을 주워섬기며 어디론가 밀어내고 있음이 틀림없었다. 화중선이 그랬던 것처럼……. 10년 만에 만나 회포를 푸는 자리가 될 수는 없을지언정 이런 말을 듣자고 그녀를 따라온 것은 아니었다. 아니 여기서 그녀를 만나는 게 아니었다. 화홍도 자신의 말이 지나쳤다고 생각했는지 아니면 그녀 역시 우리들과 아무 관련도 없는 말을 끊임없이 하고 있는 자신을 발견했는지 더 이상 말을 잇지 못하고 발끝으로 조금씩 밀려오는 물결만 한동안 바라보았다. 그녀 역시 이런 상황으로 내몬 자신을 후회하고 있는 게 틀림없었다.

"그러다 한 사람을 만나게 되었지요. 그는 장안의 이름난 인사도 아니었고 돈푼이나 거머쥔 사내도 아니었으며 한자리를 꿰어 찬 인사도 아니었습니다. 느닷없이 눈앞에 나타난 평범한 사람이었죠. 그를 마음에 두고 있었습니다. 내가 아는 인사들과 달랐기 때문은 아니었습니다. 그는 언제나 주저하고 고민하는 모습만 보였을 뿐입니다. 그를 몇 번 보았지요. 그리고 그것으로 그만이었습니다. 나는 그에게 더 이상 가까이 갈 수 없었고 그역시 나를 좋아했더라도 필경 가까이 할 수는 없었을 것입니다. 그가 더 이상 나를 찾지 않았을 때 문득 깨달았습니다. 기생이라는 존재, 우리가 그리고 내가 가장 원하는 것이 무엇인지를요."

멀리 강을 바라보던 화홍의 시선이 잠깐 나를 향할 때 그녀의 눈빛은 회한으로 가득 차 있었다. 나는 그녀가 말하는 그가 혹여 나일지도 모른다는 생각을 했지만 그녀에게 물어볼 수 없었고 내 생각을 드러내고 싶지도 않았다. 나에겐 이미 그럴 용기조차 남아 있지 않았다. 나의 눈과 마주친 그녀의 눈빛은 다시 회한에서 벗어나고 있었다.

"그건 평범함입니다. 기생들은 하나같이 그것을 얻기 위해 발버둥을 치고 있습니다. 악착같이 돈을 모으거나 돈 많은 놈팡

이를 구워삶아 첩실로 들어가 앉거나 노래를 부르고 레코드를 취입하고 카페의 마담이 되려고 하는 것은 바로 평범한 삶을 간절히 원하기 때문입니다. 내가 그에게 원했던 것도 바로 그것이었습니다. 하지만 그게 불가능하다는 걸 그도 그리고 나 역시 알고 있었지요. 한 번도 그런 말을 하진 않았지만…….

기생 노릇을 그만두기로 했습니다. 쉬운 일이 아니었죠. 기적에서 빼는 돈을 모으는 데만 몇 년 걸렸으니까요. 기생에서 벗어나서 그를 찾았지요. 그가 무슨 일을 하고 있는지는 알고 있었습니다. 하지만 그때 그는 벌써 결혼한 몸이었지요. 하긴 그렇지 않았더라도 달라진 건 없었을 거예요. 제가 그 앞에 나설 수는 없었을 것입니다. 그 역시 나를 마음에 두고 있었더라도 어찌할 수는 없었을 테니까요. 그 뒤로 어찌어찌 여기로 흘러와 다시 기생들과 함께 있게 되었습니다. 제 팔자가 그러한가 봅니다.”

화홍의 얼굴에 옅은 회한이 어려 있었지만 처음 그녀를 보았을 때의 모습으로 돌아가 있었다.

“평범하게 살기 위해 기생을 그만두었지만 한번 기생이 되었으면 이미 그렇게 살기는 불가능한 것이었습니다. 그렇다면 방법은 한 가지지요. 세상의 모든 사람들을 모두 기생의 편에 서게 하면 어떤가요? 내가 그들과 가까이 할 수 없다면 그들을 우리에게 오게 만드는 거지요. 사람들은 여기 평양 기성권번의 기예학교를 그저 기생을 양성하는 곳으로 알고 있습니다. 틀린 말은 아니지만 나는 그것만은 아니라고 생각해요. 세상은 달라질 것입니다. 이제까지 기생이 되는 이유는 잘 살기 위해서였지요. 전날에는 자신의 딸을 기생학교에 넣는 사람들에게 침을 뱉지만 기생의 벌이가 후하게 되자 너나 할 것 없이 부러워하는 것처럼, 이제까지 사내들의 놀잇감이라고 기생을 업신여기는 사람들은 앞으로 그들을 떠받드는 세상을 보게 될 걸요."

"그런 세상이 온다고 달라질 게 있습니까?"

나는 어느 때부터인가 화홍의 말을 듣고 있지 않았다. 말 그대로 기생을 떠받드는 세상이 온다고 해서 그녀에게 달라질 게 있을까? 화홍이 한발 물러섰다.

"제가 헛된 꿈을 꾸고 있을지도 모르죠. 기생들이 없는 구라파나 미국에서는 그들 대신 대중스타들이 모든 사람들의 마음을 사로잡고 있어요. 조선이라고 다를까요? 영화배우나 가수들 중에서 기생 출신이 아닌 이들이 얼마나 되나요. 여기 기생학교 출신의 스타들이 점점 더 많아지고 있어요. 우리들의 세상이 열리게 될 것입니다. 세상 사람들은 우리들의 발아래 무릎을 꿇고 우리의 포로가 되기를 자처하게 될 거예요. 그 옛날 화중선의 꿈은 그렇게 실현되는 거지요."

'당신이 바로 화중선이었군요.' 나는 그렇게 말하지 않았다. 그렇게 묻는 것조차 이제는 의미 없는 일이었다.

그녀와 헤어지고 나서 나는 무심한 발걸음으로 평양 시내를 한 바퀴 둘러보고는 그대로 여관방으로 돌아와 버렸다. 평양에 머물러 있는 것조차 마음이 편치 않았다. 일찌감치 자리에 누웠지만 낮에 보았던 그녀의 당찬 태도와 달리 어딘가 쓸쓸해 보였던 모습이 자꾸 떠올라 잠을 설쳐야 했다. 그녀와의 우연한 재회가 반갑고 기쁜 일이었다고 말할 수는 없었다. 그녀를 보게 된 잠시의 설렘조차 부끄럽게 만들었던 만남이었다.

다음 날 아침 나는 아침도 거른 채 서둘러 기차역으로 나왔다. 안개가 가득한 플랫폼에는 몇 명의 승객이 기차를 기다리며 서성이고 있었다. 거기서 화홍 아니 화선을 다시 보리란 건 예상치 못한 일이었다. 나를 발견한 그녀가 손을 흔들며 빠른 걸음으로 다가왔다. 짙은 군청색 벨벳 치마저고리를 입은 그녀는 어제와 다른 모습이었다. 가까이 본 그녀의 눈시울이 붉어져 있었다. 그녀 역시 지난밤 잠을 이루지 못했던 듯 싶었다. 한때나마 마음에 품고 있던 사람을 그렇게 떠나보낼 수는 없었을 것이다. 그녀의 표정이 그렇게 말하고 있었다.

나는 무슨 말을 건네야 할지 알지 못했다. 그녀 역시 아무런 말도 하지 못했다.

나는 용기를 내어 그녀의 두 손을 끌어 마주잡았다. 그리고 겨우 "잘 있어요"라고 말했을 때 그녀의 눈에는 물기가 가득했다. 그녀는 "기억해 줄 거죠?"라고 말했다. 아니 "기억하고 있을게요"라고 했던가.

* * *

서울로 돌아온 뒤 혼란의 연속이었다. 화홍 때문은 아니었지만 그렇지 않았다고 말할 수도 없었다. 그녀를 만난 건 뜻밖이었고 그녀와의 이별을 통해 그녀의 마음을 알 수 있었지만 그뿐이었다. 그녀와의 재회가 나의 삶을 그리고 아마도 그녀의 삶을 바꿀 수 있는 건 아무것도 없었다. 그녀를 기억한다는 게 무슨 의미가 있을까? 과거를 기억한다는 게 무슨 의미가 있을까? 과거의 기억은 언제나 현재 앞에 무릎을 꿇는다. 문득 떠오르는 과거에 대한 기억이나 막연한 그리움 따위로 일상은 살아지지 않는다. 지극히 개인적인 감정은 세상의 질곡을 마주하면 초라한 체념으로 뒤바뀌기 마련이다. 그녀가 떠오를 때마다 막연하고 답답한 느낌으로 숨을 몰아쉬어야 했다. 화중선은 아니 화홍은 그렇게 나의 시선에서 사라져 갔다.

세상의 기운은 심상치 않았다. 화홍을 만날 때가 봄이었던 것이 여름이 지나고 가을이 지나며 찬바람이 부는 겨울이 가고 한 해 두 해 시간이 쌓일수록 세상은 한층 더 뒤숭숭해졌다. 겉으로는 더 화려하고 더 풍요로운 세상으로 나아가는 듯이 보였지만 일상의 삶은 더 팍팍해지고 있었다. 없이 사는 사람들이야 늘 궁색했던 처지에 고난을 더하는 것뿐이었지만 돈푼이나 있는 자들이라고 다를 건 없었다. 전쟁의 기운이 감도는 뜨악한 분위기는 세기말의 불안과 닮아 있었다. 그래서였을까? 모두들 막연한 불안감으로 자신을 벼랑 끝까지 내몰고 있었다. 화홍도 그렇게 살아가고 있을 것이다. 불투명한 신념이나 불확실한 가치일지라도 거기에 기대 희망의 끈을 놓지 않는 것. 하긴 그렇게 살아남는 것 말고 다른 방법이 있을 리 없었다. 불안의 그림자를 감춘 채 평범한 일상을 꿈꾸며 살아가는 것이 우리 모두에게 주어진 삶이었다.

경성의 밤은 여전히 흥청거렸다. 찬바람이 부는 겨울이 되고 한 해가 저물면서 궁핍한 삶이 훨씬 도드라져 보였지만 도시의 불빛은 여전히 휘황했다. 시내와 교외를 합쳐 50여 개의 요정이 성업 중이었고 이름 난 명월관이나 식도원, 천향원, 국일관, 조선관 등은 때 아닌 문전성시를 이루고 있었다. 사람들은 '오늘만 살고 내일부터는 입에 거미줄 칠 작정'인지 10원이 생겨도 요리점, 20원이 생겨도 요리점으로 달려갔다. 날이 저물면 수십 대의 자동차가 요릿집 문 앞에 늘어섰고 흘러나온 노랫소리는 새

벽까지 그칠 줄 몰랐다. 장안에 있는 네 권번 800명의 기생들은 '병신이 아닌 이상 모다 연석宴席으로 총출동'이라 했다. "서울 장안에 해 뜨지 않는 날은 있을지언정 요정에서 화랑花郞들의 가현歌絃 소리 비는 날이 있으랴" 하는 말도 들렸다. 경성의 밤은 '세기말의 가탄할 물결' 속에 깊어 가고 있었다.[245] 때는 태평 성대였던가?

경성의 화려한 밤은 겉모습일 뿐이었다. 이듬해에 지나사변이 터지자 예의 불안은 현실이 되었다. 만주사변으로 시작된 전쟁이 꼬리를 물어 전시 국면이 본격적으로 들어선 것이다. 그리고 사변이 장기화하여 감에 따라 '일세의 풍기도 점차 정화의 일선'으로 숙청되어 가는 중이었다.

그 무렵 김을 다시 만나게 된 건 유쾌한 일이 아니었다. 그가 일본에서 돌아와 있다는 소문은 벌써 귀에 들어와 있건만 그는 어찌된 일인지 나를 찾지 않았다. 처음엔 섭섭하기도 하고 괘씸하기도 하였으나 나 역시 굳이 그를 찾지 않았던 까닭은 그에 대해 항간에 이상한 이야기가 떠돌고 있었기 때문이었다. 그는 떠날 때 그랬듯이 돌아와서도 바짓가랑이 사이로 비밀을 흘리고 다녔다. 명동 근처의 화랑에서 전시회 오픈식이 있던 날 다시 그를 보게 되었는데 그는 주인의 눈치를 살피는 마루 밑의 개처럼 나와 시선을 마주치려고 하지 않았다.

그러던 그를 종로를 걷다 정면으로 마주치게 되자 당혹스럽지 않을 수 없었다. 한때 어울리던 친구가 어느 날 공개토론장에서 느닷없는 이야기를 지껄여 대는 것을 마주하게 될 때처럼, 아니면 한때나마 막연한 동질감을 느껴 왔던 인사가 사람들이 그토록 억세게 반대하는 신문에 글을 써 대며 예의 그 부드럽고 완곡한 품성으로 세상 일을 말할 때처럼, 어색한 만남이었다.

그가 이즈음 어떻게 지내는지를 알 수 없었지만 행색으로 보아 세태의 때를 묻혀 보일 만큼 앞가림은 하고 다니는 모양이었다. 김은 나를 보자마자 예의 그 천연덕스러운 표정으로 요즈음 어떻게 지내는가를 물었다. 그저 지나는 말일 것이다. 어떻게 지내냐고? 글쎄? 그럭저럭. 말하자면 이런 말에 대해서는 언어상실증에 걸린 것처럼 우물쭈물하는 것이 예의이다. 시시콜콜 일상사를 한 마디라도 건넸다가는 피차 내키지도 않는 대화를 지속해야 하는 법이다. 그런데 대강 말한다는 게, "무슨 말을 하면서 살아야 할지 모르겠어"라고 말한 게 탈이었다.

어느 때부터인가, 무슨 말을 하려면 그 말이 어디서 비롯되었는지를 따져 보다가 그게 곧 아주 허술한, 도저히 나의 언어가 될 수 없는, 그저 여기저기 떠다니는 개념일 뿐이라는 생각이 말길을 막아 버렸다. 모든 말들의 뿌리들, 말을 얽어 매고 이어 주는 준거들이 마구 흔들려 결국에는 아무 말도 못하게 되거나 스스로도 무슨 말인지도 모를 말을 뱉어 내곤 했다.

　따지고 보면 그게 모두 그들(나를 포함하여) 스스로 인텔리를 자처했던 부류를 만나고 나서부터였다. 그들이 살아온 세월을 나의 역사로 받아들여야 한다는 사실은 받아들일 수 있었지만 시시때때로 갈팡질팡하는 그들의 변죽은 도무지 감당하기 어려웠다. 그 앞에서 불쑥 도대체 무슨 말을 해야 할지 모르겠다는 말이 튀어나왔던 것은 아마 나의 실어증세의 얼마간의 책임이 그에게 있을지도 모른다는 무의식이 작용했기 때문일 것이다. 하지만 그는 나의 말에 동지를 만난 듯 반색을 하며 달려들었다. 불현듯 옛날 그와의 기억이 한꺼번에 떠올랐다.

　"맞아. 요즈음은 말 한마디 하기가 조심스럽다네. 그 칠칠금령七七禁令[246]이 떨어진 이후로는 어디 말뿐인가. 물건 하나 제대로 사기도 힘들어졌으니 세상이 각박해진 것은 사실이지. 하지만 어차피 우리 같은 가난한 먹물들이야 이런 조처가 그리 나쁘지는 않지 않나? 실로 장구한 시일을 두고 내려오던 사치품들이 봉쇄되었다는 것은 전시하에서 국민생활에 다시 처신의 인식을 새롭게 할 필요를 느끼게 하고 남음이 있지."[247]

　그전 같았으면 그의 이런 대꾸에 기겁을 하거나 아예 상대조차 하려 들지 않았을 것이다. 그가 감히 나에게까지 버젓이 전시하의 국민생활 어쩌고 하는 작태는 참아 주기 어려웠다. 하긴 얼마 전 잡지사에서 만났던 바로 그 인사는 무슨 단체장을 맡더니 '신체제하의 신도실천臣道實踐의 거룩한 직책'[248] 어쩌구 하는 역겨운 말을 천연스럽게 내뱉지 않았던가. 그러나 마음속으로는 용서할 수 없을지언정 새삼 그의 말이 거북살스럽게 들리지는 않았다. 이런 말쯤이야 예의로 건네는 인사치레일 터였다. 나에 대한 예의가 아니라 그가 살아갈 수밖에 없는 사회에 대한 그리고 그의 일상을 버텨 주는 생존 가능성의 믿음에 대한 예의말이다. 새삼스럽게 눈앞의 그를 매도할 생각은 없었다. 그런 말에 게거품을 물기에는 그보다 더한 사람들에게조차 엄청난 관용을 베풀어 온 우리가 아니었던가.

그가 우리 같은 가난한 먹물 어쩌고 하는 말 역시 거짓이었다. 그가 먹고 살 만한 집을 등 뒤에 감추고 있다는 것쯤은 모두 다 아는 사실이었고 그 역시 그런 말에 기대어야만 그 스스로도 알 수 없는 불안으로부터 벗어나 실낱같은 위안을 얻을 수 있었기 때문일 것이다. 단지 그가 내 말을 곡해하여 뜬금없이 칠칠금령 이야기를 꺼내는 것은 당혹스러웠다.

'전시하의 생활개선'이니 '신체제의 생활설계'니 '비상시국의 정신적 방면의 긴장'이니 하는 말들은 이즈음 누구나 입에 달고 다니는 말이어서 그만 지겹기도 했지만 그들의 현대가 또 한 번의 굴곡을 겪게 되는 것 같아 안쓰러웠다. 어찌되었든 저 세기의 초에서 시작되었던 계몽의 물결이 현대의 외피를 둘러 쓴 채 2, 30년대에 일상화된 유행으로 번지며 한창 무르익어 갈 즈음에 밀어닥친 군국주의의 전시체제는 식민지라는 좌절의 땅에 살고 있음을 분명히 인식시켜 주었다.

한때 선지자까지는 아니더라도 인텔리를 자처하던 그가 쉽게 이런 말을 내뱉을 수 있었던 것도 이해하지 못할 바는 아니었다. 사회진화론에 기대고 개조론에 힘을 주었던 식자들의 말은 처음에는 계몽주의적인 무게가 실리는 듯했지만 그들의 말들은 저 거리의 발랄한 모던 보이와 모던 걸들의 경박스러운 행동거지만도 못한 위력을 지니고 있는 것이 아니었던가. 그들이 때가 되어 말을 바꾼다고 해서 달라질 것은 아무것도 없었다.

하지만 그가 하는 말들이 좀 맹랑하긴 했다. "너나 할 것 없이 지금껏 사회를 좀먹는 고가의 사치품들이 허용되었다는 것은 잘못이며 급기야 이를 금지키로 한 선풍旋風의 왕림往臨이야말로 쌍수를 들어 환영할 만한 일"이라고 떠벌리는 것은 좀 심하다 싶었다.

그가 낯빛을 진지하게 바꾸며 이야기를 이어 가지 않았던들 급기야는 한마디 쏘아붙였을 것이다.

"그런데 말일세. 좋은 것이건 나쁜 것이건 사람이 쓰는 물건을 하루아침에 금지시킨다고 그게 갑자기 사라지는 것은 아니란 말일세. 이미 자본주의가 시작되지 않았나. 자본주의라는 것은 상업주의라고도 할 수 있지 않은가. 이 상업주의가 설치는 이 땅에는 정말 놀라운 물질의 메커니즘이 작동한다네. 아니 유행의 메커니즘, 아니 상술의 메커니즘이라고도 할 수 있지."

그는 깜짝 놀랄 만한 비밀을 털어 놓고 있다는 듯 나에게 얼굴을 들이대고 목소리를 낮추며 말했다. 그의 은밀한 말 속에는 비록 현실에 순응하는 처지에 몰려 있을지언정 지식인으로서 사회의 표면적 현상의 이면에 감춰져 있는 구조의 핵심을 찔러보고 있다는 데서 오는 자부심, 어떤 사회의 변동도 그것을 작동시키는 체계를 손바닥 보듯이 훤히 알고 있다는 우쭐거림이 묻어 있었다. 문득 그가 낯선 이방인처럼 느껴졌다. 그의 이야기를 끝까지 듣지 않은 채 헤어진 건 그날이 처음이었다.

전시의 살벌함이 점차 피부로 느껴지는 시절이었고 시국에 관계없이 호시절만 누릴 수 있는 자는 아무도 없었다. 그럼에도 기생들을 찾는 사람들은 오히려 느는 감이 있었다. 그렇다. 기생의 존재는 그런 것이다. 쾌락은 풍요의 한복판이 아니라 결핍과 불안 속에서 빛을 발하는 법이다. 하지만 거기까지였다. 서울 안에 있는 권번은 조선, 한성, 종로 세 권번으로 다시 삼화권번三和券番이란 이름으로 통폐합²⁴⁹되었고 여기에 속하는 기생의 수는 1,000명이 훨씬 넘었지만 그들의 봄은 다시 오지 않았다.

바야흐로 일제는 전시를 빌미삼아 제도를 단속하기 시작했고 이를 눈치챈 자들은 그 틈에서 몇 푼어치 이익을 찾아 움직이기도 하고 자발적인 호의를 보임으로써 세파에서 벗어나고자 했다. 기생들이라고 다를 수는 없었다. 아니 지배층의 변화에 가장 민감하게 반응해 왔던 그들이야말로 냉랭해진 공기를 가장 먼저 느끼고 있었을 것이다. 이른바 제도 속에 기생이 놓일 때 그들은 언제나 불안한 존재였으며 그들을 향한 시선은 언제나 정반대로 뒤집힐 수 있었다. 먼저 앞으로 나선 것은 평양의 기생들이었다.

"전시하에 있어 밤에 피는 꽃인 기생만 유독 호화롭게 지내게 하여야 되겠느냐 하야 미인도시인 평양에서는 이번에 성내 450명의 기녀에 대하야 여름은 저고리 2원 이하짜리로 치마 8원 이하짜리로, 겨울은 저고리 5원 이하짜리로 치마 8원 이하짜리로 하여 입도록" 금제령禁制令[250]이 내렸다.

이런 금제령을 누가 내렸을까? 때로 아니 언제나 통치의 말단에서 벌어지는 일들은 유치하고 졸렬한 결과로 나타나고 그 효과는 자발적 강제라는 현상으로 귀결된다. 이런 현상은 슬로건 사회의 특성으로 고스란히 지속된다. 앞에 내세우는 슬로건의 단순하고 명쾌한 주장 속에 인민들의 자발적인 복종을 강요하는 통치전술. 슬로건이야말로 식민지에서 시작된 가장 두드러진 사회적 현상 중의 하나였다. 근면, 절약, 협동, 반공, 방첩 따위의 수많은 구호를 내세웠던 통치자가 식민 시절의 기억에 사로잡혀 있었던 건 우연이 아니다.

하지만 때는 기생들이 저고리와 치마를 호화롭게 치장하지 않는다고 해서 될 일이 아니었다. 그러기에는 사회의 분위기는 훨씬 더 급박했다. 급기야는 기관총을 바치는 헌납식이 열렸다는 '애국미담'의 소식까지 전해졌다.

"일천 기생 예기의 단심, 고사기관총 8정 장충단에서 헌납식 거행.

웃음과 노래를 파는 연약하고 자유롭지 못한 몸이기는 하나 '애국의 열성은 누구에게도 지지 않는다'고 푼푼이 모으고 모은 돈으로 여덟 개의 고사기관총을 헌납하는 헌납식은 본정 관내의 조선권번, 한성권번, 동권번東券番, 본권번本券番, 경성료리업조합, 신정유곽 등! 기생, 창기, 예기 일천여 명의 손에 의하야 23일 오후 세 시 가을빛 짙은 장충단공원에서 창무倉茂 조선군 보도부장, 조선군 애국부 평정平井 대위, 뇌호瀨戶 경기도 경찰부장, 시내 각 경찰서 서장 등 군관민 다수의 참렬 아래 감격과 찬양을 받으며 성대히 거행되었다. 헌납식이 끝난 후 평정 대위의 지휘로 창기, 예기, 기생들이 섬섬옥수를 들어 가을 하늘을 향하야 헌납한 기관총의 실연을 하였다."251

그 모습이 눈앞에 선했다. 세상은 그렇게 미쳐 가고 있었고 여기서 도망칠 수 있는 사람은 아무도 없었다.

에필로그를 대신하여

불과 몇 십 년 전 글인데도 뜻을 제대로 알지 못할 때가 있다. 차라리 한문으로 쓰였다면 말과 글의 쓰임이 달랐으니 그 시대의 상황에 맞게 문맥을 따져 보고 글자를 한 자 한 자 해석하는 수고를 아끼지 않는다. 그러나 한문 투가 섞였고 오늘날의 매끄러운(?) 문장과 어울리지 않게 촌스럽지만, 한글로 쓰인 글들은 눈에 읽히는 대로 받아들이고 또 그러려니 하고 넘어가곤 한다. 그건 글을 제대로 이해하는 데 걸림이 되기도 하고 간혹 글의 의미를 엉뚱하게 해석하게 하기도 한다. 최대한 근접하는 길을 찾자면 역시 시대적 맥락을 읽어내는 것이다. 폭넓은 자료 수집과 텍스트 자체에 대한 치밀한 분석이 유효한 방법일 터이지만 때로 텍스트가 놓인 그 자리에서 있는 그대로 보는 방법이 더 적절할 수도 있다. 시대를 거슬러 생동감 있는 언어를 그대로 전달하는 것은 아무래도 텍스트 그 자체이기 때문이다.

이 책은 오래지 않은 과거, 현대가 시작될 무렵인 1920, 30년대의 텍스트를 읽는 한 가지 방법으로 쓰였다. 글 한 편을 앞에 놓아 두고 거기에 당시의 역사적 맥락과 시대적 분위기를 배경으로 더하면 그 의미가 한눈에 들어오지 않을까? 그런 방법을 찾고 싶었다. 말하자면 '텍스트를 읽기 위한 텍스트 쓰기.'

예전에 쓴 《현대성의 형성-서울에 딴스홀을 허하라》라는 책에는 1920, 30년대 시대상황을 반영하는 여러 편의 글이 실려 있었다. 그중 여러 군데서 재수록을 요청한 글이 한 편 있었는데 다름 아닌 〈기생생활이 신성하다면 신성합니다〉라는 글이었다. 1923년 《시사평론》이라는 잡지에 화중선이란 필자가 쓴 글. 처음 이 글을 보았을 때 놀라지 않을 수 없었다. 현학적인 글투와 도발적인 내용의 글은 기생의 글이라고는 믿어지지 않았기 때문이다. 남성을 성적 노리개로 삼아 남성 중심 사회를 무너뜨리려 한다는 어느 기생의 생각은 가히 도전적이고 파격적이라고까지 할 만했다. 오늘날 여성주의의 관점에서 보자면, 남성을 여성의 적으로 간주하는 '래디컬 페미니즘'을 선언한 글이었다. 재수록을 원했던 사람들도 이점에 주목했을 것이다.

도대체 화중선은 누구이기에 그런 급진적인 여성주의를 표방할 수 있었을까? 당시는 여성주의가 등장한 시기도 아니었으며, 또 대중사회로 진입하려는 시대의 상황에서 기생의 사회적 역할이 아무리 주목할 만한 것이었다고 해도 한 기생이 자신의 입장을 그토록 당당히 표명할 수는 없는 일이었다.

나는 화중선의 글을 읽을 때마다 그 글이 기생이 쓴 것이라고 믿을 수 없었다. 화중선은 정말 실존하는 인물이었을까? 혹시 그 글은 누군가가 대필한 것이 아닐까? 그렇다면 그 필자는 누구였을까? 그 의도와 배경은 무엇이었을까? 이런 의문이 이 글을 시작하게 된 이유였다. 화중선의 글을 중심에 놓고 식민시기의 암울한 풍경을 배경 삼아 시대상황에 어찌할 바를 몰라 방황하는 군상들과 그들을 조롱하듯 자신의 목소리를 담아 내는 여인들을 대비시키면서 화중선이 그렇게 당차게 자신의 의견을 피력해야 했던 이유를 찾고 싶었다.

1920년대는 많은 새로운 사상들이 소개되었던 때였다. 3·1운동 이후 나라는 식민의 암울한 상황으로 빠져들었고 새로운 돌파구는 보이지 않았던 때였다. 지식인들은 새로운 사상에 매료되었다. 맑스주의가 본격적으로 소개되고 새로운 과학이론이 들어왔으며 모더니즘의 사조가 '신흥사상'이라는 이름으로 퍼졌다. 봉건주의와 식민지적 상황이 맞물려 도저히 어찌할 수 없는 기존의 질서를 새로운 사상으로 뒤집어 보려는 시도가 지식인들 사이에서 널리 자리 잡고 있었던 것이다. '사쿠라 몽둥이주의자'라는 말도 있었듯이 아무주의자라도 표방하는 게 그럴듯해 보였고 진보적인 사상을 소유하는 것이 하나의 유행처럼 번졌다. 누구나 할 것 없이 새로운 서구사상을 끌어다 자신의 논리를 포장하고 이를 현실의 모순을 지적하는 잣대로 삼으려 했다. 시사지나 심지어 대중잡지에도 오늘날의 시각으로도 의외인 도전적이고 급진적인 사상들이나 생각이 여과 없이 쏟아져 나오기도 했던 때이다.

화중선의 글은 이런 시대상황과 맞물려 있다. 도전적인 글의 내용은 봉건 질서를 향한 것일 수 있고 남성 중심적 사회구조를 향하는 것일 수 있고 답답한 식민지 상황을 빗댄 것일 수 있다. 그런 화중선의 글을 오늘날 말하는 급진적 페미니즘의 시각과 견줄 수는 있지만 또 그만큼의 엄연한 시각차가 존재하는 것도 사실이다. 당시의 시대적 분위기와 관계없이 오늘의 시각으로 이 글을 해석하는 것은 얼마든지 가능하겠지만 그 진정성과는 별개로 시대적 상황이 요구한 급진적인 제스처일 뿐일 수도 있기 때문이다. 어떤 말이든 극단적으로 내뱉어야 분이 풀리는 시대, 바로 그런 시대가 1920년대였을지도 몰랐다.

현대가 시작되면서 기생사회는 급격한 변화를 맞이하기 시작한다. 화류계의 기생이 대중문화의 중심이 되는 과정은 고스란히 현대의 역사이다. 1924년 잡지 《개벽》에 실린 〈경성의 화류계〉는 당시의 기생사회를 이해하는 데 중요한 텍스트 중의 하나이다. 기생의 유래와 종류, 지위의 변화, 기생조합의 실태, 그리고 유곽에 이르기까지 그런대로 기생의 상을 전체적으로 그려 내는 글이다. 화류계라는 말은 오늘날 자기비하와 노골적인 경멸의 경우가 아니면 쓰지 않는 말이다. 요즘으로 치면 연예계이거나 엔터테인먼트 산업 분야를 말하는 것이다. 하지만 둘 사이는 일대일 대응이 아니라 교집합이거나 아니면 부분집합의 경우로 말해야 하는 몇 가지 지점이 존재한다.

화류계는 분명 오늘날의 엔터테인먼트 산업이 규정하는 것과 다르다. 단지 다른 게 아니다. 바로 성적인 유희의 대상으로 기생의 존재에 대해 말하고 그것을 화류계의 실제적인 내용이라고 본다는 점이다. 당시의 기생은, 화류계는 그런 뜻이다. 기생의 역사와 사회적 배경을 살펴보면 기생을 바라보는 시각이 끊임없이 왜곡되어 왔음을 알 수 있다. 옛 기생을 들먹이며 당시의 기생을 비난했던 지식인들의 시대착오적인 시선은 이 시기의 글 도처에서 발견할 수 있다. 화중선은 여기에 골을 낸 것이 아니었을까?

1930년대는 '모던'과 '현대'가 전면에 등장한 시기라고 할 수 있다. 식민의 좌절은 체념으로 바뀌고 계몽의식은 자본의 물결에 희석되었으며 도시의 현란한 불빛은 현실의 질곡에 눈을 멀게 했다. 당시의 글에는 도회의 풍경과 도시적 삶에 대한 글이 많이 눈에 띄고, 유독 돈 버는 방법, 장사하는 방법이 자주 등장한다. 가난한 지식인들은 도시의 서민으로 전락하여 도회의 삶과 순응하면서 사기와 협잡의 세태에 휩쓸리고 유행과 영화가 주는 꿈을 쫓았다. 이들이 지닌 룸펜적 기질과 도시적 삶에 적응하기 위한 의식의 변화들은 매우 오랫동안 도시인들의 전형이 되었다.

일본의 식민지배에 왜곡된 형태로 전개되는 자본주의는 오늘날 세계적 자본에 길을 열어 주는 신자본주의의 풍경과 그다지 달라 보이지 않는다. 그 안에서의 삶이란 자조적인 탄식이거나 영악스러운 순응이지만 그 차이 역시 그리 크지 않아 보인다. 이를테면 '도회생활 5계명'은 말 그대로 룸펜이 살아 가는 방법을 적나라하게 말하면서, 더불어 세속에 순응하는 절차에 대한 풍자이자 숨김없는 토로이기도 하다. 그들은 더 이상 선구적이거나 품위 있는 인물들이 아니라 소시민적인 먹물들이다. 돈에 따라 연애의 질을 달리하는 '신춘행락 경제학'은 모든 게 돈과 물질의 수치로 계량화하는 전형적인 자본주의적 발상의 글이다. 이제 막 시작되는 자본 중심의 세계관이 한없이 가볍고 우스꽝스럽게 묘사되지만 그렇다고 그 골간의 의미는 사라지지 않는다. 현란한 도시의 이면에 자리 잡은 어두운 그림자가 일상적인 풍경이 되었던 현실, 더불어 물질에 의해 간단히 무너져 내리는 의식의 전도 현상들. 당시의 글을 이런 식으로 계속 덧대어 놓으면 1920, 30년대 일상의 모습이 끝없이 펼쳐질 것이다. 서로 다른 글을 하나의 풍경에 집어넣고 뭉뚱그려 보면 의외로 그 시대의 풍경이 손에 잡힐 듯 눈에 들어오기도 한다.

1930년대 말부터 감지되기 시작한 군국주의의 발호는 식민지하의 현대를 또 한 번 굴절시킨다. 암울한 사회적 분위기와 이를 자신의 처세로 조율하는 지식인의 모습 그리고 식민지하의 왜곡된 자본주의가 전개되는 양상이 오늘의 풍경과 얼마나 다르고 같을까?

＊ ＊ ＊

화홍과의 이별을 서둘러 끝내 버리고 나서 아쉬움이 남은 사람은 그 당시의 내가 아니라 글을 쓰고 있는 나일 것이다. 더 그럴듯한 이별을 할 수도 있지 않았을까 하는 미진함은 여전히 남았으되 한편으로는 이제 그만 잘 되었다는 생각이 드는 건 어쩔 수 없었다. 처음부터 예감했어야 했다. 화홍과의 만남이 그랬던 것처럼 이 글 역시 결국 파국으로 끝이 날 것이라는 것을. 과거와 현재가, 허구와 사실이, 주관과 객관이 뒤섞이는 그럴듯한 구조를 꿈꾸었지만 글은 제멋대로 이어져 종잡을 수 없었고 이야기는 도무지 끝이 보이지 않았다. 자승자박이라고 했던가? 엮어 놓은 결과를 아무리 들여다보아도 텍스트에 대한 해석이라기보다 서툰 번안에 그쳐 버린 감이 없지 않다. 그러다 문득 나의 처지가 이 글에 등장하는 인물들처럼 어딘가에 꼼짝없이 갇혀 버린 상황과 흡사하다는 생각마저 하게 되었다. 되도 않는 글을 위해 자료를 뒤적이고 서툰 언어를 만지작거린 수고로움에 대한 보상은 애저녁에 물 건너가 버리고 '왜 이걸 시작했을까' 하는 자탄만이 하염없이 이어지는 여름이다. 올 여름, 덥기는 왜 이리 무더운지…….

축첩의 시대

1   카페가 본격적으로 번지기 시작한 것은 1920년대 말이다. 카페는 남촌을 시작으로 급격히 늘어 30년대에는 북촌까지 번졌다. 카페에는 웨이트리스를 두었는데 이들의 시중을 에로 서비스라고 하였다.

2   《장한》은 1927년 창간호가 나온 기생 잡지. 《시사평론》에 화중선의 글이 실린 것은 1923년이니 실제로는 4년의 시차가 있다. 이후 인용된 글이나 사건, 지명은 글 속의 시간 흐름과 반드시 일치하지는 않는다.

3   1921년 2월 16일이다.

4   李花中仙(1898~1943)은 판소리 여류명창.

5   유정은 김유정을 말한다. 장록주와 연인 사이였다. 역시 명창이었던 장록주와 김유정의 이야기는 1930년쯤으로 실제 이 시점보다 이후의 이야기다.

6   1920년대의 대표적인 친일논객 중 한 사람. 국민협회 기관지인 《시사신문》의 편집위원을 역임했다.

7   《시사평론》의 필진에 남하은南何隱이란 이름이 있는데 그를 말하는 것이리라. 여기서는 친구 '김'으로 가정한다.

8   이후 인용된 화중선의 글은 《시사평론》 2권 2호, 1923년 3월 15일. 〈기생생활도 신성하다면 신성합니다〉에서 인용한 것이다. 원문이 난삽하여 상당 부분 요즘 말로 바꾸었다.

9   尹玉姬,〈모던-걸 懺悔錄〉,《별건곤》16·17호, 1928년 12월 1일.

10   〈文士들의 洋服, 구두, 帽子〉,《삼천리》7권 제3호, 1935년 3월 1일.

11   金東仁,〈女人, 追憶의 더듬길〉,《별건곤》30호, 1930년 7월 1일.

12   심生,〈無情·再生·幻戱·『탈춤』其他 小說에 쓰인 人物은 누구들인가, 만히 읽혀진 小說의『모델』이약이〉,《별건곤》3호, 1927년 1월 1일.

13   심生, 앞의 글.

14   觀相者,〈京城의 人物百態〉,《개벽》48호, 1924년 6월 1일.

15   東仁生,〈가을 秋窓漫感-한우님의 큰 실수〉,《개벽》52호, 1924년 10월 1일.

16   一記者,〈2일 동안에 서울 구경 골고로 하는 法〉,《별건곤》23호, 1929년 9월 27일.

17   〈네눈이, 醜로 본 京城· 美로 본 京城〉,《개벽》48호, 1924년 6월 1일.

18   '낙랑 파라'가 생긴 건 30년대 초이다.

19   이순석李順石(1905~1986)이 실제 '낙랑 파라'를 연 것은 1931년.

20   〈喫茶店評判記〉,《삼천리》6권 제5호, 1934년 5월 1일.

21   절지折枝는 꽃을 꺾는다는 말로 기생을 사 밤을 보낸다는 의미이다.

22   觀相者,〈色色形形의 京城, 妾魔窟 可驚可憎할 有産級의 行態〉,《개벽》49호, 1924년 7월 1일.

23   이하 김의 말은 靑吾,〈조선축첩사〉,《개벽》신간 제3호, 1935년 1월 1일.

24   車相瓚(1887~1946)은 시인, 수필가, 언론인. 호는 청오靑吾. 강원도 춘천 출생.

25   이하 觀相者,〈色色形形의 京城, 妾魔窟 可驚可憎할 有産級의 行態〉,《개벽》49호, 1924년 7월 1일. 관상자는 차상찬의 필명.

26   민영휘閔泳徽는 여흥 민 씨로 당대의 탐관오리로 악명이 높았으며 1909년 일제로부터 자작 작위를 받았다.

27   보국승록대부로 정일품의 문무관 벼슬.

28   閔大植(1882~?)은 민영휘의 맏아들로 일제 강점기의 은행가.

29   閔丙奭(1858~1940)은 이왕직 장관과 중추원의관을 지냈다. 일제로부터 자작의 작위와 은사금을 받았다.

30   閔丙昇(1866~?)은 이조참판, 1905년에는 칙임3등관이 되었다.

31   閔泳瓚(1873~?)은 이조판서 민겸호謙鎬의 아들이며 민영환의 동생.

32 1910년 순종에게 강요, 합방조약에 옥새를 찍게 하고 일제로부터 자작 작위를 받은 윤덕영尹德榮(1873~1940?)을 말하는 듯. 뒤에 나오는 윤택영의 형이다.

33 윤덕영의 동생인 윤택영을 말하는 듯. 일제에 의해 후작 작위를 받았다.

34 일제의 조선 통치에 협조하고 귀족 작위를 받은 왕실의 종친인 이해승李海昇 (1890~?)을 말하는 듯.

35 白寅基(1882~1942)는 일제 강점기의 친일 기업가.

36 홍순형洪淳馨((1857~?)은 남작의 작위를 받았다. 헌종의 비 효정왕후의 조카.

37 박의병朴義秉(1853~1929)은 조선총독부 중추원 참의를 지냈다. 일제로부터 훈2 등 욱일장을 받았다.

38 宋秉畯(1858~1925).

39 朴泳孝(1861~1939).

40 趙重應(1860~1919)은 조선 말기의 문신·친일파. 1910년 일본정부로부터 자작 작 위를 받았으며 조선총독부 중추원 고문을 지냈다.

41 張稷相(1883~?)은 일제 강점기의 친일파.

42 韓圭卨(1848~1930).

43 李堈(1877~1955)은 고종의 다섯째 아들. 의친왕義親王.

44 李址鎔(1870~1928)은 내부대신 을사오적 친일반민족행위자.

45 李載覺(1873~1935)은 친일반민족행위자.

46 李海昇(1890~?)은 고위관료·친일반민족행위자.

47 李載克(1864~?)은 남작. 1919년에는 이왕직장관李王職長官에 임명된 친일파.

48 여기까지 觀相者, 앞의 글.

49 〈京城雜話〉, 《개벽》 52호, 1924년 10월 1일.

50 朴月灘, 〈二年後〉, 《개벽》 44호, 1924년 2월 1일.

51 〈大秘密大暴露, 現代秘密職業展覽會〉, 《별건곤》 14호, 1928년 7월 1일.

52 〈大秘密大暴露〉, 앞의 책.

53 亞鉛洞人, 〈나의 抗議-知識階級에게〉, 《별건곤》 31호, 1930년 8월 1일.

54 梁明, 〈隨感 다섯篇〉, 《개벽》 47호, 1924년 5월 1일.

55 崔貞熙, 〈서울에 突現한 여성의 집단적 룸펜群, –룸펜의 연구를 겸하야〉, 《삼천리》 4권 1호, 1932년 1월 1일.

56 半月城人, 〈꿈속에 날녀간 賞與金, 年末賞與金타령〉, 《별건곤》 24호, 1929년 12월 1일.

57 春坡, 〈旅中雜感〉, 《개벽》 70호, 1926년 6월 1일.

58 김동인, 〈눈을 겨우 뜰 때〉, 《개벽》 38호, 1923년 8월 1일.

59 一記者, 〈平壤詩話 海內海外〉, 《개벽》 58호, 1925년 4월 1일.

60 김동인이 그랬던 시기는 1930년 초이다. 〈金東仁의 原稿生活〉, 《동광》 36호, 1932년 8월 1일.

61 安在左, 〈新舊文人 언·파레드〉, 《삼천리》 5권 제1호, 1933년 1월호. "東仁씨의 소설은 어느 곳이든지 집착이 잇서 보인다. 그러면서 깁흔 맛이 업는 것이다. 곳 사색이 되어 잇지 안타는 말이다. 파고 들어가는 맛이 업는 것이다."

62 〈文人印象互記〉, 《개벽》 44호, 1924년 2월 1일.

63 金東仁, 〈女人(續), 追憶의 더듬길〉, 《별건곤》 25호, 1930년 1월 1일.

64 金東仁, 〈女人, 追憶의 더듬길〉, 《별건곤》 27호, 1930년 3월 1일.

65 金東仁, 〈女人, 追憶의 더듬길〉, 《별건곤》 30호, 1930년 7월 1일.

66 金東仁, 〈女人, 追憶의 더듬길〉, 《별건곤》 31호, 1930년 8월 1일.

67 金東仁, 〈女人(六), 追憶의 더듬길〉, 《별건곤》 32호, 1930년 9월 1일.

68 大正博覽會는 1914년 동경 우에노 공원에서 열린 박람회.

69 金東仁, 〈女人(八), 追憶의 더듬길〉, 《별건곤》 제35호, 1930년 12월 1일.

70 심생, 〈無情·再生·幻戱·『탈춤』 其他 小說에 쓰인 人物은 누구들인가, 만히 읽혀진 小說의 『모델』이약이〉, 《별건곤》 3호, 1927년 1월 1일.

71 憑虛生, 〈墮落者〉, 《개벽》 19호, 1922년 1월 10일.

72 憑虛生,〈墮落者(前號續)〉,《개벽》20호, 1922년 2월 8일.

73 憑虛生,〈小說 墮落者 (第3回前號續)〉,《개벽》21호, 1922년 3월 1일.

74 憑虛生,〈小說 墮落者 (前號續)〉,《개벽》22호, 1922년 4월 1일.

75 憑虛,〈새빨간 웃음 (一)〉,《개벽》63호, 1925년 11월 1일.

76 〈新女性 求婚傾向, 신랑 표준도 이러케 변한다-文學全盛時代〉,《별건곤》 2호, 1926년 12월 1일.

77 종로 2가에 있던 '멕시코'는 이국풍의 실내장식으로 유명했던 다방이다. 1920년대 말쯤에 생겼다.

78 〈喫茶店評判記〉,《삼천리》5호, 1934년 5월 1일.

79 〈喫茶店評判記〉, 앞의 책.

80 재즈. 실제로 재즈가 유행한 것은 1920년대 말이다. 재즈는 경박하고 과감하며 거침 없는 향락적 취미로 받아들여졌다.

81 창악인唱樂人들이 조직한 예술단체. 1902년 무대의 악극을 관장하기 위해 세워진 협률사協律司가 시초이다.

82 宋萬甲(1865년~1939)은 당시의 판소리 명창.

83 어느 기생은 바로 논개이다.

84 〈矗石樓下에서 論介〉,〈地下國訪問記, 現代의 娼妓娼婦에게 與하노라〉,《별건곤》 5호, 1927년 3월 1일.

85 〈요새 朝鮮의 七. 七 不可思議!!〉,《별건곤》5호, 1927년 3월 1일.

86 여기까지의 편지는 金星,〈혼돈, 4年만에 故國에 돌아와서〉,《개벽》39호, 1923년 9 월 1일에서 발췌 축약하였다.

87 이 부분은 이서구,〈모뽀 모껄의 신춘행락경제학〉,《별건곤》51호, 1932년 5월 1일 에서 발췌하여 약간 변형했다.

88 靑衣處士, 〈美人薄命哀史, 사랑은 길고, 人生은 짧다는 康明花〉, 《삼천리》 7권 7호,
    1935년 8월 1일에서 발췌 변용.

89 이 이야기는 나중에 1967년 제일영화사 작품의 흑백영화로도 제작되었는데(강대진
    姜大振 감독) 윤정희와 신성일이 주연을 맡았다.

90 〈京城의 花柳界〉, 《개벽》 48호, 1924년 6월 1일.

91 1423년(세종 5).

92 1894년(고종 31).

93 형평사는 1923년 경상남도 진주에서 백정白丁들이 신분 해방을 위해 설립한 사회
    운동단체. 백정 자산가였던 이학찬李學贊의 아들에 대한 교육차별사건이 계기가 되
    었다.

94 일기자는 앞서 1921년 《개벽》에 〈오다! 가다!〉란 제목으로 이 내용을 소개한 바가
    있다. "우리 朝鮮의 妓種은 其本이 楊水尺으로부터 생긴 것이다. 楊水尺이라 함은
    柳器匠의 별명이니 高麗祖 王建帝가 百濟를 攻할 時에 制服키 難한 遺種이라. 그
    는 본래-何等의 貫籍과 賦役이 업고 水草를 逐하야 遷轉이 無常하며 오즉 田獵을
    일삼고 柳器를 行賣하야써 業을 삼던중 其後 李義旼의 子 至榮이 듸되어 그들의
    名籍을 其妾 紫雲仙에게 예속케 하고 가지로 徵貢하기를 마지아니하더니 至榮이
    死하매 崔忠獻이 紫雲仙으로써 妾을 삼고 그 亦 자기들에게 甚한 賦歛을 課한 고
    로 그들은 듸되어 契丹兵에게 降하얏다. 其 後에는 다시 邑籍에 예속한 바 되어 男
    은 奴가 되고 女는 婢가 되엇는데 그 婢들은 만히 守宰의 昵寵을 蒙하야 스스로 容
    粧을 꾸미고 歌舞를 習하게 되며 일반은 그를 칭하되 妓로써 하얏다. 이로부터 妓
    樂이 漸熾하야 上下 淫褻하되 다시 禁制치 못하얏는데 李朝-亦 그를 仍存한 중 末
    季에 至하야 貪官汚史의 慾과 共히 妓弊-益甚하얏스며 甲午이래 新舊風敎의 更
    迭과 共히 사회적 制裁가 解弛됨을 因하야 妓女는 官民이 가티 昵愛하는 바 되엇
    스며 근년에 至하야는 妓女는 전혀 민간의 오락용이 된 바 그로부터 생기는 弊風은
    널리 일반사회의 공기를 濁亂케 하는 今日이다."

95 김월선, 〈창간을 제하여〉, 《장한》, 1927년 1월. 《한국잡지백년》(현암사)에서 재인용.

96 사노비, 백정, 광대, 무당, 상여꾼, 승려, 공장工匠, 기생 등 여덟 부류의 최하층 계급.

97 종8품 벼슬. 잡직으로 분류된 최하위 관료.

98 "17년 전 무신戊申(1908)에 한성기생조합漢城妓生組合(소위 유부기 조합有夫妓
組合이니 전일前日 관기官妓를 중심으로 한 것)이 처음 창립되고 다음에 이 유부기
조합에 대항하야 다동조합茶洞組合(이른바 대정권번大正券番이니 평양의 무부기
無夫妓가 중심이 됨)이 설립되었다. 이외에 삼패로 조직한 신창조합新彰組合(후에
경화권번京和券番이라 개칭함)과 경상도·전라도 기생을 중심으로 한 한남권번漢
南券番(대정 6년 2월 창립)(1917)과 대정권번大正券番에서 분리하야 평양기생으
로만 조직한 대동권번大同券番이 일어났다."

99 원문은 문전영락안마희門前冷落鞍馬稀. 백거이의 〈비파행琵琶行〉에 나오는 시구
로 대문 앞은 말 타고 찾아오는 사람 하나 없이 쓸쓸하다는 뜻.

100 원문은 春風紫陌人人醉 皓月紗窓處處歌.

101 "현재 예기권번은 경성권번과 중권번中券番이 있으니 예기 수가 268인이오 또 신정
권번新町券番은 창기권번이니 일본인 창기가 340인, 이와 조선인 창기 1등(일본인
경영) 39인 2등 228인, 외국인 3인이 있고 또 용산에 미생정彌生町 유곽이 있다."

102 "한성권번은 영업자 177인, 동기童妓(어린 기생) 100인이니 원적별原籍別로는 경
성이 221인으로 가장 많고 다음은 평안도 40, 경상도 10, 황해도 3, 전라도 2, 함경
도 1인데 그중 김채선金彩仙, 정유록鄭柳綠, 김화향金花香, 송연화宋蓮花, 강화선康
花仙, 이기화李琦花 등이 가장 유명하고 특히 배죽엽裵竹葉, 한산월韓山月, 송연화宋
蓮花의 서화는 금상첨화라 할 수 있고, 늙었지만 유운선柳雲仙의 경성아리랑 타령도 들
을 만하다. 64인의 영업자와 31인의 동기가 있는 한남권번은 비교적 사람이 적다. 경
성 34, 전라 4, 충청 2, 경상 55인인데 만인의 총애를 받는 오류색吳柳色의 3,600원
(작년도 시간대時間代)이라는 수입은 총독부 고등관의 봉급을 능가하고 오연화吳
蓮花의 구슬픈 노래는 늙은 객의 마음을 사로잡는다. 일본인의 새 주인을 맞은 대정
권번은 이원우李源宇 등등 여럿이 다른 권번의 기생을 쟁탈하고 은퇴한 기생까지
다 끌어온 까닭인지 비교적 명기도 많고 인원수도 많았다. 키 크고 허울 좋은 홍*봉
洪*鳳, 서양 눈을 한 최춘홍崔春紅, 유정有情하고도 무정無情한 듯한 최송학崔松
鶴, 슬기구명 많은 최섬홍崔蟾紅, 김소옥金小玉 등이다. 원적별로는 평양이 100인
으로 가장 많고 경상 15, 경성 5인이오. 이외에 동기가 50인이란다. 송 백작宋伯爵
권번, 즉 조선권번은 아직 설립이 오래지 않아 영업자 60, 동기 30인에 불과한데 원
적별로는 경성 37, 평안도 46, 경상도 7인이고 작년도 수입성적은 김란주金蘭珠, 최
가패崔可佩가 우등이라 한다. 이상의 합계를 보면 예기의 총수가 421인이고 동기가
211이오, 원적별로는 경성이 297인, 평안도가 186으로 가장 많고, 그 다음으로 경상
127, 전라 16, 황해 3, 충청 2, 함경 1이오 강원도는 전무하다."

103 이소부시는 일본 이바라기 지방의 뱃노래로 술자리에서 불렀던 민요, 압록강부시는
일본 곡조로 불린 뱃노래인 듯.

104 순조 때 함경감사 김이양의 애첩이었던 기생. 시를 짓는 데 뛰어났다.

105 평양 무관 김응서의 연인으로 임진왜란 때 그를 도와 평양성 수복에 도움을 주고 자결해 의기義妓로 유명했던 계월향桂月香이다.

106 정조 때 춘천 부사 김처인의 소실이 된 관기. 김처인이 떠나자 서울 기생으로 팔려오고 정조를 잃자 자결.

107 尹白南, 〈藝術上으로 본 옛妓生 지금妓生〉, 《삼천리》 7권 9호, 1935년 10월 1일.

108 잡가를 부르며 손님을 접대하고 매음하는 창기를 일컫는 말.

109 중구 예관동과 충무로 4가 쯤에 있던 오궁동.

110 1897~1906년.

111 〈大京城의 特殊村〉, 《별건곤》 23호, 1929년 9월 27일.

112 南隊記者 石火生, 〈懸賞讀物 南北隊 競爭記事, 殺人魔·刺身鬼 阿片窟 大探査記, -烈風酷寒七晝夜에 單身으로 冒險大探査〉, 《별건곤》 4호, 1927년 2월 1일.

113 "저녁을 먹고 나서 新龍山行 電車가 터져라 하고 漢江鐵橋로 向하는 서울의 大衆은 대개 人道鐵橋로 왔다 갓다하면서 江上으로 울어오는 風流郞의 妓樂ㅅ부스럭이를 어더듯거나 일도 업시 한 時間에 7圓씩이나 주는 미까도 自働車에 妓生을 싯고 豪氣롭게 달려오는 무리를 羨望할 뿐이다." 城西學人, 〈서울의 녀름〉, 《개벽》 38호, 1923년 8월 1일.

114 噓風扇, 〈笑話講壇〉, 《개벽》 50호, 1924년 8월 1일.

115 "方向을 아주 고치여서 京元線車를 잡아 타고 元山이나 가는 것이 조흘 것 갓다. 그도 조키는 조타만은 三防藥水니 釋王寺니 明沙十里海水浴場이니 하고 京鄕에 如干 돈푼 잇는 者와 浮浪者놈들이 妓生 갈보를 막 다리고 왓다 갓다 하닛가 눈꼴이 틀녀서 車도 가티 타기가 실타". 踏查員 金起田 車相瓚, 〈朝鮮文化基本調查 (其八)-平南道號〉, 《개벽》 51호, 1924년 9월 1일.

116 "돈푼이나 가진 자들은 기생 더리고 불국사 여관에 가서 일본요리를 제 마음대로 먹는다." 石溪, 〈慶尙道行, 나의 秋收〉, 《개벽》 53호, 1924년 11월 1일.

117 城西學人, 〈서울의 녀름〉, 《개벽》 38호, 1923년 8월 1일.

118 春坡, 〈都會의 春과 農村의 春〉, 《별건곤》 6호, 1927년 4월 1일.

119 〈釋王寺藥水의 夏期經過 니약이-避暑客도 가지가지〉, 《별건곤》 9호, 1927년 10월 1일.

120 〈넌센스 連作漫文, 新淸酒有罪〉, 《별건곤》 32호, 1930년 9월 1일.

121 험구생險口生, 〈京城 某某學校 事務室에서 생긴 入學試驗 不正行爲〉, 《별건곤》 40호, 1931년 5월 1일.

122 長髮散人, 〈斷髮女譜〉, 《별건곤》 9호, 1927년 10월 1일.

415

123　綠*鏡,〈女子만사는 世上, 第一回 修道院-僧房-女學校〉,《별건곤》38호, 1931년 3월 1일.

124　尖口生,〈京城雜話〉,《개벽》69호, 1926년 5월 1일.

125　C記者,〈變裝出動 臨時 〇〇되여본 記, 새벽에도 妓生 모시고 自動車運轉助手가 되야〉,《별건곤》9호, 1927년 10월 1일.

126　C記者,〈變裝出動 臨時 〇〇되여본 記, 새벽에도 妓生 모시고 自動車運轉助手가 되야〉, 앞의 책.

127　"일본인 甚吉이가 인육으로 낙시미끼를 맨드러 고기잡이에 만흔 금전을 모앗다. 참으로 참혹한 사실이요, 奇拔한 문제이엿다. 살인자의 살인기구가 刀이거나 挺이거나 살인은 일반이란 셈으로 平壤에는 아녀자의 피들 빨아 먹는 자가 뭇척 느러 가는 중이다. 기생의 부모나 蝎甫집 주인가튼 것은 말도 말고 소위 약주 술집이란 것이 處處에 생기여 酌婦란 명칭으로 貧家의 兒女를 매월 칠팔원 혹은 十數圓을 주고 雇入하야 客房에 모라넛코 그의 정조를 팔아 더러운 배속을 채우는 자가 다수하다. 아아 이것은 處女미끼로 술군 잡이를 하는 셈인가?" 松都閑人,〈開城漫筆〉,《개벽》53호, 1924년 11월 1일.

128　漢城券番 崔東垣,〈妓生組合에서 본 昨今生活相, 今年一年 朝鮮사람의 生活은 엇더하엿나, 여러 方面으로 모아 본 昨年과 今年의 比較〉,《별건곤》10호, 1927년 12월 20일.

129　春園,〈南遊雜記〉,《삼천리》10권 8호, 1938년 8월 1일.

130　"한 집에서 한 兒가 출생되면 이에 대한 보통으로 하는 말이 딸을 나앗거든 '돈 천원 벌엇다'하고 아들을 나앗거든 '걱정주머니 생겻다'고 한다. 이 말의 의미는 딸을 나으면 기생에 느키만 하면 돈 천원을 벌겟단 말이오 아들을 나으면 기생머나리 살림사리로 머리를 알켓다는 말이다."〈六號記錄〉,《개벽》38호, 1923년 8월 1일.

131　"주야로 城안 城밧 어느 골목 할 것 업시 人肉장사 집쳐노코는 안이 들어 박히우는 곳이 업슴으로 그를 至尊至待하는 賞稱이〈총독부 말뚝〉이었다." 可嘆可嘆-在鐵原 一記者,〈鐵原雜信〉,《개벽》41호, 1923년 11월 1일.

132　"晉州 妓生이 名하고 慶尙道 色酒家가 名하지오. 엇던 방면으로 좀 수치스러운 듯 하나 蝎甫가 만키론 慶尙道가 제일이요. 朝鮮의 到處는 말도 말고 南北滿洲, 西伯利亞, 멀니 北海道까지 慶尙道産의 賣春婦가 안이면 모다가 寂寞江山일테요." 朴돌이,〈八道代表의 八道자랑〉,《개벽》61호, 1925년 7월 1일.

133　〈新裝한 舊都 開城 行進曲(地方紹介 其三)〉,《별건곤》34호, 1930년 11월 1일.

134　"花柳巷이 매우 번창하여 2천여戶 남즛한 慶州 邑內에 油頭粉面의 靑衣 기생이

겨우 300명 넘을락 말락하다"고 하였다. 경주의 紅顔 청년들은 자연히 享樂鄕의 慶州를 만들기에 다른 생각은 머리에도 잘 두지 안는다는 것이다." 林元根,〈嶺南地方 巡廻片感「慶州靑年會」를 革新하라!〉,《개벽》64호, 1925년 12월 1일.

135　懷月 박영희(1901~?).

136　朴英熙,〈半月城을 떠나면서〉,《개벽》69호, 1926년 5월.

137　소상강의 여신.

138　중국 당나라 시인 전기錢起의〈상령고슬湘靈鼓瑟〉이란 시의 마지막 구. 노랫소리 그쳤는데 사람은 보이지 않고 상강의 봉우리만 푸르네.

139　車相瓚,〈南隊〉,《별건곤》22호, 1929년 8월 1일.

140　靑吳 차상찬(1887~1946).

141　"1900년 巴里에서 열닌 萬國博覽會에 朝鮮서는 半島特産物 멋 종과 朝鮮美人을 世界에 紹介할 작정이엇든지 長安 一等 名妓 10명을 골나, 꼿의 巴里로 派遣키로 하엿다. 그러든 것이 그만 經費關係로 맨 나종날 中止하고 말엇든데 그때 出品? 되려든 妓生 일홈은 紅玉, 柳色, 蓮花, 桃色 等이엇다고." 三千里機密室,〈The Korean Black chamber〉,《삼천리》6권 11호, 1934년 11월 1일.

142　〈各道各人〉,《개벽》48호, 1924년 6월 1일.

143　엉성은 엄청인 듯, 드뭇하다는 사이가 촘촘하게 많다는 뜻.

144　靑吾,〈湖西雜感〉,《개벽》46호, 1924년 4월 1일.

145　〈咸北사람의 본 咸北과 記者의 본 咸北〉,《개벽》43호, 1924년 1월 1일.

146　朴돌이 記,〈八道代表의 八道자랑〉,《개벽》61호, 1925년 7월 1일.

147　〈江原道를 一瞥한 總感想〉,《개벽》42호, 1923년 12월 1일.

148　元山 一風流郞,〈元山花柳界 咸南列邑大觀, 明太王國인 元山府〉,《개벽》54호, 1924년 12월 1일.

149　靑吾,〈北國千里行〉,《개벽》54호, 1924년 12월 1일.

150　《고려시보》(1933~1941) 주필이었던 춘파春波 박재청이 아닌가 싶다.

151　春坡,〈妙香山으로부터 다시 國境千里에〉,《개벽》39호, 1923년 9월 1일.

152　靑吾,〈北國千里行〉,《개벽》54호, 1924년 12월 1일.

153　慶州 XO生,〈葉書通信〉,《별건곤》25호, 1930년 1월 1일.

154　〈本支社記者 五大都市 暗夜 大探査記〉,《별건곤》15호, 1928년 8월 1일.

155 朴東完,〈現下問題 名士意見, 生活改善案提議……改善보다도 改悟〉,《별건곤》
16·17호, 1928년 12월 1일.

156 朴達成,〈回顧 十二年前, 내가 中學校를 맞추든 그 때〉,《별건곤》5호, 1927년 3월
1일.

157 車相瓚, 朴達成〈黃海道踏查記〉,《개벽》60호, 1925년 6월 1일.

158 〈自由通信〉,《개벽》7호, 1924년 5월 1일.

159 1923년 관동대지진.

160 在鐵原 一記者,〈鐵原雜信〉,《개벽》41호, 1923년 11월 1일.

모던의 사회

161 壬寅生,〈모던이씀〉,《별건곤》25호, 1930년 1월 1일.

162 이 부분은 壬寅生,〈모던이씀〉,《별건곤》25호, 1930년 1월 1일에서 발췌 변용.

163 〈모-던行進曲〉,《동광》21호, 1931년 5월 1일.

164 〈照明彈〉,《동광》22호, 1931년 6월 1일.

165 春園,〈文藝漫話〉,《동광》17호, 1931년 1월 1일.

166 朴英熙,〈有産者社會의 所謂『近代女』,『近代男』의 特徵, 모-던걸·모-던뽀-이 大
論評〉,《별건곤》10호, 1927년 12월 20일.

167 朴英熙,〈有産者社會의 所謂『近代女』,『近代男』의 特徵, 모-던걸·모-던뽀-이 大
論評〉,《별건곤》10호, 1927년 12월 20일.

168 城西人,〈現代的(모-던) 處女, 모-던걸·모-던뽀-이 大論評〉,《별건곤》10호, 1927
년 12월 20일.

169 崔鶴松,〈데카단의 象徵, 모-던걸·모-던뽀-이 大論評〉,《별건곤》10호, 1927년 12
월 20일.

170 三角町人,〈諷刺諧謔, 新流行豫想記 奇怪千萬·中性男女의 떼〉,《별건곤》11호,
1928년 2월 1일.

171 壬寅生,〈모던이씀〉,《별건곤》25호, 1930년 1월.

172 찰스턴은 당시 미국에서 유행했던 재즈음악의 한 장르.

173 高永翰,〈좀먹는 文化都市!! 大京城의 頭痛거리, 독갑이들린 文化, 썩어드는 이꼴 저꼴—潛行的 社交 딴쓰狂 時代〉,《별건곤》71호, 1934년 3월 1일.

174 이후 경성의 모습은 유광열,〈대경성의 점경〉,《사해공론》1935년 10월 1일에서 발췌.

175 종로와 진고개의 산보길은 蒼石生,〈鐘散이·진散이, 서울맛·서울情調〉,《별건곤》 23호, 1929년 9월 27일에서 발췌.

176 여기까지 유광열,〈대경성의 점경〉,《사해공론》1935년 10월 1일.

177 이후 인용된 모세의 말은 강사 모던 모세,〈도회생활 5계명〉,《별건곤》1930년 6월 1 일에서 옮겨 약간 바꾸었다.

178 翠雲生,〈愛妓를 빼앗기고〉,《별건곤》53호, 1932년 7월 1일.

179 崔承一,〈봄마지 隨筆, 봄의 豫言〉,《별건곤》27호, 1930년 3월 1일.

180 이태준,〈불도 나지 안엇소, 도적도 나지 안엇소, 아무 일도 없소〉,《동광》23호, 1931 년 7월 5일.

181 〈넌센스 特設館 京城一週記〉,《별건곤》31호, 1930년 8월 1일의 내용을 조금 변형 했다.

182 〈모-던 福德房〉,《별건곤》25호, 1930년 1월 1일.

183 銀座行人,〈銀座夜話〉,《개벽》신간 1호, 1934년 11월 1일.

184 金南柱,〈부득이 사는 사람들, 서울의 조흔 곳 낫븐 곳, 서울 사람은 무엇에 愛着을 두고 사는가〉,《별건곤》23호, 1929년 9월 27일.

185 원문은〈가프에 珖時代〉.

186 李瑞求,〈鍾路夜話〉,《개벽》신간 1호, 1934년 11월 1일.

187 〈인테리—女給 哀史 女子高普마치고 엇재 女級되엇노? 카페—王冠·카페—엔젤 카페—樂園·카페—太平洋〉,《삼천리》, 1932년 9월 1일.

188 李瑞求,〈實査 1年間 大京城 暗黑街 從軍記, 카페·마작·연극·밤에 피는 꼿〉,《별 건곤》47호, 1932년 1월.

189 綠眼鏡,〈카페女給 언파레-드〉,《별건곤》57호, 1932년 11월 1일.

190 〈카페女給 언파레-드〉, 앞의 책.

191 李瑞求,〈鍾路夜話〉,《개벽》신간 1호, 1934년 11월 1일.

192 〈人力車夫와 汲水夫 손으로 建設되는「無産學院」雄姿─서울 가회동에 운소에
소슨건물─, 勞働者의 熱誠으로 되는 大東學院!〉,《삼천리》4권 3호, 1932년 3월
1일.

193 〈掃除夫, 諧謔·諷刺 春季大淸潔〉,《별건곤》28호, 1930년 5월 1일.

194 〈딱따이를 嚮導삼어, 記者總出, 大京城暗夜探査記, 11월 7일 밤 12시부터 第三隊
萬物草〉,《별건곤》24호, 1929년 12월 1일.

195 〈男學校評判記, 着實한 學生이 되자!〉,《동광》39호, 1932년 11월 1일.

기생을 철폐하라

196 〈三千里 壁新聞〉,《삼천리》4권 2호, 1932년 2월 1일.

197 在東京 李逸光,〈동경 銀座에 進出한 朝鮮閨氏, 직업부인이 되어 씩씩하게 활동함
니다〉,《삼천리》3권 12호, 1931년 12월 1일.

198 오료코부시(압록강절鴨綠江節). 압록강의 일본인 뗏목군이 불렀던 노래.

199 〈流行! 新年 새流行! 希望하는 流行·豫想하는 流行〉,《별건곤》18호 1929년 1월 1
일

200 임진왜란 때 적장을 유인하여 김응서金應瑞로 하여금 목을 베게 한 후 자결한 평양
기생.

201 조선 성종 때의 명기名妓.

202 서울 선비 김유성과 파란만장한 연애의 역정을 거쳐 혼인하기에 이른다는 평양기
생.〈부용의 상사곡〉의 주인공.

203 〈춤 잘 추는 西道妓生 소리 잘 하는 南道妓生〉,《삼천리》3권 제9호, 1931년 9월 1일.

204 八角亭 李道令,〈夢見春香記〉,《별건곤》19호, 1929년 2월 1일.

205 〈女流作家 議會〉,《삼천리》10권 10호 1938년 10월 1일에서 발췌 변용. 실제 사회
는 김동환이 맡았다.

206 金東仁, 〈論介의 還生(二)〉, 《동광》 34호, 1932년 6월 2일.

207 〈論介의 還生(三)〉, 앞의 책.

208 〈女高出身인 인테리 妓生·女優·女給 座談會〉, 《삼천리》 8권 4호 1936년 4월 1일

209 李瑞求(1899~1982)의 호는 고범孤帆. 극작가 겸 연출가. 《동아일보》와 《조선일보》
     를 거쳐 레코드회사, 경성방송국 연예주임들을 맡았다. 친일반민족행위자로 기록.

210 〈現代 『長安豪傑』 찾는 座談會〉, 《삼천리》 7권 10호 1935년 11월 1일

211 李瑞求, 〈女俳優와 貞操와 사랑〉, 《삼천리》 4권 2호 1932년 2월 1일에서 변용.

212 梨花女子專門學校音樂科 安基永, 〈音樂·演藝·美術-朝鮮民謠와 그 樂譜化〉,
     《동광》 21호 1931년 5월 1일

213 〈名唱의 報酬〉, 《삼천리》 3권 12호 1931년 12월. 三千里 壁新聞 1호

214 〈레코드街 散步〉, 《삼천리》 6권 9호, 1934년 9월 1일.

215 '현재 여류 전속가수로서의 대표적인 존재를 빛내고 있는 자들을 열거한다면 王
     壽福, 鮮于一扇, 崔硏研, 金蓮月, 崔昌仙, 韓晶玉, 金福姬, 崔明珠 등등 모
     다 평양에서 출생하였고 더구나 그들이 모두 다 기생이라는 것이다. 前記의 鮮于
     一扇, 崔昌仙 등 이외에 조선권번 소속으로서는 吳翡翠, 金如蘭, 林明月, 金玉
     仙, 金玉眞, 張香蘭, 高飛燕, 白雲仙, 李眞紅, 李素香, 郭香蘭, 張玉花, 趙素
     玉 등이 있고 또 한성권번에는 金玉葉, 李竹葉, 趙牧丹, 白牧丹 등을 헤일 수
     있다. 그중에서도 鮮于一扇, 王壽福, 金福姬, 崔昌仙, 金銀玉 등은 실로 조선
     여류 레코-드 가수계의 대표격이라 할 만했다.' 〈三千里 杏花村, 平壤出生名妓
     로서의 레코-드 歌手들〉, 《삼천리》 8권 8호, 1936년 8월 1일.

216 金相龍, 〈歌手의 都 平壤〉, 《삼천리》 7권 10호, 1935년 11월 1일.

217 〈레코드 가수 인기투표〉, 《삼천리》 7권 9호, 1935년 10월 1일.

218 金如山, 〈歌姬의 藝術·戀愛生活〉, 《삼천리》 7권 5호, 1935년 6월 1일.

219 韓靑山, 〈妓生撤廢論〉, 《동광》 28호, 1931년 12월 1일.

220 朱耀翰, 〈性에 관한 諸問題〉, 《동광》 28호, 1931년 12월 1일.

221 정백은 정지헌(1899~1950). 사회주의운동가. 목멱산인은 그의 필명.

222 木覓山人, 〈時評〉, 《개벽》 45호 1924년 3월 1일.

223 梁柱東(1903~1977)은 국문학자.

224 배상하(1906~?)는 일제 강점기의 철학자 겸 정치이론가, 이화여전 교수. 친일반민

족행위자로 기록되어 있다.

225 〈性에 關한 問題의 討論(其二), 理想的 家庭制 妓生撤廢〉,《동광》28호, 1931년 12월 1일.

226 元山 金輝,〈東光圓卓會議 問題는 社會制度 -韓靑山君의 妓生撤廢論을 읽고〉,《동광》29호, 1931년 12월 27일.

227 오기영吳基永(1909~?)의 호는 동전東田. 황해도 배천 출생.《동아일보》기자 생활. 1937년 안창호 등과 함께 수양동우회사건에 연루. 1949년 초 월북.

228 吳基永,〈賣淫制度論, 妓生制度撤廢 諸意見을 檢討함〉,《동광》29호, 1931년 12월 27일.

229 尹亨植,〈푸로레타리아 戀愛論〉,《삼천리》4권 5호, 1932년 5월 1일.

230 羅蕙錫,〈獨身女性의 貞操論〉,《삼천리》7권 9호, 1935년 10월 1일.

재회, 그 후

231 盧再憲,〈汽車는 구을고 잇나니〉,《동광》38호, 1932년 10월 1일.

232 이후 평양에 대한 글은 주요섭,〈四千年前 古都 平壤行進曲 地方紹介(其一), 十年만에 본 平壤〉,《별건곤》32호, 1930년 9월 1일 에서 발췌 변용.

233 "牧丹峯 앞에 永明寺 같은 야비한 건물이 있는 것은 참는다 하더라도 お牧の茶屋라는 음식점의 건물이 이 풍경의 가슴팍이를 차지한 것과 이 천하절경에 아까시아 나무를 亂植하여 놓은 꼴은 참아 볼 수가 없다." 李光洙,〈檀君陵〉,《삼천리》8권 4호, 1936년 4월 1일.

234 주요한,〈浮碧樓-大同江畔의 勝景〉,《삼천리》13권 6호, 1941년 6월 1일.

235 無號亭人,〈乙密臺上의 滯空女, 女流鬪士 姜周龍 會見記〉,《동광》23호, 1931년 7월 5일.

236 白狂雲은 채찬蔡燦(?~1924)의 별칭. 한말 의병 출신 독립운동가.

237 無號亭人,〈乙密臺上의 滯空女, 女流鬪士 姜周龍 會見記〉,《동광》23호, 1931년

7월 5일.

238 〈平壤妓生學校求景, 西都 平壤의 花柳淸調〉, 《삼천리》6권 5호, 1934년 5월 1일.

239 서도 지역에서 불렸던 율창律唱, 노랫말은 조선 영조 때의 신광수가 지은 시.

240 백구사白鷗詞, 황계사黃鷄詞, 어부사漁父詞는 모두 歌詞의 하나.

241 〈춤 잘 추는 西道妓生 소리 잘 하는 南道妓生〉, 《삼천리》3권 9호, 1931년 9월 1일.

242 여기까지 기생학교에 대한 내용은 〈平壤妓生學校求景, 西都 平壤의 花柳淸調〉, 《삼천리》6권 5호, 1934년 5월 1일에서 발췌 변용.

243 亞鉛洞人, 〈나의 抗議-知識階級에게〉, 《별건곤》31호, 1930년 8월 1일.

244 〈特許明大學博士, 大諷刺! 大戱謔, 現代 朝鮮 10大 發明品 新製造法〉, 《별건곤》 47호, 1932년 1월 1일에서 발췌 변용.

245 〈三千里 杏花村〉, 《삼천리》8권 8호, 1936년 8월 1일.

246 1940년 7월 7일 군국주의하의 일본은 전시체제에 돌입하면서 귀금속을 포함한 모든 사치품의 거래를 규제하는 금령을 포고하였다.

247 하소, 〈벨베트홍망사〉, 《조광》1940년 12월. 여기선 김의 이야기로 변형했지만 실제 글을 쓴 하소는 조풍연(1914~1991), 호는 청사이다.

248 朝鮮演劇協會長 李瑞求(創氏名 牧山瑞求), 〈新體制와 朝鮮演劇協會 結成, 朝鮮演劇協會結成紀念『演劇과 新體制』特輯〉, 《삼천리》13권 3호, 1941년 3월 1일.

249 삼화권번으로 통폐합된 것은 1942년.

250 〈機密室(우리 社會의 諸內幕) 妓生 저고리 二圓 치마는 八圓 以下짜리로〉, 《삼천리》10권 10호, 1938년 10월 1일.

251 編輯室 選, 〈愛國美談〉, 《삼천리》13권 1호, 1941년 1월 1일.

찾아보기

[ㄱ]

갈보 51, 63, 202, 204, 205, 224, 230,
    231, 233, 331

갑오경장 176, 186, 187, 193

강명화 45, 47, 168~70, 172, 173, 194

강주룡 367~69

강향란 194

개벽 47, 101, 174, 341, 403

개성권번 224

경성의 화류계 174, 403

경화권번 187, 188

계림사 188

계심 194

계월 194

계월향 305

고경상 45

〈고아의 정한〉 329

공창제도 336, 341, 342, 344

공창 폐지 341

관동대지진 235

관산융마 373

광문회 47

구본웅 110

국사당 159

국일관 390

금제령 397

금치훈장 39

금패 88

기부 186, 187

기생도 196

기생아비 51

기생조합 174, 189, 190, 404

〈기생철폐론〉 335, 338, 345

기생학교 70, 140, 141, 206, 220, 222,
    328, 330, 360, 365, 370, 371, 372,
    376, 377, 387

기성권번 89, 323, 373, 386

기적 58, 66, 169, 175, 177, 376

김금주 66
김기동 66
김동인 44, 88, 91, 99, 107
김동환 315
김명순 294
김보신 294
김복희 323
김설봉 314
김성 141, 150~3, 162
김소옥 66
김소홍 61
김억 45
김연수 66
김연옥 62
김옥란 374
김옥연 62
김옥엽 45, 93, 95
김옥향 66
김유정 118
김은홍 63
김은희 316
김일송 294
김준희 66
김찬영 45, 94
김창룡 322
김창환 322
김초선 322
김취홍 63
김한숙 314

김환金丸 20
김환金煥 45
김휘 345, 346

【 ㄴ 】

나까이 365
나도향 47
나혜석 353, 354
낙랑 파라 51
낙원회관 109, 292, 293
날개 107, 122
남궁벽 94
내국권업박람회 227
노도예덕 38, 102
노화 193
논개 194, 304, 309~11

【 ㄷ 】

다동기생 47, 199
다동조합 187
다방골 기생 199
다방골잠 200
다옥정 199
다첩 57
단발귀 89
단발랑 50
단성사 18, 322
단심 398
답앙모리 199

대구기생 57
대동권번 18, 20, 34, 188, 198, 199, 275
대동단 287
대성사 188
대정관 161
대정권번 187, 188
대정박람회 97
《대판매일신문》 381
덕흥서림 208
데라우치 190, 230
데카당 308
도상봉 110
동경권업박람회 227
동경미술학교 51
《동광》 284, 285, 335, 340
동권번 398
동기 113, 191, 192, 371
딴사 314

【ㄹ】
랑데부 51
러셀 124, 125, 129, 130
레뷰 280
레뷰 걸 248
로망 롤랑 129
룸살롱 332, 333
룸펜 부르주아 85
룸펜 프롤레타리아 154
리월화 320

【ㅁ】
마이젤 헤스 349
멕시코 109, 316
명치제과 161
〈모나리자의 실종〉 110
모던 걸 36, 37, 157, 241, 245, 246, 248,
    331, 349, 395
모던 보이 157, 241, 245~8, 295, 304,
    311, 395
모보 모가 241
목단 293, 294
무교동 200
무부기 187
문명옥 173
미까도 자동차 202
민규식 60
민대식 60
민병석 60
민병승 60
민성기 60
민영기 61
민영린 61
민영찬 61
민영휘 61
민용호 61
민원식 17
민유식 61
민형식 60

[ㅂ]

바론 290

바바리즘 246

박금도 316

박래품 44

박록주 322

박영효 59, 63

박영희 225, 245

박윤관 62

박의병 62

박점홍 61

배상하 344

백광운 368

백구사 305, 373

백인기 62, 66

백조사 47

백합원 295

변옥도 66

복혜숙 313, 316, 320

본권번 398

《부사》 316

부용 193, 305

《부인공론》 316

《부인구락부》 316

북촌 155, 251, 270

〈비련의 곡〉 173

빅타(빅터) 322, 323

빙허 44, 87, 90, 101, 102, 106~9, 167

뽄-아미 109~11

[ㅅ]

사상 기생 137

사회진화론 76, 181, 395

산홍 62

《삼천리》 307, 315, 316, 326, 327, 329

삼패 182, 184, 200, 222

삼화권번 396

상의원 182

샤미센 98, 311

서도기생 57

서도잡가 93

서린동 200

〈서반아의 광상곡〉 110

선양절충 251

선우일선 323, 326, 327, 329, 330

설도 308

세미마루 98

소춘풍 305

송만갑 119, 120

송병준 59, 63, 187~9

수심가 169, 192, 231, 303, 311, 375

수척 175

〈술 권하는 사회〉 47

스트리트걸 292

《시사신문》 17

《시사평론》 15~17, 20, 29, 30, 113, 131, 132, 279, 401

시에론 323

식도원 20, 32, 94, 95, 97, 103, 104,

131, 233, 292, 295, 306, 307, 390
신개지 251
신불출 323
신사벌 49, 134, 262
신옥도 63
신은봉 314
신정유곽 398
신청년 304
신춘 130
신파조 168

[ㅇ]
아관박대 60
아까다마 161, 296
아끼코 92
안금향 45
안석주 344
안순환 188
알렉산더라이트 45, 46
애매옥 190
액례별감 186
야명권번 224
양근환 17
양수척 175, 176
양행꾼 75
양회칠 51
어부사 305, 373
에로 그로 155, 241~244
에로 서비스 13, 184

엔젤 293
여순옥 344
여악 182
엮음수심가 375
연광정 327, 372
염상섭 91
영락정 82, 83, 290
영변기생 57
예기 187, 190, 340, 398
예연 182
오궁골 199
오기영 346
오도실 316
오료코부시 304, 306
오온회 316
오입장(오입장이, 오입쟁이) 62, 77, 186,
    199, 225
옥당기생 182
완롱계급 31, 33
완신권번 229
왕수복 323, 326~330
우산홍 99
유교망국론 151
유랑녀 222
유야랑 62
유지영 94
유창상회 110
윤대갈 61
윤덕영 61

윤백남 196

윤옥희 37

윤형식 348, 354

은군자(은근짜) 50, 68, 184, 199, 292, 337

은희 62

올밀대 145, 366~370

이강 64

이광수 47

이광숙 314

이기선 63

이기환 63

이길선 61

이동백 322

이상 107, 111, 122, 153

이서구 316, 317

이성녀 61

이순모 62

이순석 51

이윤용 64

이재각 64

이재극 64

이지용 64

이태준 284, 285

이패 182, 184, 199, 222

이해승 64

이해조 173

이화중선 18, 19, 31, 36, 54, 113, 114, 116~118, 121, 123, 138, 270, 271, 273

인육시장 254

인텔리(인텔리겐차) 35, 75, 77, 122, 154, 162, 220, 245, 307, 315, 316, 319, 351, 352, 354, 381, 393, 395

일부일처제 56, 340, 341, 347

일진회합방서 189

일패 182, 184, 199, 222

[ㅈ]

장곡천정 51

장길상 170, 171

장득주 120

장록주 19, 118

장병천 47, 169~173

장야 188

장직상 63

장충단 159, 160, 398

장한 17, 130, 178

장혁주 120

재인 176

재즈(짜쓰, 짜즈) 77, 112, 114, 247, 248, 252, 290, 365

전성욱 66

절지 52, 213

정금죽 194

정금홍 62

정백 341

정수군 314

정정화 314

정훈모 323

제비 110, 111
조경희 394
조모란 62
조선 활동사진관 161
조선관 227, 390
조선권번 18, 120, 188, 316, 398
조선시국사관 20, 32, 131
조선호텔 202, 233
조은자 314
주부지우 316
주요한 340, 341, 343, 345
준기생 182
지새는 안개 47
진고개 83, 142, 145, 252~254, 292, 384
진주기생 57, 223

최선화 316
최승희 110
최옥진 316
최찬식 173
〈추억의 더듬길〉 92
추업부 228
추월만정 120
축첩세 57, 58
춘성권번 229
춘심 101~106
춘원 44, 47, 244
춘파 230
춘향 194, 305, 351
칠칠금령 393, 394
칭상화실 200

[ㅊ]
차미륵녀 61
차상찬 58, 61
찰스턴 댄스(촬튼 딴스) 305, 306
채만식 75
천향원 390
청람장 39
청련사 203
청류벽 145, 366
청오 227, 229
청진동 200, 201
〈청춘을 찾아〉 329
최가패 66

[ㅋ]
카루소 96
카페 걸 293
컬럼비아 323, 328
콜론타이(즘) 349
킹그 316
킹홀 293

[ㅌ]
타락자 47, 101, 107
타타르족 175
탕자음부 204
톨스토이 129

통영권번 234

[ㅍ]

파리박람회 227

8선녀 57, 62

패연 310~312

평양기생 57, 61, 62, 66, 145, 169, 223, 324

평원공장 369

포주 186, 336

피맛골 50, 155

[ㅎ]

하규일 188

하야카와 173

하은 31~33, 38, 43, 124, 127, 131, 133, 134

하재구 63

한규설 64

한남권번 187~190

한성권번 187, 188, 191, 201, 316, 345, 346

한성기생조합 187

한청산 335, 339~341, 345, 346

해동관 103

해어화 197

해주마마 60

허조 178

《현대성의 형성》 27, 401

현제명 323

현준호 66

현진건 47, 101, 107, 173, 344

협률사 119

형평사 176

홍병은 188

홍순형 62

홍채봉 62, 66

홍학표 62

화계사 203, 206, 207

화랑녀 184, 222

화류계 25, 33, 36, 41, 61, 134, 174, 187, 189~191, 228~231, 278, 311, 332, 345, 403, 404

화류원 175

화류항 32, 225

화척 175

황경옥 94, 95

황계사 373

황금만능주의 126

황금정 201, 250, 289

황진이 185, 193, 196, 224, 304, 305, 308

회월 225

홍천사 203

희락관 161

화중선을 찾아서 —기생과 룸펜의 사회사

김진송 지음

2017년 12월 2일 초판 1쇄 인쇄
2017년 12월 9일 초판 1쇄 발행
펴낸이·박혜숙 | 펴낸곳·도서출판 푸른역사
주소: 우 03044 서울시 종로구 자하문로8길 13
전화: 02)720−8921(편집부) 02)720−8920(영업부) | 팩스: 02)720−9887
전자우편: 2013history@naver.com | 등록: 1997년 2월 14일 제13-483호

ISBN 979-11-5612-104-6   03900

·잘못 만들어진 책은 교환해드립니다.